CONTEÚDO DIGITAL PARA ALUNOS

Cadastre-se e transforme seus estudos em uma experiência única de aprendizado:

1 Escaneie o QR Code para acessar a página de cadastro.

2 Complete-a com seus dados pessoais e as informações de sua escola.

3 Adicione ao cadastro o código do aluno, que garante a exclusividade de acesso.

3300852A3484758

CB042175

Agora, acesse:
www.editoradobrasil.com.br/leb
e aprenda de forma inovadora
e diferente! :D

Lembre-se de que esse código, pessoal e intransferível, é valido por um ano. Guarde-o com cuidado, pois é a única maneira de você utilizar os conteúdos da plataforma.

Editora do Brasil

ANA MARIA PEREIRA

- Mestre em Educação
- Licenciada em Ciências Biológicas
- Professora do Ensino Fundamental, do Ensino Médio e do Ensino Superior

ANA PAULA BEMFEITO

- Doutora em História das Ciências e das Técnicas de Epistemologia
- Mestre em Ensino de Ciências e Matemática
- Bacharel em Física e licenciada em Matemática
- Professora do Ensino Superior e de cursos de pós-graduação

CARLOS EDUARDO PINTO

- Mestre em Ciências do Meio Ambiente
- Licenciado em Química
- Professor do Ensino Médio e do Ensino Superior

MIGUEL ARCANJO FILHO

- Mestre em Ensino de Ciências e Matemática
- Licenciado em Física
- Professor do Ensino Médio, Ensino Superior e de cursos de pós-graduação

MÔNICA WALDHELM

- Doutora e mestre em Educação
- Licenciada em Ciências Biológicas
- Professora do Ensino Fundamental, do Ensino Médio, do Ensino Superior e de pós-graduação em Ensino de Ciências

APOEMA

CIÊNCIAS

7

1ª edição
São Paulo, 2018

Editora do Brasil

Dados Internacionais de Catalogação na Publicação (CIP)
(Câmara Brasileira do Livro, SP, Brasil)

Apoema: ciências 7 / Ana Maria Pereira... [et al.].
– 1. ed. – São Paulo: Editora do Brasil, 2018. – (Coleção apoema)

Outros autores: Ana Paula Bemfeito, Carlos Eduardo Pinto, Miguel Arcanjo Filho, Mônica Waldhelm.

ISBN 978-85-10-06944-1 (aluno)
ISBN 978-85-10-06945-8 (professor)

1. Ciências (Ensino fundamental) I. Pereira, Ana Maria.
II. Bemfeito, Ana Paula. III. Pinto, Carlos Eduardo.
IV. Arcanjo Filho, Miguel. V. Waldhelm, Mônica. VI. Série.

18-20389   CDD-372.35

Índices para catálogo sistemático:
1. Ciências: Ensino fundamental 372.35
Maria Alice Ferreira - Bibliotecária - CRB-8/7964

Direção-geral: Vicente Tortamano Avanso
Direção editorial: Felipe Ramos Poletti
Gerência editorial: Erika Caldin
Supervisão de arte e editoração: Cida Alves
Supervisão de revisão: Dora Helena Feres
Supervisão de iconografia: Léo Burgos
Supervisão de digital: Ethel Shuña Queiroz
Supervisão de controle de processos editoriais: Marta Dias Portero
Supervisão de direitos autorais: Marilisa Bertolone Mendes

Supervisão editorial: Angela Sillos
Consultoria Técnica: Debora de Fatima Almeida e Ricardo Lourenço Rosa
Edição: Ana Caroline Rodrigues de M. Santos
Assistência editorial: Vinícius Leonardo Biffi
Auxílio editorial: Luana Agostini
Apoio editorial: Amanda Jodas, Camila Beraldo, Flávio Uemori Yamamoto, Juliana Bomjardim, Lygia Del Matto e Renan Costa Petroni
Coordenação de revisão: Otacilio Palareti
Copidesque: Gisélia Costa, Ricardo Liberal e Sylmara Beletti
Revisão: Andréia Andrade, Elaine Silva, Martin Gonçalves
Pesquisa iconográfica: Daniel Andrade e Joanna Heliszkowski
Assistência de arte: Letícia Santos
Design gráfico: Patrícia Lino
Capa: Megalo Design
Imagem de capa: Mint Images/Art Wolfe/Getty Images.
Pesquisa: Tempo Composto Col. de Dados LTDA.
Ilustrações: Antonio Eder, DAE (Departamento de Arte e Editoração), Davidson França, Eduardo Belmiro, Fabio Nienow, Ilustra Cartoon, Jane Kelly/Shutterstock.com (ícones seções), Lucas Navarro, Luis Moura, Luiz Lentini, Paula Haydee Radi, Paulo Borges, Paulo César Pereira, Paulo Nilson, Raitan Ohi, Tatiana Kasyanova /Shutterstock.com (textura seção Em foco) e Vagner Coelho
Produção cartográfica: DAE (Departamento de Arte e Editoração), Mário Yoshida, Maps World, Sônia Vaz, Studio Caparroz, Tarcísio Garbellini
Coordenação de editoração eletrônica: Abdonildo José de Lima Santos
Editoração eletrônica: MRS Editorial
Licenciamentos de textos: Cinthya Utiyama, Jennifer Xavier, Paula Harue Tozaki e Renata Garbellini
Controle de processos editoriais: Bruna Alves, Carlos Nunes, Jefferson Galdino, Rafael Machado e Stephanie Paparella

1ª edição / 2ª impressão, 2020
Impresso na BMF Gráfica e Editora

Editora do Brasil

Rua Conselheiro Nébias, 887
São Paulo, SP – CEP 01203-001
Fone: +55 11 3226-0211
www.editoradobrasil.com.br

ASSOCIAÇÃO BRASILEIRA DOS DIREITOS REPROGRÁFICOS
Respeite o direito autoral

APRESENTAÇÃO

Este livro trata de vida! Em suas formas variadas e em suas múltiplas relações.

Ao observar fenômenos que ocorrem em seu corpo, em sua casa, em seu planeta; ao ver máquinas e outros recursos tecnológicos funcionando, no campo ou na cidade; e ao tentar entender como e por que eles funcionam, você perceberá a importância de aprender Ciências. Além disso, um cidadão como você, que deseja entender as mudanças na sociedade em que vive e o impacto que a ciência tem sobre a sua vida e sobre toda a Terra, com certeza vai querer informar-se e debater assuntos como aquecimento global, alimentos transgênicos, aids, fontes alternativas de energia, entre outros, que trataremos nesta coleção.

Nossa intenção é fazer deste encontro, entre a ciência e você, uma experiência prazerosa e motivadora, articulando o que você aprenderá aqui com seu dia a dia. Para isso, contamos com seu esforço e sua participação. Viaje conosco pelos caminhos da investigação e da experimentação.

Um grande abraço.

Os autores

SUMÁRIO

UNIDADE 1

Quando observamos uma paisagem, como a desta fotografia, é comum atentarmos à vegetação, ao solo, à água e aos animais. Mas será que conseguimos perceber todos os componentes e relações presentes nesse ambiente?

A Ecologia estuda o ambiente como um todo e, para isso, investiga as interações entre os seres vivos e destes com o solo, a água e outros componentes não vivos do ambiente.

1 Que tipos de interação há entre os seres vivos e o ambiente?

2 Em sua opinião, é possível conciliar a conservação do Pantanal e de outros ambientes com a necessidade de áreas para habitação humana, cultivo de vegetais e criação de animais?

Artur Keunecke/Pulsar Imagens

Ninhal no Pantanal, em Poconé (MT), 2016.

Os seres vivos e o ambiente

CAPÍTULO 1

A vida no planeta Terra

As imagens desta página não estão representadas na mesma proporção.

Paisagem do Pantanal. Miranda (MS), 2016.

Cactos na paisagem da Caatinga. Cabaceiras (PB), 2015.

Vista em Morro do Chapéu no Cerrado. Carolina (MA), 2018.

Vale do Rio Campo Belo na Mata Atlântica. Itatiaia (RJ), 2017.

Observando as fotos acima, é possível ter uma ideia da variedade de formas de vida e suas adaptações em diversas regiões do Brasil. Nosso país ocupa uma área tão grande que apresenta regiões com ampla variedade de fatores ambientais (temperatura média, regime de chuvas, tipos de solo, recursos hídricos etc.). Essas condições muito diferentes favorecem nossa grande biodiversidade.

Mas o que é biodiversidade?

De modo simplificado, podemos definir biodiversidade como a variedade de seres vivos encontrados no ambiente. Essa variedade refere-se tanto ao número de espécies quanto às variações encontradas entre os indivíduos da mesma espécie. Isso vale tanto para determinada região quanto para todo o planeta.

ZOOM

Em Ecologia, o que significa dizer que um ser está adaptado ao ambiente?

Como os seres vivos ocupam o planeta

Biogeografia é a área da Ciência que estuda a distribuição dos seres vivos no espaço e através do tempo. Busca entender por que os organismos são encontrados ou não em determinadas regiões do planeta. Estima-se que apenas 20% do total de espécies que habitam a Terra tenham sido identificadas pelos cientistas até o momento. Infelizmente, enquanto isso, há também extinção de espécies – boa parte ainda não identificada pelos cientistas.

Sabe-se que a extinção ocorre de forma continuada, por eventos ou fatores naturais, ao longo do tempo e simultânea à formação de novas espécies. Porém, na história recente da Terra, principalmente nos últimos 500 anos, o ritmo de extinção de espécies tem se acelerado em decorrência da destruição, pelo ser humano, dos ambientes naturais.

A maioria das espécies está restrita a uma região, que pode ser desde um lago até um oceano, ou um continente. Por exemplo, os ursos brancos não habitam a Floresta Amazônica; já a onça-pintada não vive na Antártica, que é a terra dos pinguins; árvores frondosas não se desenvolvem nos polos da Terra. Nas regiões polares, onde tudo fica coberto de gelo e neve na maior parte do ano, existem espécies adaptadas aos rigores das baixas temperaturas do clima polar.

Vários fatores ambientais podem ser favoráveis ou desfavoráveis à vida em determinado ambiente. O modo de distribuição e ocupação dos seres vivos pelo globo terrestre está intimamente relacionado às zonas climáticas do planeta e às adaptações dos seres vivos, que lhes permitem ser aptos ou não a enfrentar essas diversas condições ambientais.

Veja, no esquema a seguir, alguns exemplares da fauna e da flora em diferentes regiões do planeta.

🔎 Ampliar

A marcha dos pinguins

Direção: Luc Jacquet. França, 2005, 85 min.

Documentário que retrata o inverno na Antártica, estação em que milhares de pinguins imperadores marcham para o local de reprodução da espécie.

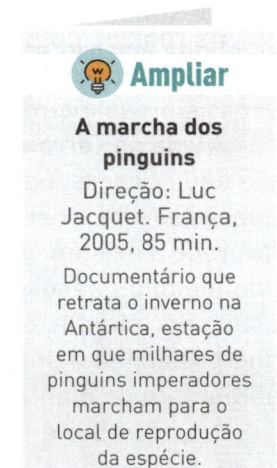

Diferentes formas de vida podem ser encontradas em vários ambientes do planeta. As condições e características dos componentes ambientais favoráveis à vida em cada uma dessas localidades não são as mesmas.

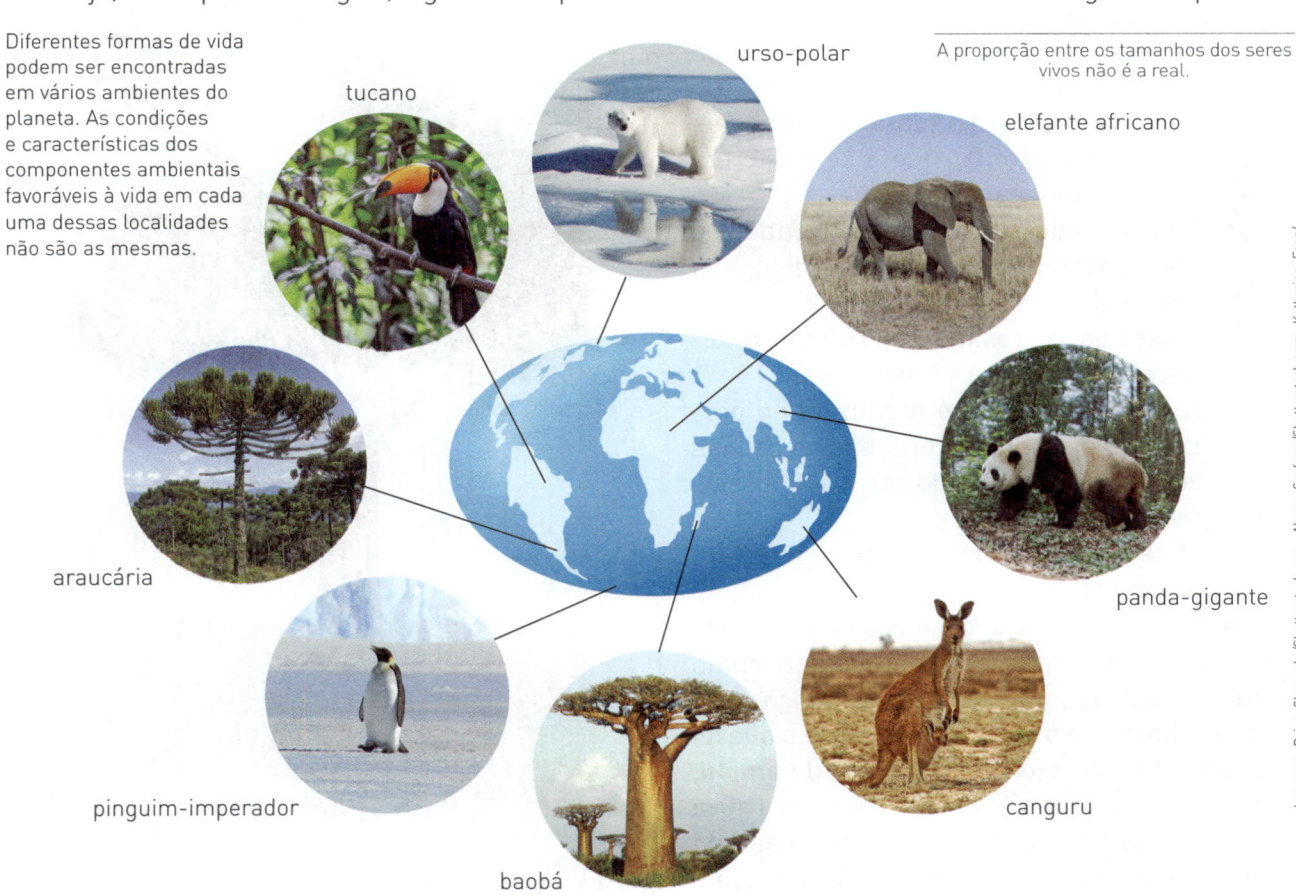

A proporção entre os tamanhos dos seres vivos não é a real.

tucano · urso-polar · elefante africano · panda-gigante · canguru · baobá · pinguim-imperador · araucária

Imagens: Pajac Slovensky/Shutterstock.com; Alexey Seafarer/Shutterstock.com; Katherine Feng/Minden Pictures/Getty Images; Rene Becerril/EyeEm/Getty Images; polarman/Shutterstock.com; Det-anan/Shutterstock.com; Cesar Diniz/Pulsar Imagens; Karl Lehmann/Lonely Planet Images/Getty Images; Vagner Coelho.

A biosfera

As regiões do planeta em que há seres vivos compõem a biosfera (*bios* = = vida, *sfaira* = esfera). Ela é formada pelo conjunto de biomas, e estes, por ecossistemas interdependentes.

A vida na Terra é possível porque a energia radiante e a luz do Sol chegam até aqui. Graças à sua posição em relação ao Sol, nosso planeta recebe uma quantidade de energia solar que propicia a temperatura média adequada e favorece a existência da água em estado líquido, e não apenas em estado sólido (gelo) ou gasoso (vapor). A água é essencial aos organismos vivos. Ela é usada por plantas e algas na produção de alimento durante a fotossíntese, o que possibilita a sobrevivência de todos os outros seres vivos, seja os que se alimentam de plantas, seja os que se alimentam de animais.

A luz do Sol é fonte de energia luminosa e térmica para todos os seres vivos. As plantas e as algas são organismos clorofilados e, portanto, capazes de captar a energia do Sol e, com ela, produzir açúcares. Nesse processo, chamado de fotossíntese, uma parte da energia fica armazenada nesses açúcares e é utilizada pelas próprias plantas e algas para que possam realizar suas atividades básicas e se manter vivas. Quando um ser se alimenta delas, parte da energia que foi armazenada nas plantas é transferida a ele, que incorpora uma pequena parte e usa todo o resto para se manter vivo, dissipando-a posteriormente na forma de calor. O mesmo acontece com os seres que se alimentam desse ser, ou seja, incorporam a parte menor e usam a parte maior para se manterem vivos, dissipando-a posteriormente também na forma de calor. Portanto, todos os seres dependem da energia que vem do Sol para viver.

- A luz solar (energia luminosa) é absorvida pela **clorofila**, que a converte em energia química.
- São retirados do ambiente também o gás carbônico (do ar) e a água líquida (do solo).
- O gás oxigênio resultante do processo químico é liberado para o ambiente.
- A **glicose** (açúcar) é produzida no processo e distribuída por todas as células vivas do organismo do ser vivo fotossintetizante.
- Moléculas de água também resultam desse processo.

A maior parte da glicose produzida na fotossíntese é utilizada pela própria planta como fonte energética para manter suas funções vitais. O saldo entre o que foi produzido e o que foi consumido é armazenado na forma de **amido**, em órgãos de reserva. Essa reserva nutritiva é encontrada principalmente na raiz, caso da mandioca, e no caule, caso da batata-inglesa.

Paulo César Pereira

O esquema está representado com cores-fantasia e as dimensões dos elementos não seguem a proporção real.

Esquema simplificado da fotossíntese.

Conviver

Hotspots

O cientista ambiental inglês Norman Myers procurou identificar que regiões da Terra concentravam os mais altos níveis de biodiversidade e, ao mesmo tempo, eram as áreas mais ameaçadas, onde as ações de conservação seriam mais urgentes. Em 1988, ele publicou um trabalho sobre esse estudo e chamou essas regiões de *hotspots*.

Para ser considerada um *hotspot*, uma área precisa ter pelo menos 1500 espécies de plantas endêmicas (que só nascem naquele local) e deve ter perdido mais de 3/4 de sua vegetação original.

No Brasil, a Mata Atlântica e o Cerrado estão na lista dos *hotspots*. Veja no mapa a seguir o que vem acontecendo com a Mata Atlântica desde 1500, quando os portugueses chegaram ao Brasil:

Fonte: SOS Mata Atlântica. Disponível em: <http://mapas.sosma.org.br/>. Acesso em: 21 jul. 2018.

Reúna-se em grupo para fazer o trabalho a seguir.  em grupo

1. Com seus colegas, pesquise os *hotspots* atuais na Terra (quais são, onde ficam, suas características).

2. Com as informações obtidas na pesquisa, elaborem uma ficha com a síntese dos dados de cada um deles.

3. Com a orientação do professor, façam a reprodução ampliada de um mapa-múndi em papel.

4. Localizem no mapa as áreas consideradas *hotspots*, destacando-as com uma cor diferente.

5. Combinem com o professor como compartilhar com a escola e a comunidade a produção de vocês (mural ou parede na própria escola). Se for possível, elaborem uma versão digital para ser disponibilizada na internet – *site* da escola, *blog* etc.

Obtendo energia para a sobrevivência

Todos os seres vivos precisam de energia para produzir as substâncias necessárias à manutenção da vida e à reprodução, e eles obtêm essa energia basicamente de duas maneiras: produzindo, consumindo ou decompondo. Essas características também fazem parte do **nicho ecológico** da espécie.

Como exemplos de **produtores**, temos as plantas e as algas, seres clorofilados que obtêm os alimentos de que necessitam pela fotossíntese.

No processo de fotossíntese, elas transformam a energia luminosa em energia química, representada principalmente pela glicose.

Os **consumidores** são seres vivos incapazes de produzir as substâncias que lhes servem de alimento. Eles obtêm essas substâncias indiretamente, ingerindo outros seres vivos, sejam plantas ou animais, retirando deles o que necessitam para se alimentar.

Nós, seres humanos, somos um exemplo de consumidor, pois precisamos comer frutas, verduras, carnes, ovos etc. para obter nutrientes e manter nossa vida.

De acordo com o tipo de alimento que consomem para obter a energia e o material necessário à sua sobrevivência, podemos dividir os consumidores em subgrupos:

- consumidores primários, também chamados de herbívoros – que se alimentam dos seres produtores;
- consumidores secundários – que se alimentam dos consumidores primários;
- consumidores terciários – que se alimentam dos consumidores secundários.

Os consumidores secundários e terciários podem ser carnívoros ou onívoros.

Herbívoros	Carnívoros	Onívoros
Ingerem apenas alimentos de origem vegetal. Exemplo: coelho.	Ingerem apenas alimentos de origem animal. Exemplo: onça-pintada.	Ingerem alimentos de todas as origens: animal, vegetal etc. Exemplo: ser humano.
40 cm	1,80 m	

Bogdan Mihai Romeo/Dreamstime.com — Barcroft Media/Getty Images — Monkey Business Images/Dreamstime.com

Os **decompositores** (fungos e bactérias) também são consumidores. Mas são considerados consumidores especiais ou de última ordem, pois obtêm a energia necessária por meio da degradação da matéria orgânica que constitui os seres vivos mortos, suas partes ou resíduos (fezes e urina). O processo de degradação da matéria orgânica ou decomposição libera água e sais minerais no ambiente, solo ou água, que são absorvidos e utilizados pelas plantas e algas. Os decompositores têm, portanto, grande importância na fertilidade do solo e no equilíbrio ambiental.

O bolor ou mofo é um tipo de fungo. A parte acinzentada da laranja está sendo decomposta por fungos.

Boudikka/Shutterstock.com

Bactérias e fungos não são plantas nem animais. As bactérias são seres microscópicos encontrados praticamente em todos os meios da Terra: no ar, na água, no solo, nas rochas, nos organismos, nos objetos. Os fungos podem ser microscópicos ou macroscópicos, como os cogumelos e as orelhas-de-pau.

Cadeias e teias alimentares

Denominamos **cadeias alimentares** os percursos feitos pela matéria e pela energia nas relações alimentares que se estabelecem entre os seres vivos nos ecossistemas, ou seja, o conjunto de seres vivos que apresentam relações tróficas ou alimentares entre si.

A representação gráfica de uma cadeia alimentar indica a sequência em que um ser vivo serve de alimento para outro. O sentido das setas na representação gráfica das cadeias alimentares indica o caminho do alimento, ou seja, para onde vai a energia e a matéria existentes no organismo representado próximo da origem de cada seta. De modo geral, a energia e a matéria são transferidas dos produtores para os consumidores, respeitando-se sua ordem: primário, secundário, terciário etc. Cada estágio ou posição da cadeia alimentar ocupado por um ser vivo é denominado nível trófico.

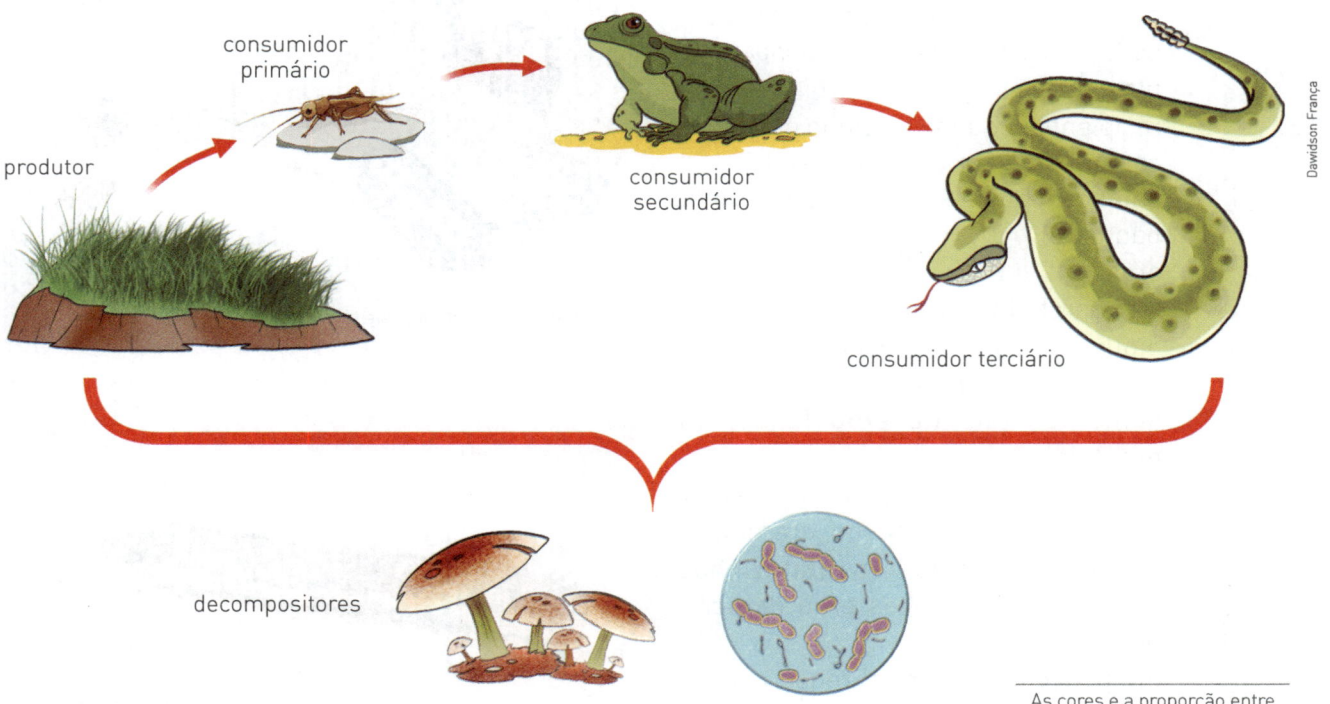

Esquema de cadeia alimentar em que as setas representam a transferência de energia e matéria.

As cores e a proporção entre os tamanhos dos seres vivos representados não são as reais.

Na natureza, alguns seres podem ocupar vários papéis em diferentes cadeias alimentares. Quando comemos uma maçã, por exemplo, ocupamos o papel de consumidores primários. Já ao comer um bife, somos consumidores secundários, pois o boi, que come o capim, é o consumidor primário.

As cadeias alimentares interligam-se na natureza por meio de várias interações entre os seres vivos, formando conjuntos denominados **teias alimentares**.

Nas teias alimentares, um mesmo animal pode ocupar níveis tróficos diferentes, dependendo da cadeia de que está participando.

Montagem de um terrário em grupo

Atenção! Use luvas para manusear terra e areia. Cuidado com a escolha dos pequenos animais, alguns podem ser peçonhentos. A garrafa deve ser cortada pelo professor.

Montar um terrário é uma ótima oportunidade para observar algumas interações entre os seres vivos e deles com o ambiente.

Organize-se em grupo para esta atividade.

As imagens desta página não estão representadas na mesma proporção.

Material:

- recipiente transparente, como aquário, vidro ou garrafa plástica cortada (observação: a quantidade ou o tamanho de alguns dos demais materiais dependerá do tamanho desse recipiente);
- pedaço de sacola plástica transparente;
- fita adesiva;
- recipiente pequeno (copinho plástico de café ou uma tampa de garrafa);
- balança (pode ser a usada em cozinha, banheiro);
- areia;
- terra preta (de jardim);
- algumas pedras pequenas tipo cascalho ou pedra britada;
- sementes (alpiste e/ou feijão, por exemplo);
- plantas (flora local, dente-de-leão, hortelã, espinafre, musgo, grama);
- pequenos animais vivos (tatuzinhos-de-jardim, minhocas e/ou caracóis, por exemplo);
- um pouco de água para regar;
- galhinhos de plantas;
- pedaço de pão, laranja ou tomate.

Material para montagem de terrário.

Início da montagem do terrário.

Procedimentos

1. Coloquem as pedras no recipiente transparente e cubram-nas com uma camada de areia (cerca de 2 cm de espessura).
2. Ponham uma camada de terra preta (aproximadamente 4 cm) sobre a areia.
3. Adicionem os galhos das plantas.
4. Plantem, na terra preta, as plantas e as sementes.
5. Coloquem água no recipiente pequeno e reguem o terrário, com o cuidado de não encharcá-lo.

6. Coloquem, com cuidado, os animais.
7. Ponham também no terrário um pedaço de tomate, laranja ou pão.
8. Tampem o terrário usando a tampa original do recipiente (se houver) ou vedando-o com fita adesiva e o pedaço de plástico transparente, de forma que nada possa ser colocado ou retirado dele.
9. Coloquem o terrário na balança, que medirá sua massa. Anotem esse valor.
10. Façam uma etiqueta de identificação com o nome dos integrantes do grupo, a identificação da turma, a data em que o experimento foi montado e a massa verificada. Colem-na no terrário.
11. Mantenham o terrário em lugar iluminado, mas não diretamente exposto aos raios solares.
12. Façam o levantamento de hipóteses sobre o ambiente do terrário.

Terrários finalizados.

a) Por que o recipiente deve ser de material transparente?
b) Por que usamos areia e terra preta?
c) É importante a vedação do recipiente? Justifique.
d) Vocês acham que os seres vivos que estão no terrário vão sobreviver? Por quê?
e) É provável que a água do terrário acabe? E o ar? Por quê?
f) A massa do terrário deve se alterar ao longo do tempo? Por quê?
13. Respondam às perguntas anteriores imaginando, no lugar do terrário, o planeta Terra. As respostas são semelhantes? Por quê?

O registro constitui uma parte essencial do trabalho em Ciências. Para acompanhamento da atividade com o terrário, construam uma tabela na qual possam registrar por escrito, inclusive com desenhos, as observações feitas uma vez por semana. Pesem o terrário a cada observação.

Utilizem sempre a mesma balança para verificar a massa do terrário, pois o importante é checar se houve variação, e não a precisão da balança em si.

Entre os dados que devem constar da tabela, começando pela data de montagem do terrário, estão:
- data de observação;
- registro da massa verificada na balança;
- descrição e/ou desenho simplificado da situação geral do terrário (se o recipiente está embaçado, se há fungos, o que houve com a água, o que aconteceu com o pão, a laranja ou o tomate etc.);
- situação das plantas;
- situação dos animais.

Depois de observarem e discutirem o que aconteceu no terrário, retomem as hipóteses levantadas inicialmente e verifiquem se há diferença entre elas e o que realmente aconteceu.

Conviver

Jogo das populações

- De acordo com a orientação do professor, a turma será dividida em três grupos: gramíneas, preás e jaguatiricas. Na formação dos grupos, 50% dos alunos deverão iniciar no grupo das gramíneas, 30% no dos preás e 20% no das jaguatiricas.
- Confeccionem, em cartolina ou similar, os crachás de identificação (com imagem e/ou nome do grupo) a ser usado por todos os membros. Outra sugestão é fazer adereços de mão ou cabeça. Usem a criatividade.
- Os grupos ficam a uma distância aproximada de 2 metros um do outro e, ao sinal do professor, os alunos, com seus respectivos crachás ou adereços, devem tocar em colegas dos outros grupos que representem seus alimentos e evitar ser tocados por aqueles que representem seus predadores. Quem for tocado, sai da rodada. Exemplo: a cada rodada, cada preá tentará tocar em uma gramínea sem ser tocado por uma jaguatirica.
- Alunos que representam gramíneas e preás e já foram tocados por um aluno não podem ser tocados por outro.
- Alunos que representam preás e já tocaram gramíneas não podem ser tocados por jaguatiricas.
- No fim da rodada, todos os que não encontraram alimento voltam como gramíneas e se juntam às que sobraram.
- Os que foram "consumidos": as gramíneas voltam como preás e os preás voltam como jaguatiricas.
- Os preás e as jaguatiricas bem-sucedidos continuam como preás e jaguatiricas.
- Após 10 rodadas, a simulação se encerra. Cada rodada dura 15 segundos (pode-se contar de 1 a 15).
- O professor ou um voluntário anotará em uma tabela o número de indivíduos "sobreviventes" em cada rodada. Sugestão de tabela a ser reproduzida em folha à parte ou na lousa:

Rodada	Número de indivíduos da população de gramíneas	Número de indivíduos da população de preás	Número de indivíduos da população de jaguatiricas
Início			
1			
2			
....			
10			

Em grupo, responda às questões a seguir e, depois, discuta as respostas com toda a turma.

1. O que cada grupo de ser vivo representa?

2. Por que os alunos que não conseguiram tocar em um colega iniciaram a rodada seguinte como gramíneas?

3. Por que os alunos que foram tocados por um colega iniciaram a rodada seguinte como preás ou jaguatiricas?

4. Com os dados da tabela e a orientação do professor, construa um gráfico que represente as alterações nas populações de acordo com as rodadas.

   a) O que ocorre se a população de gramíneas se tornar muito pequena?

   b) E se a população de preás for muito reduzida?

Os limites da biosfera

Como podemos observar no esquema a seguir, a biosfera inclui desde as altas montanhas até o fundo do mar.

Luis Moura

Esquema simplificado de algumas regiões da biosfera e de seres vivos que ali vivem.

Esquema com concepção artística dos elementos, sem reproduzir cores naturais ou seguir a proporção real entre as dimensões.

Nos diferentes ambientes, as condições e os componentes físicos (não vivos) variam. Em grandes profundidades no mar, por exemplo, características ou adaptações muito importantes que são favorecidas por esse ambiente estão associadas à capacidade de sobrevivência quando há grande **pressão** e pouca ou nenhuma luminosidade.

Já nas grandes altitudes montanhosas, os organismos com maiores chances de sobrevivência são seres adaptados às baixas temperaturas e ao ar rarefeito.

Na biosfera, portanto, o ar, a água, o solo e a luz são fatores diretamente relacionados à vida.

Fábio Colombini

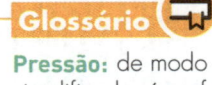
8 cm

A minhoca tem adaptações que lhe possibilita viver no solo.

Glossário

Pressão: de modo simplificado, é o efeito da aplicação de uma força sobre determinada área.

Trabalho de campo: Observando o ambiente

Material:

- 1 caderno de anotações;
- 1 lápis;
- barbante (para delimitar a área a ser observada);
- lupa (opcional, mas as condições de observação são melhores com ela).

Procedimentos

1. A turma será organizada em pequenos grupos (até cinco pessoas).
2. Com a orientação do professor, definam:
- que tipo de ambiente será observado;
- os lugares que poderão ser observados – sala de aula, pátio, praça perto da escola ou quintal de casa; os limites do local de observação – na praça, por exemplo, delimitar um canteiro;

Paulo Nilson

Esquema com concepção artística dos elementos, sem reproduzir cores naturais ou seguir a proporção real entre as dimensões.

3. Registrem os dados coletados (o registro reúne e organiza as informações).

- descrevam o local e cada objeto, animal e planta. Pode-se desenhar ou fotografar o local. A imagem deve ser anexada ao trabalho;
- mapeiem o local da observação e usem legenda para identificá-lo;
- subdividam o local em setores. Cada participante do grupo ficará responsável por um dos setores e pela identificação de cada ser vivo ou objeto observado.

4. Observem e anotem se foram encontrados, por exemplo, um tatuzinho-de-jardim, uma minhoca que esteja na superfície do solo em um casulo sobre folhas.

> **Atenção!**
>
> Não levantem pedras nem mexam em tocas, buracos em troncos ou similares. Eles podem abrigar animais peçonhentos.

Sugestões de elementos para registro  em grupo

❶ Quantos seres vivos foram identificados por vocês?

❷ Descrevam três deles citando:

a) as características externas;

b) onde vivem (local seco, úmido, submerso; em local iluminado ou não etc.);

c) como esses seres se alimentam (como obtêm os nutrientes de que necessitam);

d) a interação com o ambiente e com outros seres vivos (exemplo: os cogumelos foram observados sobre a madeira de uma cerca).

❸ Copiem a ficha a seguir no caderno e a preencham anotando a data ou período de realização da observação, incluindo dados referentes ao tempo no local (complementem com informações obtidas no jornal, no rádio ou na internet).

Temperatura			Tempo			Vento		Observações
Baixa < 10 °C	Média 10 a 30 °C	Alta > 30 °C	Ensolarado	Nublado	Chuvoso	Com vento	Sem vento	

❹ Verifiquem se as informações obtidas respondem ao que vocês desejam saber sobre o ambiente observado. Conversem com os colegas de grupo e depois anotem a conclusão a que chegaram.

❺ Anotem também as dúvidas que surgiram durante a atividade de observação para saná-las consultando o professor ou pesquisando em livros.

❻ Cada participante do grupo pode "adotar" um ser vivo encontrado no campo de observação e continuar observando-o, por algum tempo, para registrar sua relação com o ambiente e com outros seres vivos (para se alimentar, conseguir abrigo, reproduzir-se).

❼ Completem as informações sobre ele pesquisando em livros, revistas, *sites* e outras fontes ou pedindo explicações ao professor.

❽ Organizem um painel no qual cada um de vocês apresentará os dados coletados, as demais informações e as conclusões relativas ao ser vivo observado.

Peixes abissais

As espécies de peixes que vivem nas profundezas do mar, onde a luz não chega, dependem, da mesma forma que os outros animais, da fotossíntese feita por seres como plantas e algas. Como esse processo depende da luz, essas espécies de peixes se alimentam de detritos que descem da superfície ou de outros animais.

Peixe-pescador: um exemplo de peixe abissal com "isca" luminosa que atrai presas.

O polvo da fotografia ao lado tem, em geral, entre 20 e 30 cm, e vive normalmente em profundidades extremas de 3 000 a 4 000 metros. Já foram encontrados exemplares a 7 000 metros de profundidade nos mares da Nova Zelândia, Austrália, Papua Nova Guiné e Açores, entre outros locais. É conhecido como polvo-dumbo porque apresenta estruturas na parte superior do corpo semelhantes às orelhas do "elefante voador", personagem de Walt Disney.

Nas águas tropicais, a taxa de fotossíntese se mantém estável durante todo o ano. Fora dos trópicos, ela varia segundo as mudanças de luz, de temperatura e até de correntes marinhas. A diversidade e a quantidade de peixes abissais diminuem a partir dos trópicos; na região das Bermudas tropicais há cerca de 300 espécies de peixes abissais e, na região da Antártida, apenas cerca de 50 espécies foram descritas até hoje.

Verifica-se, assim, que a disponibilidade de alimento é o maior problema que os peixes abissais enfrentam, já que apresentam adaptações que lhes possibilitam resistir à alta pressão da água, às baixas temperaturas e à ausência de luz. A maioria das características do corpo dos peixes abissais se mostrou vantajosa ou neutra nesse tipo de ambiente, possibilitando sua sobrevivência e reprodução.

Uma mesma estrutura corporal pode se mostrar vantajosa tanto para a alimentação (atrair presas) quanto para a reprodução (atrair parceiros). Ao se alimentar, o animal sobrevive, mas é se reproduzindo e deixando filhotes que a manutenção de sua espécie no planeta é realizada.

1. Procure identificar em um mapa ou atlas as regiões citadas no texto.  **em grupo**

2. Pesquisem outros exemplos de hábitats que sejam bem específicos (desertos, locais de grande altitude, interior de cavernas etc.). Citem adaptações que favoreçam a vida dos seres vivos encontrados nesses locais da biosfera.

🔆 Ampliar

Visita

Procure informar-se sobre aquários, jardins botânicos, parques florestais, zoológicos e outros espaços semelhantes para visita e observação da biodiversidade, ainda que em espaço diferente do hábitat natural das espécies em questão.

Polvo-dumbo

Produção: BBC, 50 segundos.

O vídeo mostra o polvo-dumbo em detalhes. Disponível em: <www.bbc.co.uk/nature/life/Grimpoteuthis>. Acesso em: 06 jul. 2018.

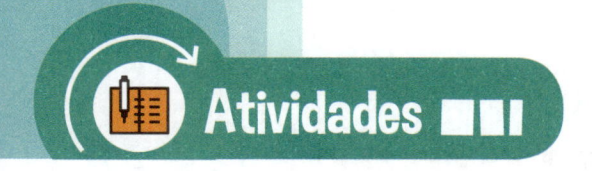 **Atividades** ■■■  no caderno

1. Que seres vivos têm o papel de decompositores nos ambientes e qual é sua importância ecológica?

2. Qual é o papel da fotossíntese na vida das plantas? E qual é sua importância para os outros seres vivos?

3. Como os seres considerados consumidores obtêm energia?

4. Que papel nas cadeias e teias alimentares é ocupado pelos animais exclusivamente herbívoros?

5. Esquematize uma cadeia alimentar com os elementos a seguir, prestando atenção para compor as setas no sentido correto.

INSETO   PLANTA   PÁSSARO   COBRA

6. Na cadeia aquática esquematizada ao lado, o alimento (algas) e a energia nele contida vão para os microcrustáceos e destes para a sardinha, até chegar ao tubarão.

   a) Identifique nessa cadeia os níveis tróficos de cada ser ilustrado.

   b) Por que as setas apontam para o nível trófico seguinte?

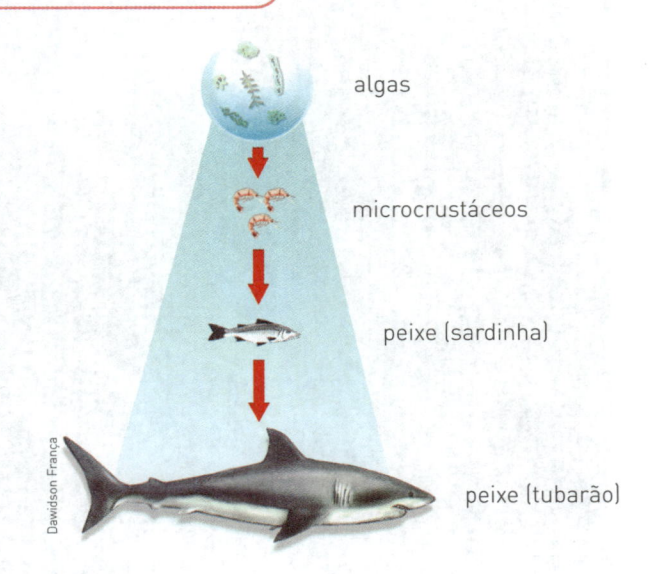

algas

microcrustáceos

peixe (sardinha)

peixe (tubarão)

Dawidson França

As cores e a proporção entre os tamanhos dos seres vivos representados não são as reais.

7. A biodiversidade é muito grande na Terra. Que fatores influenciam a ocupação de diversos ambientes do nosso planeta por diferentes tipos de ser vivo?

8. Observe a imagem a seguir.

   a) O que ela representa?

   b) Que seres representados desempenham o papel de consumidores primários?

   c) Que papéis são desempenhados pela traíra?

   d) Qual é a importância do capim e das algas nesse ecossistema?

1 – capim	5 – girino
2 – algas	6 – barata-d'água
3 – lambari	7 – traíra
4 – cascudo	8 – garça

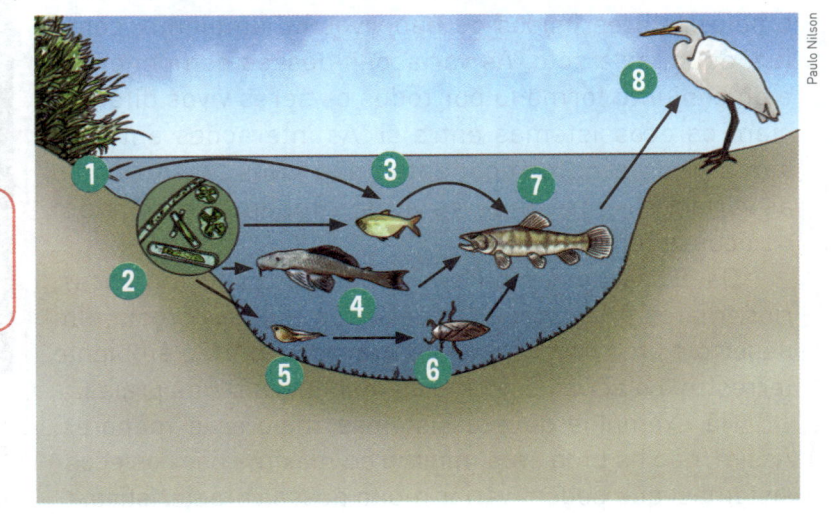

Paulo Nilson

As cores e a proporção entre os tamanhos dos seres vivos representados não são as reais.

CAPÍTULO 2

Ecossistemas

As imagens desta página não estão representadas na mesma proporção.

Seres vivos interagem entre si e com os elementos não vivos do ambiente. Reserva Ecológica de Guapiaçu, Rio de Janeiro (RJ), 2018.

Ecossistema é o conjunto formado pelos seres vivos e pelos fatores físicos ou não vivos do ambiente, como luz, água, ar e solo. As variações desses componentes e do conjunto formado por todos os seres vivos diferenciam os ecossistemas entre si. As interações entre os seres vivos e os componentes não vivos, assim como as variações entre os seres vivos, também caracterizam os ecossistemas.

Os ecossistemas podem ser aquáticos, como poças, rios, mares e lagoas; terrestres, como uma floresta, um deserto e uma caverna; ou de transição entre o ambiente terrestre e o aquático, como os manguezais e as praias.

Há exemplos de ecossistemas maiores e menores. Assim, não há uma área mínima ou máxima para os ecossistemas, que podem variar muito nessa característica.

7 cm

Podemos considerar até mesmo uma bromélia como um ecossistema. Ela abriga pequenos animais, suas larvas ou seus ovos, bem como seres microscópicos que ficam na água retida por essa planta. Na imagem, uma perereca se abriga na bromélia.

Biomas

Os biomas correspondem a um nível mais amplo da organização do estudo ecológico, pois são grandes áreas formadas por conjuntos de ecossistemas integrados e agrupados por apresentarem semelhanças em aspectos como os seres vivos e os tipos de vegetação, de relevo e de clima.

Os biomas brasileiros

O Brasil apresenta uma grande biodiversidade. Quase todo o território está situado na zona tropical do planeta. Por isso, recebe, durante todo o ano, grande quantidade de radiação solar, com destaque para as energias radiante e luminosa, que representam importantes fontes de calor e luz, favorecendo essa ampla diversidade de vida. O território brasileiro é tradicionalmente dividido em seis biomas: Amazônia, Cerrado, Caatinga, Pantanal, Mata Atlântica e Pampa (Campos Sulinos). Falaremos deles mais detalhadamente a seguir.

Veja, no mapa abaixo, a localização dos principais biomas encontrados no Brasil.

Biomas brasileiros

Fonte: Instituto Brasileiro de Geografia e Estatística (IBGE). *Biomas brasileiros*. Disponível em: <http://7a12.ibge.gov.br/images/7a12/mapas/Brasil/biomas.pdf>. Acesso em: 28 jun. 2018.

Amazônia

Estende-se para países vizinhos, numa região onde ocorrem chuvas frequentes e abundantes. É a maior reserva de biodiversidade do mundo e o maior bioma do Brasil, ocupando quase metade do território nacional. Apresenta flora exuberante, com espécies como a seringueira, o guaraná, o açaí, a vitória-régia, e é habitada por inúmeras espécies de animais, por exemplo, o peixe-boi, o boto, o pirarucu e a arara.

O peixe-boi é um mamífero aquático encontrado em quase toda a Amazônia.

A seringueira tem, em média, 30 metros de altura. Com o látex, líquido branco e espesso extraído dessa planta, se produz a borracha natural.

O caule da vitória-régia é do tipo subterrâneo e fica enterrado no fundo de um rio ou lago.

Suas folhas grandes são ligadas ao caule por filamentos compridos e resistentes, que chegam a atingir de 3 a 7 metros.

Num rio em que, conforme a época do ano, o nível da água se altera, os filamentos que prendem a folha ao caule podem se manter na posição vertical ou horizontal. Observe a representação desse fenômeno nas ilustrações abaixo.

A vitória-régia é uma das maiores plantas aquáticas existentes.

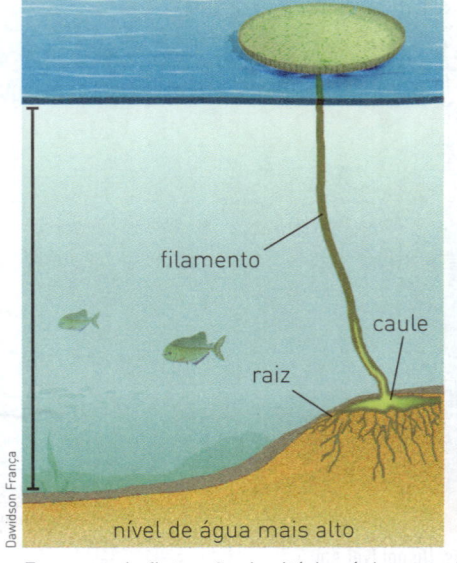

nível de água mais alto

nível de água mais baixo

Representação simplificada em cores-fantasia e tamanhos sem escala.

Esquema de flutuação da vitória-régia com níveis alto e baixo de água.

Cerrado

É o segundo maior bioma da América do Sul. Ocorre principalmente na Região Centro-Oeste. A vegetação é composta de árvores e arbustos com caules retorcidos e de casca grossa, sendo as principais espécies o araçá, o murici, o buriti e o indaiá. É o hábitat do lobo-guará, do tamanduá-bandeira e da onça-pintada, entre outros animais.

As imagens desta página não estão representadas na mesma proporção.

O tamanduá-bandeira é a maior espécie de tamanduá do mundo e um dos símbolos do Cerrado.

Vegetação de Cerrado e formação rochosa no Parque Nacional da Chapada das Mesas (MA), 2010.

Caatinga

A Caatinga é um bioma exclusivamente brasileiro. É o principal bioma da Região Nordeste. No longo período da seca, a vegetação perde as folhas e fica esbranquiçada. Esse fato deu origem ao nome **caatinga** que, na língua tupi, significa "mata branca".

Os cactos, como o mandacaru e o xique-xique, são plantas típicas e capazes de armazenar água em seu interior. A fauna inclui répteis, por exemplo, as serpentes cascavel e jiboia, e outros animais, como o gambá, a gralha e o veado-catingueiro.

A jiboia alimenta-se de pequenos animais, como roedores, aves e lagartos. Apesar da fama de perigosa, ela não é peçonhenta.

O mandacaru tem alta resistência à dessecação. Enquanto seus frutos servem de alimento para diversas espécies de aves, seu caule é utilizado para alimentar o gado.

🔆 Ampliar

Aves da Caatinga: Características morfofisiológicas, de Mary Ann Saraiva Bezerra (Org.) (Instituto Federal do Sertão Pernambucano).

A coletânea, fruto do trabalho de alunos do Instituto Federal de Petrolina (PE), reúne informações sobre algumas espécies de aves da Caatinga. Disponível em: <www.yumpu.com/pt/document/view/12467373/aves-da-caatinga-instituto-federal-do-sertao-pernambucano>. Acesso em: 6 jul. 2018.

Mata de cocais: um ecossistema de transição

Situa-se entre a Amazônia, o Cerrado e a Caatinga. São matas de carnaúba, babaçu, buriti e outras palmeiras. Várias espécies animais habitam a mata de cocais, como a araracanga e o macaco cuxiú.

A carnaúba é a árvore-símbolo do Ceará, região onde é comum a mata de cocais.

Macaco cuxiú-negro. Sua cauda tem o mesmo comprimento do resto do corpo, o que facilita sua locomoção saltando entre as árvores.

 **Viver** ▪▪▪

Ecótonos

Os ecossistemas de transição, como a mata de cocais, são também chamados de **ecótonos**. Apresentam importante biodiversidade, pois abrigam indivíduos de cada uma das regiões que os compõem, além de espécies características apenas da área de contato entre os diferentes biomas.

Veja a representação desse fenômeno no diagrama ao lado, que compara a biodiversidade encontrada no ecossistema A, no ecótono (área de transição) e no ecossistema B.

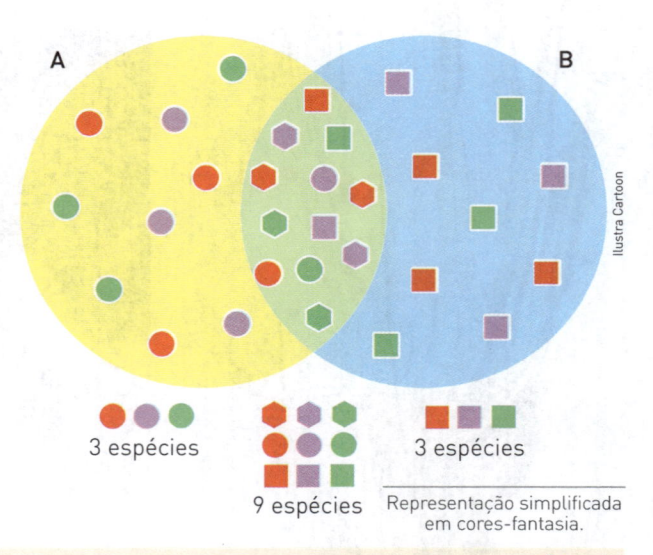

A · B

3 espécies · 3 espécies

9 espécies · Representação simplificada em cores-fantasia.

 **Faça uma pesquisa** sobre exemplos de ecótonos no Brasil e na região onde você vive. Procure identificar espécies dessas regiões e possíveis ameaças a essas áreas de transição. Compartilhe com seus colegas as informações e os dados obtidos.

no caderno

Pantanal

Localizado na Região Centro-Oeste do Brasil, esse bioma engloba parte dos estados de Mato Grosso e Mato Grosso do Sul. Recebe a influência de diversos biomas, como o Cerrado, a Amazônia e a Mata Atlântica, assim como de ciclos de cheia e seca e de temperaturas elevadas. Sua biodiversidade é rica e inclui mais de 650 espécies diferentes de aves e cerca de 1 100 espécies de borboletas.

A vida dos seres nessa região tem ligação direta com o fluxo das águas. Nos meses de outubro a abril, período de chuvas e inundações, muitos animais terrestres refugiam-se nas terras firmes, peixes reproduzem-se e plantas aquáticas entram em floração. Ao final desse período, entre junho e setembro, as águas baixam lentamente, fertilizando o solo com nutrientes. No auge da seca, mamíferos e répteis, como os jacarés, concentram-se em torno das lagoas e dos pequenos riachos.

Paisagem do Pantanal em época de vazante, em que as águas começam a baixar e formam-se as baías, grandes lagoas temporárias. Aquidauana (MS), 2010.

Mata Atlântica

Esse bioma se estende por quase toda a costa brasileira. Seu nome se deve à grande influência que recebe do Oceano Atlântico. Sua área já foi cerca de dez vezes maior, mas a ocupação humana foi a principal responsável pela perda e pela degradação dos ecossistemas que o compunham. Corresponde a um conjunto de formações florestais e outros ecossistemas associados, como mata de araucária, restingas e manguezais.

Apresenta árvores altas e vegetação densa, com poucos espaços vazios. É uma das áreas de maior diversidade de seres vivos do planeta. Nela são encontradas plantas como pau-brasil, ipê-roxo, angico, manacá-da-serra e cambuci, além de várias espécies de animais, como onça-pintada, anta, queixada, gavião-pega-macaco e mico-leão-dourado.

O manacá-da-serra é comum nas bordas de florestas da Mata Atlântica. Tapiraí (SP), 2017.

Embora em risco de extinção, a onça-pintada está presente em todos os biomas brasileiros, exceto no Pampa.

Palmito sob ameaça

O Brasil é um dos maiores produtores e consumidores de palmito, usado em vários pratos de nossa culinária.

Este alimento, vendido a preços altos nos mercados, é extraído do tronco de palmeiras. Historicamente, o mais apreciado e, portanto, mais cobiçado, era o palmito da palmeira juçara. A atividade extrativista dessa planta, que integra a flora da Mata Atlântica, foi proibida por lei para evitar o alto impacto de sua exploração. Essa variedade de palmeira nasce de uma semente e constitui um único tronco – o que a leva a ser sacrificada na colheita do palmito, extraído do caule. A extração em geral rende o suficiente para apenas um vidro de conserva, e demora em torno de 8 a 12 anos para que a planta possa produzir um palmito de qualidade. Por sua vez, as palmeiras de açaí e pupunha (originalmente encontradas na Amazônia) têm múltiplos troncos, que possibilitam o manejo sem matar a planta.

Combater a extração clandestina e ilegal é um desafio para as autoridades. Mas essa questão envolve aspectos não só ambientais, mas sociais.

O consumo do palmito, extraído do tronco das palmeiras, é muito popular no Brasil.

A palmeira juçara corre risco de extinção devido à superexploração. Itatiaia (RJ), 2014.

As palmeiras pupunhas podem ter um tronco único ou múltiplos troncos. Tiradentes (MG), 2016.

Diferente das outras palmeiras, a parte mais consumida do açaizeiro é seu fruto, o açaí. Abaetuba (PA), 2009.

Sobre esse tema, leia os textos a seguir.

Fauna invisível – O desafio da conservação

[...] A jacutinga, por exemplo, é a ave mais importante para dispersão de sementes de palmito juçara na floresta, e já foi caçada até a extinção (ou muito próximo disso) na maior parte da Mata Atlântica. [...]

Os palmiteiros induzem a defaunação de duas maneiras. Primeiro, matando animais para comer quando estão na selva. Segundo, pelo efeito dominó que a remoção da palmeira juçara tem sobre toda a biodiversidade da floresta, impactando desde os herbívoros que se alimentam de seus frutos superenergéticos (semelhantes aos do açaí), até os predadores de topo de cadeia que se alimentam desses herbívoros, como a onça-pintada e a onça-parda.

"O juçara é a base da cadeia alimentar na Mata Atlântica. Quando você retira o palmito, a floresta inteira sofre" [...]

Herton Escobar. Mata Atlântica, fauna invisível: o desafio da conservação. *O Estado de S. Paulo*. Disponível em: <http://infograficos. estadao.com.br/cidades/fauna-invisivel/o-desafio-da-conservacao.php>. Acesso em: 28 jun. 2018.

Saiba por que o consumo de palmito juçara contribui para a degradação da Mata Atlântica

[...] existe o fator socioeconômico, que torna este cenário ainda mais complexo: muitas famílias nativas da Mata Atlântica dependem da extração e da venda para sobreviver. Trata-se de comunidades muitas vezes compostas por caiçaras e quilombolas, ou seja, pessoas muitas vezes carentes e que, não raro, foram removidas de suas terras pelos grandes empreendimentos imobiliários (ou casos de que o próprio desenvolvimento não chegou a ponto de gerar outras alternativas de sobrevivência). Ainda, essas pessoas se veem situadas em um mundo globalizado, onde não conseguem mais produzir somente para sua própria subsistência.

Podemos citar o caso de Ubatuba, litoral de São Paulo, como exemplo. A cidade possui uma população rural de aproximadamente cinco mil habitantes, dentre eles, famílias que – em função da legislação que rege as Unidades de Conservação – têm restrições para praticar a agricultura e extrativismo nessas áreas. Isso tem causado uma queda das atividades produtivas, que põe em risco a reprodução social destes grupos e induz a uma exploração desordenada dos recursos naturais, o que compromete a sustentabilidade dos ecossistemas. [...]

Alternativas para preservá-lo

[...] Em São Paulo, o Projeto Juçara se concentra na divulgação e expansão da utilização dos frutos da palmeira juçara para produção de polpa alimentar e seu uso na culinária, e também na consolidação de sua cadeia produtiva, por meio da difusão do manejo sustentável da juçara para geração de renda, associada a atividades de recuperação da espécie e da Mata Atlântica. [...]

Bruno Mirra. Saiba por que o consumo de palmito juçara contribui para a degradação da Mata Atlântica. Disponível em: <www.ecycle. com.br/component/content/article/35-atitude/1918-palmeira-jucara-consumo-palmito-degradacao-mata-atlantica-extracao-ilegal-reducao-biodiversidade-dano-bioma.html>. Acesso em: 28 jun. 2018.

Após a leitura, façam as atividades a seguir em grupo.

1. O que pensam a respeito da questão levantada? É importante preservar as palmeiras juçara e outras igualmente ameaçadas? Por quê? Como fazer isso sem ignorar a situação de comunidades que tradicionalmente dependem da atividade de extração do palmito?

2. Pesquisem outros projetos e ações em desenvolvimento cujo foco sejam alternativas socioambientais para esse problema. Compartilhem os trabalhos com os colegas da turma apresentando-os com informações e imagens. Se, na região onde vivem e estudam, essa for uma questão que afeta a população diretamente, procurem mais informações com organizações locais (cooperativas, associações, universidades, órgãos ambientais etc.) e organizem, com a ajuda do professor, um debate com a comunidade sobre a importância do desenvolvimento sustentável.

Viver

Anfíbios e equilíbrio ambiental

A perereca-da-folhagem (*Phyllomedusa burmeisteri*) habita vegetações da Mata Atlântica nas regiões Sudeste e Nordeste. A perda e a degradação de hábitat contribuíram para que essa espécie esteja criticamente ameaçada de extinção.

Embora a maior parte da população ainda considere sapos, rãs e pererecas seres feios e até repulsivos, os anfíbios são extremamente importantes para o equilíbrio dos ambientes em que vivem.

O desequilíbrio ambiental causado pela diminuição de anfíbios é grande, pois há uma reação em cadeia nos ecossistemas. Esses animais participam de várias cadeias alimentares, seja como presas (de répteis, por exemplo), seja como predadores (de insetos, minhocas etc.). Assim, sua redução populacional, por um lado, representa a redução de alimento para seus predadores, cujas populações também acabam diminuindo, e, por outro, pode levar à superpopulação de suas presas naturais, como insetos, que podem se tornar pragas, ao devorar plantações, ou vetores muito importantes de doenças infecciosas sérias, como febre amarela e malária.

Além da importância ecológica, os anfíbios têm atraído a atenção de grandes laboratórios farmacêuticos em razão das pesquisas que indicam o grande potencial de uso de substâncias secretadas por eles na fabricação de medicamentos.

A perereca-da-folhagem vive a maior parte do tempo em árvores e tem atividade noturna.

> ❶ Pesquise alguma substância extraída de anfíbios. Identifique a espécie da qual ela é extraída, o ambiente em que essa espécie vive e o uso que se faz da substância. Depois, em conjunto com a turma e com a ajuda de um profissional de informática da escola, crie uma página na Wikipédia (<www.wikipedia.org>) que reúna essas informações de forma a torná-las acessíveis para o público geral. **em grupo**

Restinga

O ecossistema **restinga** é típico do litoral brasileiro e está associado ao bioma Mata Atlântica. Os seres que habitam nele vivem em solo arenoso, rico em sais minerais. Parte desse solo fica submersa pela maré alta. Encontramos nesse ecossistema animais como o caranguejo maria-farinha, o besourinho-da-praia, a viúva-negra, o gavião-de-coleira, a coruja-buraqueira, o tiê-sangue e diversas espécies de pererecas, entre outros. Como exemplos de plantas características da restinga podemos citar: sumaré, aperta-goela, açucena, bromélias, cactos e taboa.

Mata de restinga, Parque das Dunas, Natal (RN), 2014.

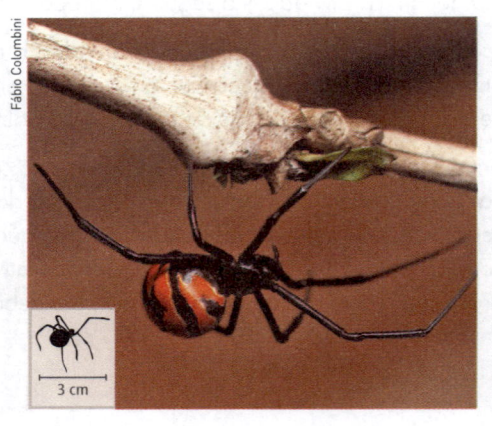

A viúva-negra recebe esse nome pois, após a cópula, a fêmea pode matar o macho e se alimentar dele.

Manguezal

O ecossistema **manguezal** – também associado ao bioma Mata Atlântica – está presente na costa brasileira desde o Amapá até Santa Catarina. Desenvolve-se, principalmente, em regiões estuarinas e próximas da foz dos rios – onde a água doce do rio encontra a água salgada do mar, tornando-se salobra –, e em locais parcialmente abrigados da ação das ondas, mas abertos para receber a água do mar. Os solos são pouco consistentes e ricos em nutrientes, vindos da lenta decomposição do material orgânico que ali se acumula, provocando o forte odor característico desse ambiente.

As árvores com raízes-escoras são características dos manguezais. Cananéia (SP), 2012.

Devido a suas águas calmas e protegidas, os manguezais servem de abrigo a diversos animais, além de atrair várias espécies de crustáceos e peixes, que desovam nesses locais, razão pela qual os manguezais são conhecidos como berçários naturais.

Existem poucas espécies arbóreas adaptadas a esses ambientes, mas com grandes populações, o que faz com que a densidade vegetal seja enorme. As espécies mais comuns são o mangue-vermelho, o mangue-branco e o mangue-preto.

Essas árvores têm raízes-escoras, que auxiliam sua fixação ao solo. Apesar do nome, contudo, elas não são raízes verdadeiras, formando-se do caule ou de ramos da planta.

Raízes-escoras durante a maré baixa. Maceió (AL), 1993.

As imagens desta página não estão representadas na mesma proporção.

zoom

As árvores de mangue têm raízes modificadas, chamadas de pneumatóforos, que as ajudam a sobreviver nesse ambiente pobre em oxigênio. Qual é a importância dessas estruturas?

Pneumatóforos no Parque Nacional de Jericoacara, Jericoacara (CE), 2012.

Mata de araucária

O ecossistema **mata de araucária** pode ser encontrado em regiões com temperatura média mais baixa, como parte da Região Sul e algumas regiões serranas do Sudeste.

Ele abriga, entre outros tipos de árvores, o pinheiro-do-paraná, também conhecido como araucária. Sua semente, o pinhão, serve de alimento para diversas espécies de animais, como a gralha-azul, sendo também bastante consumido pelo ser humano. De sua fauna, destacam-se, além da gralha-azul, o tatu, o quati e o gato-do-mato.

> O pinheiro-do-paraná pertence ao grupo das gimnospermas, plantas que ocuparam amplamente o ambiente terrestre, formando imensas florestas de clima temperado. As gimnospermas são plantas que têm sementes, mas não formam frutos.

Vista de araucárias no Parque Nacional dos Aparados da Serra. Cambará do Sul (RS), 2017.

Os pinhões, sementes da araucária, crescem agrupados em pinhas, até que estas sequem e os liberem.

A gralha-azul estoca parte das sementes de araucária no solo, ajudando-a a se dispersar.

Viver

Por que os morcegos são importantes?

Os morcegos que se alimentam de frutas (frugívoros) espalham, durante o voo, por meio das fezes, sementes de várias espécies de árvores, contribuindo para a recomposição das matas e florestas. Nas regiões de Cerrado, Amazônia e Mata Atlântica, os morcegos são alguns dos animais responsáveis pelo reflorestamento. Uma variedade enorme de plantas depende quase exclusivamente deles para dispersar suas sementes.

Já um morcego do tipo insetívoro pode devorar centenas de mosquitos por noite, fazendo o controle da população desses insetos. Assim, contribuem tanto para o equilíbrio dos ecossistemas quanto para a redução do uso de agrotóxicos nas plantações, o que significa comida mais saudável para os seres humanos.

1. Como a presença de morcegos e outros animais insetívoros contribui para a redução do uso de agrotóxicos? Por que isso é importante?  no caderno

2. A destruição de hábitat também é uma ameaça aos morcegos, fazendo com que suas populações se reduzam. Qual é a implicação disso para a capacidade de recuperação de áreas desmatadas?

Pampa (Campos Sulinos)

O termo **pampa** é de origem indígena e significa "região plana".

Esse bioma está presente somente no Rio Grande do Sul. Corresponde aos Pampas sul-americanos ou Campos Sulinos, que também se estendem pelo Uruguai e pela Argentina.

60 cm

Westend61 GmbH/Alamy Stock Photo

O Pampa é marcado por clima chuvoso, sem período seco regular. Apresenta altas temperaturas no verão, e geadas ou neve em algumas regiões no inverno.

É formado por mais de 450 espécies de gramíneas (plantas conhecidas como grama ou relva), mas em sua biodiversidade encontramos até cactos. Da fauna, podemos citar ratão-do-banhado, preá e vários tipos de serpentes.

O ratão-do-banhado também é conhecido pelos nomes de nutria, caxingui ou ratão-d'água.

Conviver

Conhecendo o bioma em que vivo

Organizem-se em grupos de três alunos e façam a atividade a seguir.  em grupo

1. Localizem no mapa de biomas da página 25 onde fica a região em que vocês moram.
2. Identifiquem qual é o bioma típico de sua região e tentem reconhecer algumas das características da fauna e da flora nas imediações de sua casa ou escola. Pesquisem os nomes populares das espécies de plantas e animais que encontrarem e compartilhem com a turma.
3. Procurem identificar, nas espécies que ocorrem em pelo menos dois biomas brasileiros, adaptações que lhes possibilitam sobreviver nesses ambientes.
4. Façam um cartaz ou álbum ilustrado (com fotos, desenhos, esquemas, ilustrações etc.) com legendas e uma descrição das vantagens que essas adaptações representam na sobrevivência desses seres.

Depois, pesquisem mapas que comparem as áreas originais e as atuais dos biomas brasileiros e respondam:

① Como é a situação do bioma de sua região? Caso haja alterações significativas, investigue possíveis causas da degradação. Houve expansão das atividades agropecuárias, urbanização, industrialização ou exploração de recursos naturais? Pesquisem também se há alguma Unidade de Conservação em sua região. Em caso positivo, combinem com suas respectivas famílias ou colegas uma visita ao local e obtenham mais informações com os monitores.

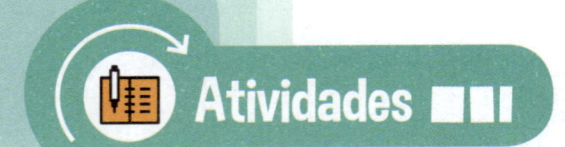

1 Observe esta fotografia.

As imagens desta página não estão representadas na mesma proporção.

Santa Cruz Cabrália (BA), 2017.

a) Descreva esse ecossistema e o local em que ele costuma ocorrer.

b) Cite o nome de pelo menos dois seres vivos adaptados a esse ambiente e descreva essas adaptações.

c) Destaque os fatores que justificam a importância desse ecossistema para o ser humano e para outras espécies de seres vivos.

2 Casca grossa e galhos retorcidos são algumas das características da vegetação de um bioma brasileiro, localizado principalmente na região Centro-Oeste.

a) Identifique esse bioma.

b) Cite exemplos de animais que vivem nesse bioma.

3 Relacione as características físicas, biológicas e climáticas aos ecossistemas a seguir.

> Cerrado – Caatinga – Mata Atlântica –
> Pantanal – Amazônia – Pampa

a) (//////////////////) Constituído por um conjunto de formações florestais e ecossistemas associados, como as restingas e os manguezais. Entre a fauna desse bioma estão animais como mico-leão-dourado, onça-pintada, tamanduá-bandeira, arara-azul-pequena, tatu-canastra e bugio.

b) (//////////////////) Considerado uma das maiores reservas de diversidade biológica. É caracterizado por elevadas temperaturas e chuvas frequentes e abundantes. Entre outras espécies vegetais e animais,

sua flora nativa é composta de guaraná, seringueira, vitória-régia e castanha-do-pará, e sua fauna, de peixe-boi, pirarucu, boto e arara.

c) (//////////////////) Está presente somente no Rio Grande do Sul e é marcado por temperaturas altas no verão e baixas no inverno. É rico em gramíneas e abriga animais como o ratão-do-banhado.

d) (//////////////////) Estende-se por grande parte da Região Centro-Oeste do país. Apresenta uma vegetação com árvores e arbustos de pequeno porte, troncos retorcidos e casca grossa. A fauna da região é bastante rica, constituída por capivaras, lobos-guarás, tamanduás, antas e seriemas.

e) (//////////////////) Apresenta grande diversidade de espécies animais e vegetais, em áreas inundadas ricas em gramíneas, arbustos e árvores. A fauna é composta de peixe-dourado, pacu, arara, capivara, tamanduá, onça e jacaré-de-papo-amarelo, entre outros.

f) (//////////////////) Localizado na região mais seca do país. Sua vegetação é composta, principalmente, de plantas cactáceas e caducifólias. A fauna desse bioma é formada por uma grande variedade de répteis, além do gambá e do veado-catingueiro.

4 As figuras a seguir apresentam a vegetação de três ecossistemas brasileiros.

Barra de Camaratuba (PB), 2018.

Cabrobó (PE), 2018.

Goiás (GO), 2018.

Identifique esses ecossistemas e cite uma característica marcante de cada um deles.

5 Ao visitar os tios no Paraná, Victor pôde conhecer o pinheiro-do-paraná e comer um dos pratos típicos da região: pinhão cozido.

Ele pesquisou algumas informações sobre o pinheiro-do-paraná e descobriu que o nome científico desta planta é *Araucaria angustifolia*. Veja outras informações que ele achou buscando em *sites* na internet:

  I. Essa planta é típica do Cerrado.

  II. O pinhão é o fruto da *Araucaria angustifolia*.

  III. A *Araucaria angustifolia* pertence ao grupo das gimnospermas.

a) Todas as informações estão corretas? Justifique sua resposta.

b) Que cuidados devemos ter ao pesquisar informações na internet?

6 Sobre os biomas brasileiros, responda.

a) Em qual deles predominam as gramíneas e animais como o ratão-do-banhado, preás e cobras?

b) Qual desses biomas teve sua área drasticamente degradada e reduzida pela ocupação humana?

c) Qual é o maior bioma do Brasil? Cite três plantas típicas desse bioma.

d) Os cactos, como o mandacaru e o xique-xique, são plantas capazes de armazenar água em seu interior. Em que bioma encontramos essas plantas? Por que armazenar água em seu interior representa uma vantagem?

7 Leio o texto abaixo e responda às questões.

Ecoturismo: um alerta

A região de Bonito, localizada em Mato Grosso do Sul, figura no cenário nacional como exemplo de práticas corretas de ecoturismo. De fato, medidas como obrigatoriedade de acompanhamento de guia credenciado e limites no número de visitantes em alguns atrativos turísticos foram conquistas que ajudaram a conservar parte da vida dos ecossistemas visitados.

A atividade turística malconduzida pode afetar negativamente o ambiente. Apesar dos cuidados tomados no Aquário Natural de Bonito, dados de monitoramento feito por pesquisadores indicam que tem aumentado o impacto dos visitantes sobre a fauna aquática, principalmente de peixes.

É fundamental encontrar o equilíbrio entre o interesse econômico pelo turismo e o interesse ambiental, a fim de garantir que o ecoturismo possibilite a conservação da biodiversidade, e conscientizar cada ecoturista da importância de sua colaboração.

A biodiversidade de Bonito (MS) tem sofrido o impacto da intensa atividade turística na região.

a) Em que bioma está localizada a região de Bonito?

b) Por que é importante haver regras e orientações para a atividade turística nesse e em outros biomas e ecossistemas?

c) Pesquise e cite pelo menos três representantes da fauna e da flora dessa região.

8 Por ser um bioma de transição, apresenta características da Floresta Amazônica, Cerrado e da Caatinga. A flora inclui palmeiras com folhas grandes e finas, como a carnaúba, o buriti e o babaçu; já a fauna inclui répteis, aves e mamíferos. A que bioma se refere esse texto?

CAPÍTULO 3

Ameaças aos ecossistemas

Vários fatores interferem no equilíbrio dinâmico do meio ambiente, desde fenômenos naturais (por vezes agravados por nós) àqueles que são resultado direto da ação humana. O solo, o ar e a água sofrem impacto do estilo de vida das sociedades e, quando em desequilíbrio, afetam a vida humana e a dos demais seres que compartilham o planeta conosco. É um caminho de via dupla, pois existe uma clara interdependência entre ambiente e seres vivos. E o que afeta determinado local pode ter consequências em outro, inclusive em âmbito global.

Elevador Lacerda, Salvador (BA), 1960.

Elevador Lacerda, Salvador (BA), 2017.

 **Conviver**

Observando a paisagem

Que tal fazer um exercício de observação da paisagem?

Para sua segurança pessoal e dos colegas, realizem essa atividade acompanhados por um adulto: familiar ou professor. Em grupos, escolham um local para ser observado, de preferência próximo a sua escola ou moradia. Façam desenhos ou fotografias do local observado.

 em grupo

1 Esse ambiente tem mais componentes naturais ou área construída?

2 Há despejo de resíduos sólidos (como o que chamamos de lixo) ou líquidos (como esgoto)?

3 Nessa área circulam meios de transporte? Quais?

4 Que tipos de seres vivos vocês podem encontrar nessa área?

5 Esse lugar é silencioso ou barulhento?

Desenvolvimento sustentável

Você deve ter percebido que a presença humana é um dos fatores que mais modificam o ambiente. Essa modificação pode causar maior ou menor impacto sobre os ecossistemas e os seres que nele vivem, incluindo nossa espécie. E as mudanças tecnológicas na história de nossa sociedade também alteram a forma pela qual afetamos o ambiente.

Carros e carruagens no Largo do Machado. Rio de Janeiro (RJ), 1900.

Carros na Av. Presidente Castelo Branco. Blumenau (SC), 2017.

Qual seria a solução? Como viver e ocupar o planeta causando menos impacto? É possível conciliar o desenvolvimento com conservação ambiental?

As novas tecnologias podem facilitar a vida humana (possibilitando a realização de trabalhos com menor esforço físico ou ampliando a comunicação e a divulgação de informações e conhecimento, por exemplo), mas também trazem novos problemas e desafios, entre eles exploração acentuada de recursos naturais, maior custo energético e descarte do lixo eletrônico produzido.

Percebemos que não faz sentido ter uma postura inflexível diante das novas tecnologias. Elas podem auxiliar no combate à fome, ao analfabetismo, a doenças e à pobreza, melhorar a qualidade de vida e promover a inclusão, mas também podem causar desequilíbrios ambientais e agravos à saúde, bem como ampliar a desigualdade social. A tecnologia é um instrumento humano e, portanto, depende do uso que fazemos dela.

Uma saída possível para esses desafios colocados é buscar o **desenvolvimento sustentável**. Você sabe o que isso significa?

O desenvolvimento sustentável se refere a um modelo de sociedade que busque conciliar o desenvolvimento econômico com a preservação e a manutenção dos recursos naturais. Esse conceito foi apre-

Local em que se faz coleta e reciclagem de lixo eletrônico. Londrina (PR), 2015.

sentado pela Organização das Nações Unidas (ONU) em 1987, em um documento chamado Nosso Futuro Comum. Entre as várias recomendações, o documento, fruto de um estudo, destaca duas questões fundamentais:

- a importância da preservação do meio ambiente para as futuras gerações, garantindo-se recursos naturais para a sobrevivência da espécie humana e demais seres vivos;
- a urgência por justiça e igualdade social, com diminuição da fome e da pobreza, situações que agravam o desequilíbrio ecológico e são igualmente agravadas por ele.

A ideia de desenvolvimento sustentável propõe, entre outras medidas, usar os recursos naturais com respeito ao próximo — resguardando o direito das próximas gerações de usufruí-los —, ao meio ambiente e à dignidade humana.

Estamos usando os recursos naturais em uma velocidade muito maior do que a natureza consegue repor. Se continuarmos nesse ritmo, em pouquíssimo tempo não teremos água nem energia suficiente para atender às nossas necessidades. Segundo dados divulgados pela ONU, se todos os habitantes da Terra passassem a consumir como os norte-americanos, precisaríamos de mais 2,5 planetas como o nosso. Cientistas preveem que, no futuro, os conflitos serão decorrentes da escassez dos bens naturais.

A primeira etapa para conquistar o desenvolvimento sustentável é reconhecer que os recursos naturais são finitos. A partir daí, é necessário e urgente buscar um novo modelo de desenvolvimento econômico para a humanidade, em que os bens naturais sejam usados com critério e planejamento.

Conservar ou preservar?

Em Ecologia, que diferença existe entre preservação e conservação? Esses termos costumam ser usados como sinônimos, mas têm significados diferentes.

Preservar diz respeito à proteção integral da natureza, sem que haja interferência do ser humano, visto nesse contexto como principal agente de desequilíbrio.

Conservar diz respeito ao desenvolvimento sustentável, ou seja, à possibilidade de a espécie humana interagir com o ambiente (extraindo recursos naturais, por exemplo) de maneira racional e criteriosa para que as próximas gerações também possam usufruir desses recursos.

ZOOM

Comunidades tradicionais na Amazônia que vivem da coleta de castanhas, para produção de doces ou indústria de cosméticos, estão adotando o princípio da conservação ou preservação? Por quê?

Atobás, que chegam a ter 80 cm de comprimento, no Arquipélago de São Pedro e São Paulo. Pernambuco, 2009.

No Brasil, o Ministério do Meio Ambiente atribuiu caráter conservacionista a determinadas áreas, chamadas de Unidades de Uso Sustentável, onde populações locais tradicionais podem fazer o uso sustentável dos recursos. Há também áreas ditas preservacionistas, chamadas Unidades de Proteção Integral, onde são proibidos a exploração e o uso dos recursos, e a presença humana é autorizada apenas para pesquisa ou visitação (sujeita a normas e restrições).

Sustentabilidade

Quando pensamos em sustentabilidade, além de mudarmos a conduta individual, precisamos nos informar a respeito de ações e políticas de alcance global e sobre como podemos colaborar para pôr em prática medidas nas quais nossa responsabilidade e participação como cidadãos faça diferença para a coletividade.

A Cúpula das Nações Unidas sobre o Desenvolvimento Sustentável, reunida em 2015, assumiu uma agenda coletiva composta de 17 objetivos e 169 metas a serem atingidos até 2030. Esses Objetivos de Desenvolvimento Sustentável (ODS) foram elaborados em um processo de discussões e negociação mundial iniciado em 2013, do qual o Brasil também participou. No foco do documento está a preocupação em integrar os três pilares do desenvolvimento sustentável: social, econômico e ambiental.

ZOOM

Pesquise a existência de áreas de conservação e preservação no estado ou na região onde fica a escola. De que tipo são? Se for possível, que tal organizar uma visita a elas com os colegas ou a família?

Conviver

Os Objetivos de Desenvolvimento Sustentável (ODS)

United Nations

Objetivos de Desenvolvimento Sustentável.

Fonte: Itamaraty. Disponível em: <www.itamaraty.gov.br/pt-BR/politica-externa/desenvolvimento-sustentavel-e-meio-ambiente/134-objetivos-de-desenvolvimento-sustentavel-ods>. Acesso em: 30 jun. 2018.

É importante compreender que o conceito de desenvolvimento sustentável não se limita apenas à noção de preservação dos recursos naturais. Investir na sustentabilidade é também propor políticas públicas e programas sociais que promovam a justiça social, ampliem o acesso à educação e cultura e valorizem a diversidade em suas múltiplas formas.

O alcance dos ODS depende tanto das grandes políticas governamentais quanto das pequenas mudanças de comportamento em todos os aspectos: políticos, sociais, culturais e econômicos. A adoção e implantação de práticas sustentáveis em nossas casas, escolas e ambientes de trabalho e lazer, entre outros, é emergencial e precisa ser ampliada.

A atividade a seguir pode ajudá-los a pensar e agir nesse sentido.  em grupo

1. Organizem-se em grupos. Cada grupo deve escolher dois entre os 17 Objetivos de Desenvolvimento Sustentável (ODS) propostos pela ONU.

2. Pesquisem notícias e dados em diferentes fontes, separando o que representa avanço e o que representa retrocesso (ou estagnação) para o alcance dos objetivos escolhidos.

3. Com esse material, organizem um mural/painel para mostrar o contraponto. Ilustrem-no com imagens feitas por vocês ou obtidas de outras fontes.

4. Discutam e sugiram medidas locais que possam ser adotadas — pelas autoridades governamentais, empresas, escolas e até pelos indivíduos — para colaborar em algum grau no alcance dos ODS.

5. Exponham o mural/painel ao restante da comunidade escolar.

6. Se possível, com a ajuda do professor, convidem pessoas da comunidade para um debate ou conversa sobre como o município/estado onde moram tem se posicionado para colaborar no alcance desses ODS.

Sustentabilidade e consumo

Analise a imagem e leia o texto.

[...] Hoje, consome-se 1,5 vezes o que o planeta tem para oferecer. E se o atual modelo de consumo não for repensado, a expectativa é de que até 2030 estejamos consumindo dois planetas Terra. Para agravar, a distribuição dos recursos acontece de maneira desigual fazendo com que mesmo com todo o hiperconsumo ainda exista uma elevada porcentagem da população sem acesso a recursos básicos. [...]

Disponível em: <www.greenpeace.org/brasil/pt/Blog/entre-consumo-e-sustentabilidade/blog/48693>. Acesso em: 2 jul. 2018.

Raitan Ohi

Representação simplificada em cores-fantasia.

Agora reflita:

no caderno

1. Você consegue relacionar sustentabilidade a consumo? O que entende por consumismo?

2. É possível avançar nos ODS sem discutir o consumismo de nossa sociedade?

3. Por que reduzir o consumo é uma importante ação de sustentabilidade?

4. A publicidade tem efeito sobre seu grau de consumo?

5. Você se sente influenciado, em algumas ocasiões, a comprar algo que não precisa realmente? Explique.

Compartilhe com os colegas suas respostas e reflexões.

O impacto das ações humanas sobre o ambiente

Veremos, a seguir, como a presença e a ação humanas, sua forma de ocupar o ambiente e com ele interagir podem provocar alterações nos ecossistemas.

A poluição do solo

Pode ser ocasionada por produtos químicos lançados nele sem os devidos cuidados. Isso ocorre, muitas vezes, quando as indústrias se desfazem de seu lixo químico. Algumas dessas substâncias químicas utilizadas na produção industrial são poluentes e se acumulam no solo, inviabilizando sua ocupação pela sociedade ou a recuperação do ecossistema original.

Outro exemplo são os agrotóxicos e pesticidas, que combatem pragas nas lavouras e podem, pelo acúmulo, saturar o solo, ser dissolvidos na água e depois absorvidos pelas raízes das plantas. Das plantas, passam para o organismo das pessoas e dos outros animais que delas se alimentam, podendo causar-lhes a morte.

Os fertilizantes, produtos químicos aplicados no solo para aumentar a produtividade das lavouras, são, em geral, tóxicos. Nesse caso, uma alternativa é o processo de rotação de cultura usando plantas leguminosas (como os feijões), que desempenham um papel similar ao de alguns fertilizantes. Esse processo é natural, não satura o solo, é mais econômico que o uso de fertilizantes industrializados e não prejudica a saúde das pessoas.

Alimentos orgânicos

Além de afetar o solo e os alimentos produzidos, ocasionando problemas de saúde às populações consumidoras e aos agricultores, os resíduos de agrotóxicos são uma das principais fontes de contaminação das águas brasileiras. Eles podem ser carregados pela água da chuva ou pela irrigação dessas plantações, atingir os rios, lagos e mares e afetar peixes e outros seres vivos, incluindo o ser humano que usar essa água.

Produto com selo Produto Orgânico Brasil.

[...] O consumidor pode adotar algumas atitudes para minimizar sua exposição a resíduos de agrotóxicos, tais como optar por alimentos rotulados com a identificação do produtor, o que contribui para o comprometimento dos produtores em relação à qualidade dos seus produtos. Sempre que possível, recomenda-se também adquirir alimentos classificados como orgânicos ou provenientes de sistemas agroecológicos, assim como os chamados alimentos da "época" (safra), por receberem em média uma menor carga de agroquímicos. Porém, a impossibilidade de aquisição de alimentos orgânicos não deve ser motivo para a diminuição no consumo de frutas, legumes e verduras produzidos pelo sistema convencional de cultivo. [...]

Disponível em: <http://portal.anvisa.gov.br/duvidas-sobre-agrotoxicos-em-alimentos>. Acesso em: 2 jul. 2018.

1 Procure se informar sobre produtos orgânicos em feiras locais e mercados da região onde você mora/estuda.

2 Com os colegas, elaborem uma cartilha para divulgar, na comunidade do entorno da escola, o que são produtos orgânicos, suas informações nutricionais, os locais de origem e comercialização.

Lixo, resíduo ou rejeito?

Você já deve ter ouvido essas palavras em algum lugar, seja na escola, seja em seu cotidiano. Elas têm o mesmo significado? O que têm em comum?

Para entender a relação entre esses termos, leia o texto a seguir.

Tecnicamente, o que chamamos de lixo é constituído por materiais que podem ser reaproveitados (os resíduos) e por materiais que não podem ser aproveitados (os rejeitos). No Brasil, a Política Nacional de Resíduos Sólidos (PNRS) estabelece que resíduo é todo o material, substância, objeto ou bem que já foi descartado, mas que ainda comporta alguma possibilidade de uso, por meio da reciclagem, do reaproveitamento ou de processamento industrial. No lixo temos uma grande parte que é resíduo e uma pequena parte que é rejeito. A diferença entre um e outro depende, muitas vezes, de conhecimento tecnológico sobre como tratar, como reaproveitar, como reciclar.

Ou seja, a noção de lixo depende do que o gerador do lixo considera inútil, indesejável ou descartável. Além disso, a geração de lixo, em particular de resíduos sólidos, é geralmente considerada um problema urbano. Isto porque as taxas de produção de resíduos tendem a ser muito mais baixas em áreas rurais. Em média, os residentes em áreas rurais são geralmente mais pobres, consomem menos produtos comprados em lojas — o que resulta em menos embalagens — e tendem a ter níveis mais elevados de reutilização e reciclagem. A urbanização e o desenvolvimento econômico geram aumento de poder aquisitivo, aumento no consumo de bens e serviços e, consequentemente, aumento na quantidade de resíduos gerados. [...]

Disponível em: <http://cienciaecultura.bvs.br/pdf/cic/v68n4/v68n4a09.pdf>. Acesso em: 2 jul. 2018.

Podemos constatar que, segundo o texto, o que é lixo para uma pessoa ou grupo de pessoas pode não ser para outras. Tudo depende do tratamento e destino do material descartado.

A reutilização de modo criativo é uma das maneiras de aproveitar materiais descartados.

Ainda que os brasileiros gerem, em média, pouco mais de um quilo de lixo por dia, abaixo da média mundial, o país, devido ao tamanho de sua população, é o terceiro maior produtor de resíduos sólidos do planeta. No entanto, as discussões sobre os impactos ambientais, coleta e destinação de resíduos não costumam fazer parte de nosso dia a dia. Considerando a urgência de buscar o desenvolvimento sustentável, trazer essa questão para debates e ações concretas é cada vez mais necessário.

As imagens desta página não estão representadas na mesma proporção.

O destino dos resíduos sólidos

Para evitar a poluição do solo e da biosfera em geral é necessário cuidar do destino dos resíduos sólidos. Até quando os resíduos produzidos são descartados com os devidos cuidados, o meio ambiente sofre desequilíbrio, com danos para os seres que nele vivem — incluindo, obviamente, o próprio ser humano, que produziu esses resíduos com suas atividades. O grande desafio para nossa sociedade, portanto, está em reduzir a geração de resíduos. Mas o que fazer com os que são gerados?

Os resíduos sólidos das residências, das escolas e das fábricas diferem quanto a seu destino. Se você mora em uma cidade e ela conta com coleta de lixo, um importante serviço de saneamento básico, possivelmente ele será transportado para longe do ambiente urbano. Contudo, vale lembrar que os depósitos de resíduos a céu aberto ou mesmo os aterros comuns, onde esse material é coberto de forma aleatória, não resolvem o problema da contaminação do ambiente, principalmente do solo.

Lixões a céu aberto

Os lixões são locais onde os resíduos provenientes de domicílios e até de indústrias e hospitais são depositados sem nenhum controle de separação ou tratamento do solo.

A poluição do solo causada pelo lixo pode acarretar diversas complicações. Além disso, os lixões favorecem a proliferação de vetores de doenças, que podem ocasionar sérios problemas de saúde pública.

O material orgânico quando sofre ação dos decompositores (bactérias e fungos) — como é

Lixão da Estrutural, o maior da América Latina, foi desativado em 2018. Brasília (DF), 2018.

o caso de restos de alimentos — produz um líquido fétido e ácido, denominado chorume. Esse caldo escuro, que contém microrganismos patogênicos (que podem causar doenças), infiltra-se no solo. Quando em excesso, pode atingir as águas do subsolo, como os aquíferos, e, por consequência, contaminar as águas de poços e nascentes. As correntezas de água das chuvas também podem carregar esse material para rios, mares etc.

Aterros sanitários

Nos aterros sanitários, o material com resíduos sólidos é coberto com terra, amassado e, então, colocado em grandes buracos. Esse procedimento é repetido várias vezes, formando-se camadas superpostas.

Nos aterros há sistemas de drenagem, que retiram o excesso de líquido, e de tratamento de resíduos líquidos e gasosos.

A construção de um aterro sanitário exige alguns cuidados:

- o subsolo deve ser pouco permeável, isto é, deixar passar pouca água e fazê-lo lentamente;
- o solo deve ser impermeabilizado para evitar contaminação;
- deve ser distante de qualquer local habitado;
- não deve haver lençol de água subterrâneo nas proximidades.

O esquema está representado com cores--fantasia e as dimensões dos elementos não seguem a proporção real.

O aproveitamento do biogás

A decomposição dos resíduos por microrganismos provoca a liberação de gases. Chamamos de biogás a mistura desses gases, entre eles o metano e o dióxido de carbono. Ambos intensificam o efeito estufa quando liberados na atmosfera.

Há uma contínua produção de biogás no interior da massa de resíduos já aterrada. Sendo altamente combustível, o biogás produzido deve ser continuamente drenado para evitar explosões nos aterros. No Brasil, a maioria dos aterros utiliza o sistema de drenos abertos, onde é mantida acesa uma chama para queima imediata do biogás que vai sendo naturalmente drenado. Esse sistema, porém, não é muito eficiente, e estima-se que apenas 20% do biogás drenado seja de fato destruído pela queima. O restante é emitido para a atmosfera. Por essa razão, busca-se como alternativa o aproveitamento energético do biogás gerado em aterros de resíduos sólidos como forma de contribuir para a oferta de energia e reduzir as emissões de gases-estufa para a atmosfera. Com instalações apropriadas, o gás metano pode ser capturado e tratado de forma adequada para esse fim.

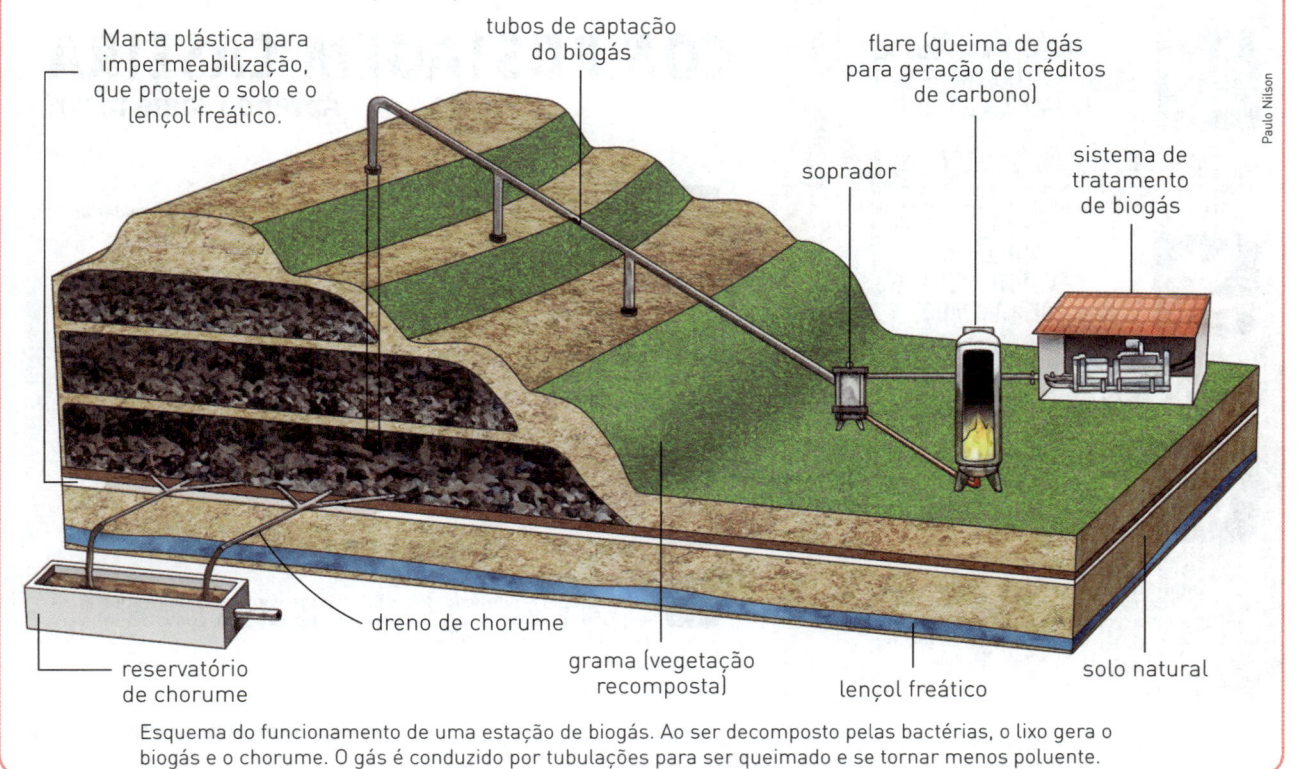

Esquema do funcionamento de uma estação de biogás. Ao ser decomposto pelas bactérias, o lixo gera o biogás e o chorume. O gás é conduzido por tubulações para ser queimado e se tornar menos poluente.

Incineração

A incineração é um processo que queima os resíduos sólidos, reduzindo bastante o volume, além de matar microrganismos que possam causar doenças. É um processo caro, pois, para evitar a poluição do ar, é necessária a instalação de equipamentos especiais para filtrar a fumaça resultante, que também é poluente.

O material deve ser queimado em aparelhos e usinas especiais. Após a queima, o material que resta pode ser encaminhado para aterros sanitários.

Compostagem

A compostagem é a transformação de restos orgânicos descartados em **adubo**, também chamado de composto. Esse adubo é resultado da ação de seres decompositores na matéria orgânica. Além do adubo, na usina de compostagem também são produzidos gases que podem ser capturados e aproveitados como combustíveis (o biogás).

Além da compostagem feita em larga escala, com resíduos provenientes das indústrias e aterros, também é possível fazer a compostagem caseira, com equipamentos simples, encontrados em lojas ou produzidos artesanalmente.

O recipiente em que é feita a compostagem é chamado de **composteira**, e seu tamanho depende do volume de matéria orgânica produzida e do espaço disponível na residência. O processo pode acontecer de maneira natural — dispondo os resíduos em caixas —, ou pode-se acelerar a compostagem com o uso de minhocas (minhocário), por exemplo.

Após a escolha do melhor tipo de processo e da composteira, é preciso cuidar para que ela não gere mal cheiro.

Representação simplificada em cores-fantasia e tamanhos sem escala.

Paulo Nilson

Esquema de composteira doméstica.

COMPOSTAGEM CASEIRA
Aprenda como fazer!

A COMPOSTEIRA PODE SER FEITA COM DOIS RECIPIENTES, UM EM CIMA DO OUTRO.

O primeiro, sem furos, para armazenar o líquido da degradação; e o segundo com pequenos furos no fundo para permitir o escoamento deste líquido para o balde debaixo.

O MATERIAL DEVE ESTAR SEMPRE BEM AREJADO

Com o auxílio de uma furadeira ou prego quente, furos devem ser feitos na parte mais alta das laterais das caixas, que possibilitem a ventilação, mas impeçam o acesso de moscas.

APENAS ORGÂNICOS DEVEM SER DEPOSITADOS, TAIS COMO CASCAS DE FRUTAS E LEGUMES

Para facilitar a decomposição, reduza o volume do resíduo (picando em pedaços menores, por exemplo). Não se deve apertar o resíduo dentro da composteira, apenas depositá-lo.

PRIMEIRA CAMADA
Ao colocar um resíduo alimentar, cubra em seguida com material seco, isso impede o acesso das moscas ao resto de alimentos.

LÍQUIDO GERADO
Uma torneirinha pode ser instalada no primeiro balde (recipiente) para retirar o líquido gerado, conhecido como chorume; ele é reaproveitável.

MATERIAL ÚMIDO
O ideal é deixar o alimento escorrer um pouco, se estiver molhado, antes de colocá-lo na composteira.

CONTROLE DA UMIDADE
Acrescentar folhas secas, papelão e/ou poda de grama ao resíduo alimentar ajuda a equilibrar a umidade na composteira.

NÃO UTILIZAR
Carnes, leite/derivados e condimentos não devem ser acrescentados, pois causam mau odor.

MINHOCÁRIOS
Se optar pela utilização dos minhocários, é importante pesquisar espécies melhor adaptadas para a compostagem, como a minhoca californiana vermelha.

WWW.AGENCIAMINAS.MG.GOV.BR

Agências Minas

Cartaz sobre compostagem caseira.

A importância da coleta seletiva dos resíduos

As imagens desta página não estão representadas na mesma proporção.

Coleta seletiva é a coleta em separado dos tipos de resíduos (seco e molhado). No caso da separação adicional dos materiais recicláveis (papéis, metais, vidros, plásticos), é chamada coleta multisseletiva. Com a coleta seletiva, economiza-se energia e reaproveitam-se materiais. Evitam-se ainda os danos causados ao meio ambiente e à saúde pública pelo descarte inadequado de rejeitos que podem contaminar o solo e a água. No caso do vidro e de outros resíduos cortantes, é importante embrulhá-los separadamente e identificá-los para evitar que o catador, o gari ou o responsável pela triagem na central de reciclagem se firam.

Lixeiras para coleta seletiva. Leopoldina (MG), 2018.

1. Procure identificar se há coleta seletiva na escola, na sua casa e em outros locais. **no caderno**

2. Em caso positivo, para onde são levados esses resíduos coletados?

3. Você considera que a população é orientada para descartar os resíduos adequadamente?

4. Caso não haja coleta seletiva ou esta seja prejudicada pelo descarte inadequado, que tal organizar uma iniciativa com esse fim, com a ajuda dos professores?

Um abaixo-assinado com mediação da escola e articulação com outras instituições da região, uma cartilha informativa sobre coleta seletiva, uma campanha na comunidade e outras ações semelhantes podem ser realizadas.

Cooperativas de catadores ajudam o ambiente

A reciclagem, hoje, ganhou importância ecológica, econômica e social. Um exemplo disso é a existência de algumas cooperativas de catadores de papel, papelão e papéis recicláveis.

Muitas dessas associações desenvolvem um trabalho de parceria com empresas, escolas, condomínios, órgãos públicos, entre outros, para a coleta de recicláveis. O material reciclado produzido pelos parceiros é doado às associações, que, por sua vez, podem gerar e sustentar postos de trabalho para catadores, muitos deles ex-moradores de rua.

Esse tipo de organização contribui para o processo de resgate da autoestima e da cidadania de uma população historicamente excluída.

Trabalhadores em esteira de triagem de lixo reciclável. Arraial do Cabo (RJ), 2018.

em grupo

1. Há diversas cooperativas de catadores de recicláveis, usinas de tratamento (compostagem, incineração e aterro) e lixões que podem ser contatados e visitados com monitoramento. Pesquisem se há algum na região da escola e combinem com o professor uma visita orientada.

2. Procurem se informar sobre o importante papel dos profissionais que trabalham nessas atividades.

Viver

Resíduos: uma responsabilidade conjunta

Atualmente, há um consenso acerca da responsabilidade compartilhada entre fabricantes, importadores, distribuidores, comerciantes, consumidores e poder público pelo ciclo de vida dos produtos. O sistema de **logística reversa** prevê um conjunto de procedimentos para viabilizar que resíduos sólidos voltem ao setor empresarial de origem para reaproveitamento, como eletroeletrônicos; ou para descarte ambientalmente correto, como pilhas e baterias.

Representação simplificada em cores-fantasia e tamanhos sem escala.

Esquema simplificado de logística reversa.

1. Você já aplicou a logística reversa? Em caso positivo, de que forma? Qual foi seu objetivo principal (impacto ambiental, desconto no preço etc.)?

2. Pesquise se na região onde você mora/estuda existe alguma empresa que utiliza esse sistema (logística reversa). Combine com o professor uma visita monitorada ao local.

no caderno

Quando o lixo vira objeto de reflexão e arte

O aumento do consumo desenfreado, nas últimas décadas, principalmente nos países industrializados, vem ampliando a quantidade de materiais que comumente são descartados pela população, sobretudo papéis e plásticos utilizados nas embalagens.

Uma das consequências desse consumismo é a intensificação da produção de lixo e da extração de recursos ou **matérias-primas** da natureza (como madeira e outros materiais vegetais e minérios).

Nessa situação, várias campanhas de educação ambiental são promovidas com o objetivo de educar a população para o consumo consciente, essencial para resolver o problema do lixo nos grandes centros urbanos e evitar o esgotamento dos recursos naturais.

Raitan Ohi

Glossário

Logística reversa: recuperação de produtos, ou parte deles, e de suas embalagens, desde o ponto onde são consumidos até seus locais de origem (fabricação) ou de deposição, em local seguro, com o menor risco ambiental possível.

Matéria-prima: material com o qual são fabricados os variados bens. Pode ser de origem animal, como a lã das ovelhas; de origem vegetal, como o látex com que se faz a borracha; ou de origem mineral, como o minério de ferro.

Ampliar

Lixo extraordinário, Brasil/Reino Unido, 2010. Direção: Lucy Walker, João Jardim e Karen Harley, 100 min.

O documentário acompanha o trabalho do artista plástico Vik Muniz em um dos maiores aterros sanitários do mundo: o Jardim Gramacho, na periferia do Rio de Janeiro.

Lixo: de onde vem? Para onde vai?, de Francisco Luiz Rodrigues e Vilma Maria Cavinatto (Moderna).

O livro é um retrato da situação brasileira em relação ao aumento da produção de lixo, que causa graves problemas ao ambiente e à saúde pública.

Entre os segmentos que contribuem com propostas de discussão sobre a valorização excessiva do consumo e o rápido descarte do que se compra estão grupos de artistas, **designers** e arte-educadores cujas produções, direta ou indiretamente, atuam como agentes de reflexão sobre a preservação ambiental.

Materiais descartados pela sociedade, como lixo e outros sem valor material aparente, são usados para compor obras que, além de esteticamente interessantes, ampliam os movimentos que denunciam problemas socioambientais. Cria-se, assim, uma conexão que busca sensibilizar o cidadão, levando-o a repensar suas ideias e atitudes.

Veja a seguir obras de alguns artistas que participam dessas ações.

As imagens desta página não estão representadas na mesma proporção.

Coleção Particular, Belo Horizonte

Deneir Martins, *Balão Foguete*, 2008. Madeira industrial laqueada, alfinetes e latinhas de refrigerante recortadas, 0,30 cm × 0,50 cm × 1,20 cm.

Rita Barreto

Cadeira feita de pneus.

Éder Medeiros/Folhapress

Tênis com solado de pneu.

1 Descreva o que você entende por lixo.

2 Qual é o volume de resíduos produzidos em sua casa a cada dia? E em uma semana?

3 Para onde vai o material descartado de seu bairro? Ele passa por algum tipo de tratamento?

4 O volume de resíduos produzidos nas cidades gera algum problema?

5 Em sua opinião, qual é a melhor solução para o problema dos resíduos residenciais?

Compartilhe suas respostas com os colegas. Após debaterem as ideias, organizem um mural para a comunidade escolar com as conclusões da turma.

no caderno

Conviver

O que diz a legislação ambiental?

Muitas vezes, ouvimos pessoas indignadas diante de desastres ambientais ou mesmo em situações cotidianas — como quando resíduos são lançados em locais inadequados por alguém da comunidade — pedindo que haja alguma lei contra isso.

Lixo depositado em área urbana. Santa Maria (RS), 2017.

Pessoa jogando lixo na rua pela janela do carro.

Será que o problema é esse? A legislação brasileira é considerada uma das mais completas sobre o assunto, inclusive no que diz respeito à educação ambiental. Na Lei nº 9.795, aprovada em 1999, por exemplo, lemos:

> Art. 1º Entendem-se por educação ambiental os processos por meio dos quais o indivíduo e a coletividade constroem valores sociais, conhecimentos, habilidades, atitudes e competências voltadas para a conservação do meio ambiente, bem de uso comum do povo, essencial à sadia qualidade de vida e sua sustentabilidade.
>
> Art. 2º A educação ambiental é um componente essencial e permanente da educação nacional, devendo estar presente, de forma articulada, em todos os níveis e modalidades do processo educativo, em caráter formal e não formal.

É importante lembrar que, assim como a Ciência e todas as produções humanas, as leis não são neutras. O texto da lei sofre influência do contexto sociopolítico da época em que é escrito. Você conhece as leis ambientais de nosso país?

A atividade a seguir pode ajudá-los a pensar e agir nesse sentido.  no caderno

1. Faça uma pesquisa sobre a legislação que trata diretamente da poluição do meio ambiente.

2. Caso tenha dificuldade com o significado de alguma palavra ou termo jurídico, utilize um dicionário, verifique o contexto e converse com o professor.

3. Veja o ano em que foi publicada a legislação pesquisada. Procure informações sobre esse período na História do Brasil (população, quem eram os governantes, dados socioeconômicos, fatos marcantes etc.).

4. Utilize a internet e procure dados da legislação sobre poluição do meio ambiente em outros países. O que você conclui ao compará-la com a nossa?

5. Compartilhe e debata com os colegas as informações obtidas.

A extração de minérios

A atividade de mineração tem papel importante na economia e no desenvolvimento de qualquer país. Os recursos minerais são utilizados tanto na fabricação de produtos de alta tecnologia como nos utensílios do cotidiano.

Todavia, mesmo quando são tomadas as precauções necessárias durante os processos de planejamento, instalação, operação e até a inativação da atividade, é possível ocorrer problemas socioambientais. Esses problemas podem envolver a saúde da população local, a poluição da água, do ar (incluindo poluição sonora) e do solo, afetando flora e fauna.

Do ponto de vista social, é preciso estar atento para a importância de mediar conflitos entre empresas mineradoras e a população local a fim de evitar situações de impasse. Muitas empresas só se preocupam em atender ao que exige a regulamentação pública, sem considerar expectativas, anseios e preocupações da comunidade diretamente afetada por essa atividade. Desastres que envolvem mineradoras costumam ter consequências graves. Veja a seguir um exemplo recente.

As imagens desta página não estão representadas na mesma proporção.

Os recursos minerais são utilizados na fabricação de produtos, desde móveis até eletroeletrônicos.

Vista aérea de mina de extração de ouro. Poconé (MT), 2017.

Mariana: uma tragédia anunciada

[...] Em 5 de novembro de 2015, ocorria o rompimento da barragem de Fundão, em Mariana/MG. Subitamente, uma avalanche contendo milhões de toneladas de rejeitos de mineração foi despejada sobre o Rio Doce, seus afluentes e comunidades ribeirinhas, especialmente Bento Rodrigues, Paracatu de Baixo e Gesteira, dentre muitas outras. Os prejuízos sociais e ambientais foram estimados em bilhões de dólares, naquilo que se converteu na mais grave tragédia ambiental brasileira e no maior desastre do gênero na história da mineração mundial.

Distrito de Bento Rodrigues após rompimento da barragem de Fundão. Mariana (MG), 2015.

[...] A grande presença de materiais em suspensão, cujo índice de turbidez resultou milhares de vezes acima do limite legal, reduziu drasticamente a transparência dos rios atingidos, comprometendo a vida aquática e todo o ecossistema a ela ligado. Acima de tudo, vidas humanas se perderam. O [distrito] de Bento Rodrigues foi aniquilado e os impactos do desastre ainda serão sentidos por um longo tempo, possivelmente séculos. [...]

Disponível em: <http://politica.estadao.com.br/blogs/fausto-macedo/mariana-uma-tragedia-anunciada>. Acesso em: 2 jul. 2018.

O impacto da erosão

Você conhece o ditado "água mole em pedra dura tanto bate até que fura"? Saiba que é real — e um exemplo disso é a formação rochosa chamada de Pedra Furada, na praia de Jericoacoara, no Ceará.

Esse grande arco mostrado na fotografia ao lado foi formado pela força da água do mar, que choca constantemente na rocha e removeu, ao longo de milhares de anos, algumas partículas que compunham esse grande paredão.

Chamamos de **intemperismo** o desgaste da superfície terrestre (solo e rochas) provocado pela ação de diferentes fatores.

Pedra Furada, Jericoacoara (CE), 2017.

Erosão corresponde ao conjunto de processos que promovem a retirada e o transporte do material produzido pelo intemperismo, provocando desgaste do relevo.

A erosão é um fenômeno natural importante. Sem esse processo não existiria solo e, sem ele, não haveria as condições necessárias para o desenvolvimento de grande parte das espécies vegetais nem dos seres vivos a elas interligados. Contudo, a erosão, em muitos casos, tem sido acelerada pela ação humana, como veremos a seguir.

Alguns tipos de erosão

A água e o impacto de rochas e seus fragmentos nos rios provocam alteração constante das margens, podendo mudar o curso deles e alterar sua foz, com o transporte e depósito de toneladas de lama e areia. O intemperismo e a consequente erosão provocada pelas águas dos rios são do tipo **fluvial**.

A água da chuva também desgasta e arrasta solo e fragmentos das rochas, incluindo o húmus do solo, levando-os para os vales, onde são depositados. Esse é um exemplo de intemperismo e erosão do tipo **pluvial**.

As imagens desta página não estão representadas na mesma proporção.

Erosão em barranco às margens do Rio Tocantins. Baião (PA), 2017.

O esquema está representado com cores-fantasia e as dimensões dos elementos não seguem a proporção real.

Esquema simplificado do processo de erosão pluvial.

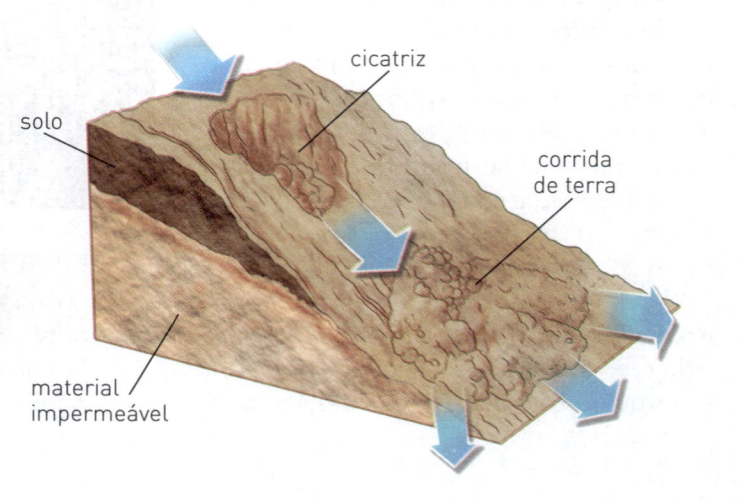

cicatriz

solo

corrida de terra

material impermeável

Erosão pluvial. Praia da Ribanceira, Imbituba (SC), 2016.

Movimentados pela força do vento, os grãos de areia agem sobre as barreiras que encontram pela frente, como as rochas, desgastando-as (intemperismo). Esses mesmos fragmentos de rocha e areia podem ser carregados pelo vento, caracterizando a chamada erosão **eólica**.

Outro exemplo de intemperismo provocado pela água e posterior erosão é o **marinho**, causado pelo atrito constante da água das ondas do mar que batem nas rochas, desgastando-as. A ação das marés, das ondas e das correntezas do mar sobre as rochas costeiras pode desgastá-las até formar os grãos de areia, que depois são carregados pela água.

O impacto da água do mar que bate nas rochas forma paredões denominados falésias. Praia de Cacimbinha, Tibau do Sul (RN), 2013.

A erosão agravada pela ação humana

As imagens desta página não estão representadas na mesma proporção.

Exceto em situações de catástrofe, que podem levar ao deslocamento de toneladas de solo e rochas em poucos segundos, os casos em que ocorrem intemperismo e erosão acelerados costumam ser provocados, por exemplo, pela ação do ser humano ao desmatar encostas para construir.

Uma encosta coberta por vegetação conta com as raízes das plantas que seguram a terra, impedindo que ela seja arrastada pela água. Além disso, as folhas caídas no chão reduzem o impacto das gotas de chuva no solo.

Quando há cobertura vegetal, parte da água da chuva infiltra-se no solo, mas outra parte não o alcança, pois evapora quando ainda está sobre as plantas. Dessa forma, o volume de água que escorre pela superfície é diminuído e, por isso, o grau de intemperismo e a posterior erosão também são menores.

A remoção de cobertura vegetal para a construção de moradias pode trazer riscos à comunidade. Mairiporã (SP), 2016.

Cobertura vegetal, intemperismo e erosão

Material:

- 6 garrafas (tipo PET) transparentes e limpas;
- tesoura sem ponta;
- terra de jardim ou horta;
- sementes de alpiste;
- restos vegetais (galhos, cascas de árvore, folhas, raízes mortas);
- água;
- barbante grosso.

> **Atenção!**
> Esta atividade só deve ser realizada com a ajuda e supervisão do professor.

Procedimentos

1. Peça ao professor que corte três garrafas como indicado na figura. **no caderno**
2. Coloque-as deitadas em uma superfície plana — que pode ser uma mesa ou uma tábua —, de forma que a "boca" das garrafas fique para fora dessa superfície.
3. Coloque a mesma quantidade de terra em cada garrafa, pressionando levemente para que o volume fique abaixo do nível do corte.
4. Prepare, então, os coletores de água cortando a parte superior das outras três garrafas. Com a ajuda de um adulto, faça dois furos nas laterais dos coletores para passar neles uma alça feita com o barbante. Pendure os coletores na "boca" das garrafas para amparar o excesso da água que escorrer.
5. Plante as sementes de alpiste na primeira garrafa e, em seguida, regue a terra, sem exagerar na quantidade de água. Na segunda garrafa, espalhe os restos vegetais. Na terceira, coloque apenas terra. Nesse momento, não se deve colocar água nas garrafas 2 e 3.
6. Deixe as garrafas expostas à luz solar por alguns dias até que o alpiste germine e cresça na primeira garrafa. É preciso esperar esse período de tempo para terminar o experimento.
7. Quando as plantas estiverem desenvolvidas, regue as três garrafas com a mesma quantidade de água.
   - O que você acha que deve acontecer? Por quê? Registre suas hipóteses e compare com a dos colegas.
8. Observe o escoamento da água nos coletores pendurados e a aparência da água que sai de cada garrafa. Compare a quantidade também.
   - Registre suas observações no caderno e compare-as com as dos colegas. Suas hipóteses estavam corretas? Justifique.

Ilustra Cartoon

O esquema está representado com cores-fantasia e as dimensões dos elementos não seguem a proporção real.

Os efeitos do desmatamento

O **desmatamento** é a remoção da vegetação de determinado local. Sem a cobertura vegetal, a água da chuva retira as camadas mais superficiais do solo, que são justamente as mais ricas em nutrientes, acelerando, assim, o intemperismo. A água, quando cai diretamente no solo, desfaz sua estrutura, separando as partículas e carregando as camadas mais superficiais, o que facilita a erosão.

Além disso, as chuvas fortes num solo sem cobertura vegetal podem provocar as enxurradas, que levam terra em excesso para os rios e lagos, diminuindo sua profundidade (assoreamento) e aumentando o risco de enchentes. Quando preservada, a vegetação funciona como uma barreira natural e os detritos não chegam até a água.

A falta de vegetação pode provocar ainda a desertificação. O solo desprotegido aquece-se demais, e toda a água se evapora. As águas mais profundas vêm à superfície e trazem vários tipos de substâncias minerais, como o ferro, formando crostas duras e impermeáveis, semelhantes a ladrilhos.

Outro grave efeito do desmatamento é a alteração climática, afetando o regime de chuvas. Um exemplo é o que ocorre na Amazônia e nas florestas do Congo (África), que, segundo estudos, pode ter consequências catastróficas, causando secas e afetando até mesmo pessoas que vivem a milhares de quilômetros de distância. A Floresta Amazônica tem papel importante no regime de chuvas sobre regiões agrícolas do sul do Brasil, enquanto a preservação das florestas da Bacia do Congo aumenta as chuvas em regiões do sul da África, onde a agricultura é um importante meio de subsistência.

As previsões feitas por cientistas indicam importantes alterações no clima da América do Sul em decorrência do desmatamento e substituição de florestas por agricultura ou pastos. Caracaraí (RR), 2016.

Rios voadores no Brasil

1. Calor equatorial evapora a água do oceano.

2. Nuvens avançam, trocando umidade com a floresta.

3. Chegando aos Andes, chuvas se formam na cabeceira do Amazonas.

4. O resto da umidade irriga o Sul e o Sudeste.

Esquema simplificado da formação e do caminho dos chamados "rios voadores".

Fonte: Projeto Rios Voadores. Disponível em: <http://riosvoadores.com.br/o-projeto/fenomeno-dos-rios-voadores>. Acesso em: 4 nov. 2018.

Rios voadores

Usamos a expressão "rios voadores" para essas grandes massas de ar carregadas de vapor-d'água, muitas vezes acompanhados por nuvens, e impulsionadas pelos ventos. Essas massas carregam umidade da Região Amazônica para o Centro-Oeste, Sudeste e Sul do Brasil, provocando chuvas sob certas condições meteorológicas.

Representação simplificada em cores-fantasia e tamanhos sem escala.

Tecnologia auxilia no combate ao desmatamento da Amazônia

Fonte de emissões de gases do efeito estufa, o desmatamento das florestas exige o constante aprimoramento das tecnologias de monitoramento. No Brasil, esse esforço, capitaneado pelo Instituto Nacional de Pesquisas Espaciais (Inpe), contribuiu para uma redução das taxas de desmatamento na **Amazônia Legal** de 78% desde 2004.

Vinculado ao Ministério da Ciência, Tecnologia, Inovações e Comunicações (MCTIC), o Inpe desenvolveu uma versão ainda mais eficaz do DETER — sistema capaz de detectar o desmatamento praticamente em tempo real.

[...] Com ela [o sistema], o Inpe consegue captar corte raso, áreas de mineração ilegal e cicatrizes de incêndios florestais para gerar alertas diários que orientam a fiscalização do Instituto Brasileiro do Meio Ambiente e dos Recursos Naturais Renováveis (Ibama). [...]

Disponível em: <www.brasil.gov.br/editoria/educacao-e-ciencia/2016/10/tecnologia-auxilia-no-combate-ao-desmatamento-da-amazonia>. Acesso em: 3 jul. 2018.

Glossário

Amazônia Legal: área que corresponde a 59% do território brasileiro, englobando a totalidade de oito estados (Acre, Amapá, Amazonas, Mato Grosso, Pará, Rondônia, Roraima e Tocantins) e parte do estado do Maranhão. Foi instituída pelo governo federal em 1953, com o objetivo de facilitar as ações de desenvolvimento social e econômico da região amazônica.

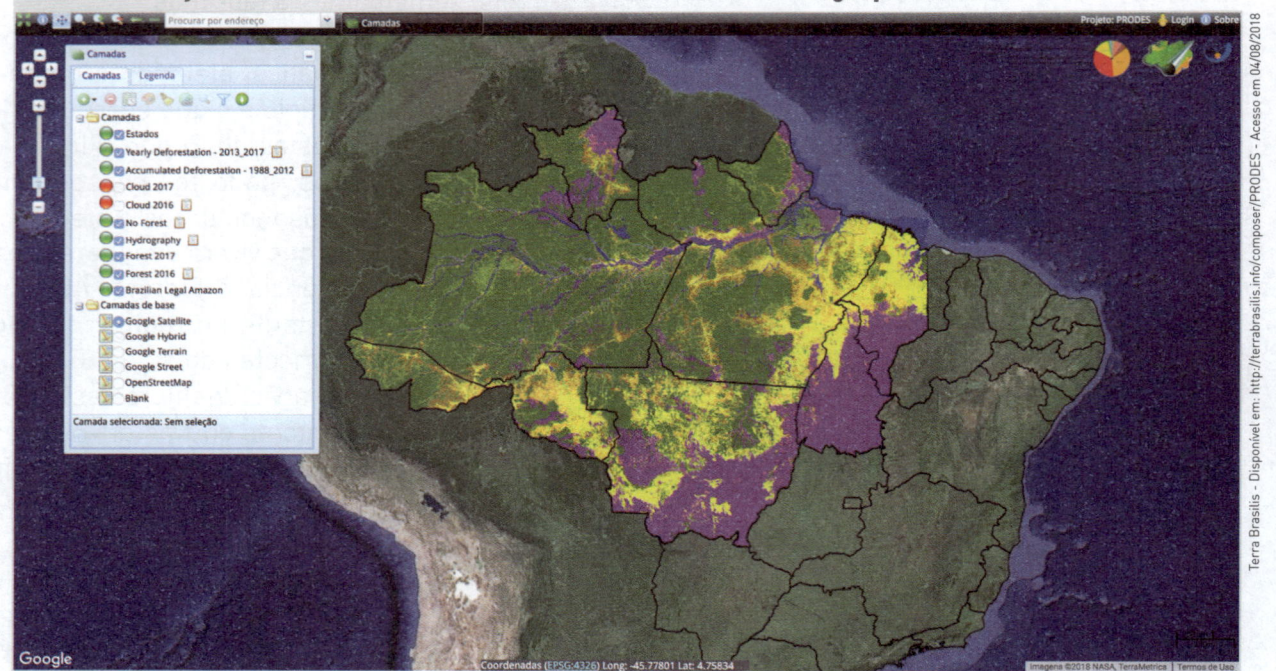

PRODES – Projeto de Monitoramento do Desmatamento na Amazônia Legal por Satélite

Terra Brasilis - Disponível em: http://terrabrasilis.info/composer/PRODES - Acesso em 04/08/2018

Tela inicial do PRODES no portal Terra Brasilis. A ferramenta possibilita verificar o avanço do desmatamento na Amazônia Legal desde 1988, com dados anuais a partir de 2013. Disponível em: http://terrabrasilis.info/composer/PRODES. Acesso em: 4 nov. 2018.

em grupo

① Confira as opções do portal Terra Brasilis acessando o *link*: <http://terrabrasilis.info/composer/PRODES>.

② Explorem as opções e verifiquem o avanço do desmatamento desde 2013. Pesquisem em sites oficiais os dados sobre desmatamento na Amazônia Legal e organizem essas informações usando tabelas e gráficos e ilustrando-as com imagens, mapas e notícias.

③ Com a ajuda do professor monte um mural com o material produzido por toda a turma.

Queimadas

As queimadas remetem a uma antiga prática que utiliza o fogo para viabilizar a agricultura ou renovar as pastagens. Além delas, que são realizadas para remover as plantações antigas ou pastagens, há incêndios em áreas naturais, como florestas e campos. Nesse caso, o fogo é provocado pelo ser humano (intencionalmente ou por falta de cuidado) ou por uma causa natural.

Claudio Capucho/Fotoarena

Queimada intencional. Banhado, São José dos Campos (SP), 2016.

A principal causa de incêndios é a ação desordenada do ser humano, que, ao promover o desmatamento, cria condições favoráveis para essa ocorrência.

A queima da vegetação causa grandes prejuízos à natureza. Ao vermos imagens como a desta página, podemos ter, numa primeira impressão, a ideia de que apenas as árvores foram destruídas pelo fogo, mas não é exatamente assim.

Todos os elementos que compunham esse ambiente foram atingidos. Os filhotes de pássaros nos ninhos e outros animais que não conseguiram escapar morreram com as árvores, os arbustos, as ervas e todos os seres vivos desse ecossistema, inclusive os que vivem no solo. As queimadas, além de deixarem o solo desprotegido, destroem os microrganismos decompositores, impedindo a renovação dos nutrientes e tornando o solo árido.

O uso de queimadas com fins agropecuários é uma prática cultural de difícil substituição, adotada também em outros países, não só no Brasil. Caso fossem observadas as normas para queimadas controladas e a população tivesse mais cuidado ao lidar com o fogo, como não jogar pontas de cigarro acesas nas margens das estradas e apagar restos de fogueira em acampamentos, seriam menores os índices de queimadas e incêndios florestais.

Esse problema tem motivado manifestações de ecologistas e mobilizado muitos segmentos sociais.

Incêndios no Cerrado

Além das graves queimadas provocadas intencionalmente, incêndios no Cerrado podem ocorrer por fatores naturais, favorecidos pelo acúmulo de biomassa seca, de palha, baixa umidade no período de seca e alta temperatura. O fogo pode ser causado principalmente por faíscas de descargas elétricas da atmosfera, combustão espontânea e até pelo atrito entre rochas.

Biólogos constataram que o fogo originado por fatores naturais pode ser benéfico para esse bioma, cujas espécies — que sobreviveram ao longo da evolução — apresentam adaptações a essa condição. Há, por exemplo, plantas cujas sementes necessitam de um "choque térmico" para que comecem a germinar. A rápida elevação da temperatura causa fissuras na semente, favorecendo a penetração de água, o que inicia o processo de germinação.

Embora a queimada como prática não seja recomendada, porque provoca a morte de decompositores e o solo acaba perdendo a fertilidade, o fogo rápido e espontâneo contribui para a ciclagem de nutrientes do solo, produzindo uma camada de cinzas com sais minerais que servem de nutrientes para as plantas.

Outra adaptação a esse bioma são as formas retorcidas das árvores, com rebrotamento lateral, ou seja, o surgimento de brotos na área do tronco mais protegida do fogo. As cascas espessas dos troncos também atuam como um mecanismo de proteção nas queimadas. Muitas espécies iniciam o rebrotamento com a produção de flores.

As sementes de baru, espécie do Cerrado, não têm a germinação afetada por um choque rápido de alta temperatura. Contudo, a exposição prolongada é prejudicial a elas.

rodrigobark/Shutterstock.com; Fábio Colombini

Fogo amigo no Cerrado

[...] Quase sempre apresentado como inimigo dos ecossistemas, o fogo é, no entanto, indispensável para a preservação das savanas, como afirmam unanimemente os estudiosos do assunto. No Brasil, o Cerrado, que constitui a mais biodiversa savana do mundo, encontra-se seriamente ameaçado pela conjunção de dois fatores: a expansão da fronteira agrícola e a proibição do uso do fogo como método de manejo. [...]

"Nas savanas de todo o mundo, está ocorrendo um processo de adensamento da vegetação, com perda de biodiversidade. E a principal causa, no Brasil, é a supressão do fogo. O Cerrado vai ficando cada vez mais cheio de árvores e começa a virar floresta. Como quatro quintos da biodiversidade de plantas desse bioma estão no estrato herbáceo, virar floresta constitui uma enorme perda de biodiversidade. A maioria das plantas do Cerrado não suporta a sombra. Então, quando o dossel formado pelas copas das árvores se fecha e sombreia o solo, centenas de espécies de plantas endêmicas desaparecem". [...]

"É preciso ter um programa de queima. Todo mundo acha que fogo é 'do mal', em se tratando de ecossistemas. Porém o entendimento de que o fogo é necessário, mas precisa ser manejado, é um consenso entre os pesquisadores de savanas". [...]

É preciso deixar logo claro que, quando fala no uso do fogo, [...] não se refere a queimadas indiscriminadas, mas a um método de manejo criteriosamente estabelecido, com zoneamento da área total e cronograma de queima, em sistema de rodízio. O zoneamento define uma estrutura em forma de mosaico e o cronograma estabelece as épocas certas para queimar cada parte. [...] Isso garante a reposição da vegetação e assegura rotas de fuga e *habitats* para os animais. [...]

Disponível em: <http://agencia.fapesp.br/fogo-amigo-no-cerrado/25865/>. Acesso em: 3 jul. 2018.

Tecnologia para monitorar queimadas

Cientistas do Instituto Nacional de Pesquisas Espaciais (Inpe) utilizam novas tecnologias para monitorar com precisão incêndios e queimadas no Brasil. Elas possibilitam o mapeamento das áreas destruídas pelo fogo com base em dados de sensoriamento remoto obtidos da agência espacial norte-americana, a Nasa.

Com base nas imagens de satélites, os pesquisadores conseguem acompanhar os focos de incêndio, ou seja, o local da chama.

INPE – Disponível em: http://www.inpe.br/queimadas/bdqueimadas – Acesso em 10/08/18.

A figura mostra a imagem obtida por satélite (cada ponto vermelho indica a detecção de fogo na vegetação).
Fonte: <www.inpe.br/queimadas/bdqueimadas>.

1 Confira as opções dessa ferramenta tecnológica acessando o *link:* <www.inpe.br/queimadas/bdqueimadas>.

2 Compare imagens obtidas em dias diferentes de uma mesma região do Brasil. Há diferença? Explique.

3 Pesquise se há notícias divulgadas sobre os eventos relatados.

4 Sob orientação do professor, monte um mural com o material produzido por toda a turma.

Ameaças à biodiversidade dos ecossistemas brasileiros

O desaparecimento ou a diminuição de hábitats constitui grave ameaça à biodiversidade. A maioria dessas ações está relacionada ao crescimento de áreas cultivadas e urbanas, desmatamento, queimadas, poluição e abertura de rodovias. Várias espécies animais são ainda alvo de caçadores, embora essa atividade seja ilegal no país.

Vejamos, por exemplo, o caso dos mamíferos. Os marinhos sofrem com a captura acidental por redes, enquanto os de água doce estão em risco principalmente pela degradação e perda de seus hábitats, poluição da água e impactos resultantes da construção de usinas hidrelétricas. As espécies de peixe-boi no Brasil também correm perigo, principalmente devido à sua caça.

Entre outros mamíferos ameaçados de extinção no Brasil, temos o tatu-canastra, o tamanduá-bandeira, o cachorro-do-mato-vinagre, o macaco-aranha e a onça-pintada (o maior mamífero predador brasileiro).

A criação de reservas e de parques florestais visa proteger e garantir a reprodução de várias espécies ameaçadas.

BARRAULT D/HorizonFeatures/Leemage/AFP Photo

Peixe-boi-da-amazônia (*Trichechus inunguis*).

L.C. Marigo/Tyba

Tatu-canastra (*Priodontes maximus*).

Viver

Fragmentação de hábitats

[...] considera-se fragmentação como sendo a divisão em partes de uma dada unidade do ambiente, partes estas que passam a ter condições ambientais diferentes em seu entorno. Em geral, quando se fala em fragmentação pensa-se numa floresta que foi derrubada, mas que partes dela foram deixadas mais ou menos intactas. Entretanto, a fragmentação pode referir-se às alterações no hábitat original, terrestre ou aquático. Neste caso, a fragmentação é o processo no qual um hábitat contínuo é dividido em manchas, ou fragmentos, mais ou menos isoladas.

Os fragmentos são afetados por problemas direta e indiretamente relacionados à fragmentação [...]

O processo global de fragmentação de hábitats é, possivelmente, a mais profunda alteração causada pelo homem ao meio ambiente. Muitos hábitats naturais que eram quase contínuos foram transformados em paisagens semelhantes a um **mosaico**, composto de manchas isoladas de hábitat original. Intensa fragmentação de hábitats vem acontecendo na maioria das regiões tropicais. [...] existem três principais categorias de mudanças que têm se tornando frequentes nas florestas do mundo: 1) a redução na área total da floresta; 2) a conversão de florestas, naturalmente estruturadas, em plantações e **monoculturas** e, 3) a fragmentação progressiva de remanescentes de florestas naturais em pequenas manchas, isoladas por plantações ou pelo desenvolvimento agrícola, industrial ou urbano. É um processo que ocorre na Europa desde há muito tempo e que aumentou, particularmente, a partir do século XIX. Este mesmo processo vem ocorrendo no Brasil desde sua conquista pelos europeus. [...]

Disponível em: <www.mma.gov.br/estruturas/chm/_arquivos/fragment.pdf>. Acesso em: 4 jul. 2018.

Representação simplificada em cores--fantasia e tamanhos sem escala.

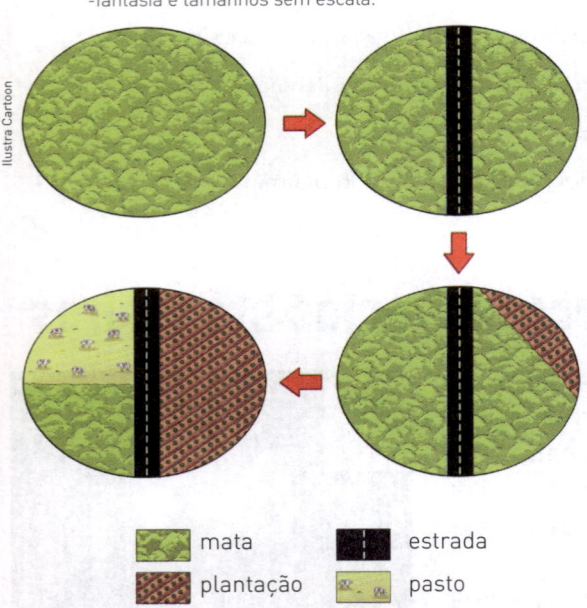

Ilustra Cartoon

mata   estrada
plantação   pasto

Esquema do processo de fragmentação de hábitat por ação humana.

Uma área de mata contínua é inicialmente cortada por uma estrada (fragmentação de hábitat). Em seguida, essa área começa a ser transformada em plantações e pastos (perda de hábitat). Os dois processos geralmente estão associados, pois a perda de hábitat também torna os fragmentos restantes mais isolados uns dos outros.

A fragmentação também pode ser consequência de processos naturais (alterações climáticas, diversidade de solos, **topografia**, dinâmica de rios e mares etc.). Contudo, o resultado é diferente do provocado pela ação humana. Ambientes isolados naturalmente podem conter espécies endêmicas (típicas desse ecossistema), o que torna essas áreas prioritárias na conservação. Esses fragmentos naturais são utilizados em estudos como modelo dos efeitos de longo prazo da fragmentação causada pela ação humana.

Glossário

Monocultura: produção ou cultura agrícola de apenas um único tipo de produto.
Mosaico: expressa algo formado por partes menores com características isoladas, mas que juntas formam um conjunto com características próprias.
Topografia: descrição de um trecho da Terra com informações de detalhes como estradas, casas, montes, vales, rios etc.

① Matematicamente, há diferença de área total entre uma floresta contínua de 8 000 hectares e a soma de 100 pedaços de floresta de 80 hectares cada? E do ponto de vista ambiental? Justifique sua resposta.  no caderno

② Pesquise a fragmentação de hábitats e suas consequências para rever sua resposta à pergunta anterior, modificando-a ou ampliando-a se necessário. Há casos na região onde vive?

Ecossistemas aquáticos

Além das situações e dos aspectos já destacados — que podem afetar o meio ambiente em geral —, existem os fenômenos naturais e os causados ou agravados pela ação humana que impactam diretamente os ecossistemas aquáticos. Vejamos alguns exemplos a seguir.

Maré negra

Termo usado pelos ecologistas para as grandes manchas provocadas pelo derramamento de petróleo ou seus derivados nos oceanos, rios e lagos. O petróleo, por ser menos denso que a água, fica na superfície e bloqueia a luz, afetando a atividade dos organismos produtores — que fazem fotossíntese —, o que altera toda a cadeia alimentar aquática. O petróleo também atinge diretamente o corpo dos animais que vivem nesses ecossistemas.

Vazamento de petróleo no mar. Bacia de Campos (RJ), 2011.

Mergulhão, que chega a 75 cm de comprimento, atingido pelo vazamento de óleo na Baía de Guanabara. Magé (RJ), 2000.

Eutrofização ou eutroficação

É um fenômeno que ocorre em corpos de água por aumento da quantidade de nutrientes, em geral oriundos do descarte inadequado de esgoto e fertilizantes. A maior disponibilidade de nutrientes favorece o crescimento tanto de algas na superfície, que barram a passagem de luz para os seres produtores que vivem submersos, quanto de microrganismos decompositores, que acabam por consumir mais oxigênio.

Desse modo, a quantidade de gás oxigênio dissolvido na água diminui, ocasionando a morte de animais (especialmente peixes), assim como das plantas submersas.

As cores e a proporção entre os tamanhos dos seres vivos representados não são as reais.

Lago normal
- baixo nível de nutrientes
- boa penetração de luz
- alto nível de gás oxigênio dissolvido
- pouco crescimento de algas
- alta diversidade de peixes

Lago eutrofizado
- alto nível de nutrientes
- pouca penetração de luz
- pouco nível de gás oxigênio dissolvido
- alto crescimento de algas
- baixa diversidade de peixes

Eutrofização e maré vermelha

A proliferação excessiva de algas vermelhas pirrófitas, chamadas de dinoflagelados, provoca o fenômeno da maré vermelha, que ocorre naturalmente (por aumento da temperatura, por exemplo) ou por lançamento de esgoto na água do mar. Essas algas liberam substâncias tóxicas que podem afetar os seres vivos que habitam a água e até mesmo os banhistas nas praias.

A eutrofização na água doce também favorece a rápida multiplicação dessas algas. Elas então produzem e liberam toxinas que podem causar a morte de animais. Além disso, as pirrófitas reproduzem-se de tal forma na superfície da água que podem impedir a passagem de luz para as camadas mais profundas. Assim, as outras algas e plantas que vivem nessas camadas ficam impedidas de fazer fotossíntese, e grande quantidade delas acaba morrendo, apodrecendo acumuladas no fundo e liberando mais substâncias tóxicas. A decomposição desse material resulta em queda na quantidade de gás oxigênio dissolvido na água, o que às vezes mata os animais, como os peixes, que acabam boiando na superfície.

Maré vermelha formada por pirrófitas ou dinoflagelados. Kamakura (Japão), 2017.

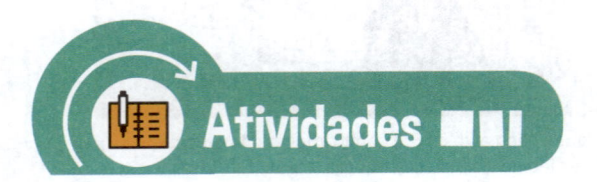

Atividades

1. Pesquise se na região onde você vive/estuda há casos atuais de eutrofização em algum corpo de água (rio, lago, canal, baía, por exemplo). Se houver, combine com o professor e os colegas uma visita ao local para observação.

2. Elaborem um relatório com seus registros, incluindo desenhos/fotos, e procurem identificar as possíveis causas.

3. Leia o trecho da notícia a seguir e responda às questões.

Algas causam morte de peixes na lagoa

O fenômeno da maré vermelha provocada por um tipo de alga voltou a provocar a morte de milhares de peixes, siris e camarões na Lagoa da Conceição. [...] Essa mortandade fez com que muitos moradores apontassem relação com um vazamento de esgotos ocorrido [...] no Retiro da Lagoa [...] durante cerca de cinco dias. [...]

Disponível em: <www1.an.com.br/ancapital/2002/jun/11/index.htm>. Acesso em: abr. 2015.

a) Que tipos de organismo são responsáveis pela maré vermelha?

b) Qual é a relação entre o vazamento de esgoto e esse fenômeno?

c) Por que a maré vermelha causa mortandade de seres?

4. Leia o texto a seguir e responda à questão.

Um petroleiro iraniano que afundou no Mar do Leste da China deixou duas manchas de petróleo, cobrindo um total de 109 quilômetros quadrados, informou o governo chinês, conforme a polícia marítima vasculhava os danos e se preparava para explorar os destroços.

[...] O grande petroleiro Sanchi afundou no domingo, no pior desastre de um navio de petróleo em décadas, levantando temores de danos ao ecossistema marinho. [...]

Disponível em: <https://br.reuters.com/article/worldNews/idBRKBN1F61EA-OBRWD>. Acesso em: 5 jul. 2018.

Por que situações de maré negra como a noticiada provocam desequilíbrio ambiental?

Conviver

Como os povos indígenas são afetados pela degradação ambiental?

Encontramos povos indígenas em quase todos os estados brasileiros. São 305 etnias, falando 274 línguas e somando uma população estimada em 890 mil indivíduos.

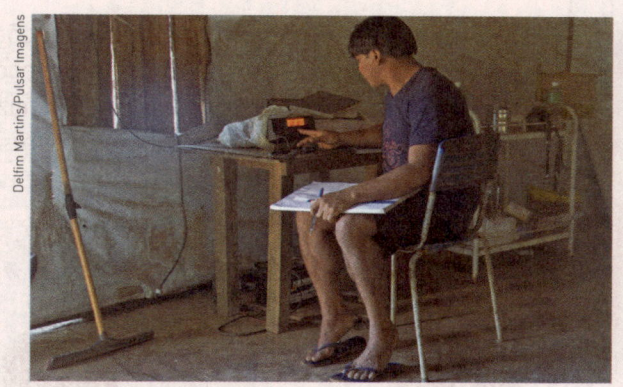

Oca da saúde da aldeia Aiha, da etnia kalapalo. Querência (MT), 2018.

Dança do beija–flor, da etnia kalapalo. Querência (MT), 2018.

Além dos danos a qualquer população humana em aspectos essenciais da vida (alimentação, moradia, saúde etc.), os indígenas sofrem impacto direto do desequilíbrio ambiental e suas consequências em sua cultura e manifestações. Veja um exemplo no texto a seguir.

[...] as alterações operadas nas culturas indígenas pela exploração predatória e degradação dos recursos naturais são diretas, drásticas e facilmente observáveis. A oferenda de caça por parte do noivo à família da noiva, por exemplo, é o ponto culminante da cerimônia de casamento dos A'úwe-Xavante (MT). E se não há caça? E se não há matéria-prima para confecção das vestimentas e adornos adequados à cerimônia?

As representações simbólicas permeiam a relação dos povos indígenas com o seu meio ambiente tanto na dimensão ritualística quanto na cotidiana. Abaixo, a concepção de meio ambiente e território do povo A'úwe-Xavante é retratada no depoimento de dois curandeiros da etnia. No depoimento, podem-se observar as consequências da exploração predatória dos seringais do Acre sobre o povo Poyanawa.

O A'úwe-Xavante depende do cerrado e o cerrado depende do A'úwe-Xavante. Os animais dependem do cerrado, e o cerrado depende dos animais. Os animais dependem do A'úwe-Xavante, e o A'úwe-Xavante depende dos animais. Isso é o RÓ. RÓ significa tudo para os caçadores A'úwe-Xavante: o cerrado, os animais, os frutos, as flores, as ervas, o rio e tudo mais. Nós queremos preservar o RÓ. Através do RÓ garantiremos o futuro das novas gerações: a comida, os casamentos, os rituais e a força de ser A'úwe-Xavante. Se estiver tudo bem com RÓ, continuaremos a ser A'úwe-Xavante. O caçador anda no RÓ e aprende a amá-lo. As mulheres aprendem a amá-lo porque o casamento depende do RÓ e porque também andam lá para pegar as frutas. [...]

Vamos cuidar do Brasil: conceitos e práticas em educação ambiental na escola. Disponível em: <http://portal.mec.gov.br/dmdocuments/publicacao3.pdf>. Acesso em: 3 jul. 2018.

Reúnam-se em grupos e façam as atividades a seguir.

 em grupo

1. Faça uma pesquisa para elaborar um mapa com os locais onde vivem povos indígenas no Brasil e os biomas predominantes nessas regiões.

2. Verifiquem se há comunidades indígenas na região onde vocês moram. Procurem informações de como vivem, como é a organização do tempo e do espaço, a alimentação, a língua, as cerimônias tradicionais, a cultura e integração com o ambiente, com outras pessoas e outros grupos.

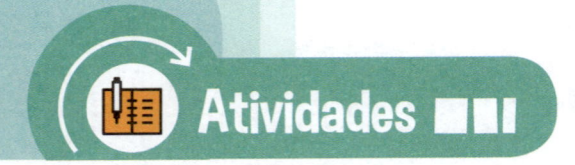

Atividades ▣▢▢

no caderno

1. O padrão de consumo das sociedades atuais traz uma grande preocupação quanto ao esgotamento dos recursos naturais. Qual é a relação dessa questão com o conceito de sustentabilidade?

2. Analise a charge.

PELO JEITO NÃO ESTÁ NEM UM POUCO PREOCUPADO COM O TIPO DE MUNDO QUE VAI DEIXAR PARA OS JOVENS!

Gilmar

Considerando o conceito de desenvolvimento sustentável, como você interpreta a crítica feita pelo artista?

3. O termo **sustentabilidade** vem sendo abordado na agenda de diversos países nas últimas três décadas. A sustentabilidade na utilização dos recursos naturais e energéticos consiste na manutenção desses recursos para as próximas gerações. Cite dois exemplos que ilustrem como as novas tecnologias podem amenizar os impactos da ação humana.

4. Para diminuir o acúmulo de lixo e o desperdício de materiais de valor econômico e, assim, reduzir a exploração de recursos naturais, adotou-se, em âmbito internacional, a política dos 5Rs: reduzir, reutilizar, reciclar, repensar e recusar. A utilização de garrafas de vidro retornáveis para bebidas e de latas de alumínio como material para fabricação de lingotes corresponderiam respectivamente a quais desses Rs?

a) garrafa retornável

mylisa/Shutterstock.com

As imagens desta página não estão representadas na mesma proporção.

b) lingotes de alumínio

MikeDotta/Shutterstock.com

5. O esquema a seguir compara duas situações: um rio em situação normal e um assoreado. Explique a importância da mata ciliar (localizada nas margens dos córregos, lagos, represas e nascentes) e da vegetação em geral nessas duas situações.

Representação simplificada em cores-fantasia e tamanhos sem escala.

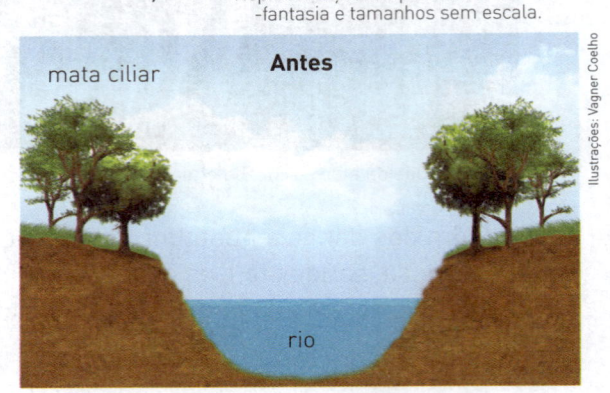

Antes
mata ciliar
rio

Ilustrações: Vagner Coelho

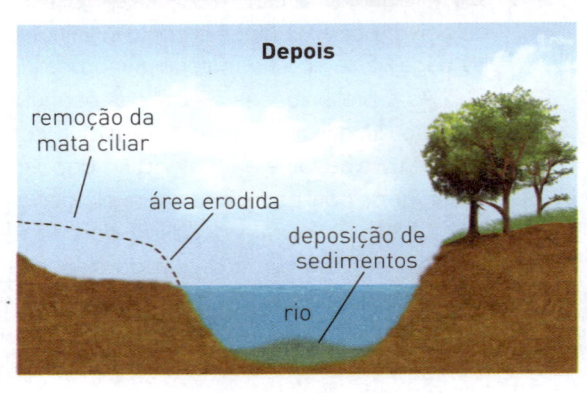

Depois
remoção da mata ciliar
área erodida
deposição de sedimentos
rio

6. Um dos processos usados no tratamento do lixo é a incineração, que apresenta tanto vantagens como desvantagens.

a) Em alguns locais, o lixo é queimado a altas temperaturas, e parte da energia liberada é transformada em energia elétrica. O que é necessário para isso?

b) Quais desvantagens a incineração pode ter?

7. Em determinado local, foi recuperado um lixão que recebia 130 toneladas de lixo e contaminava a região com seu chorume. Ele foi transformado em um aterro sanitário, o que

mudou a qualidade de vida e a paisagem, proporcionando condições dignas de trabalho para os que dele subsistiam. Explique por que, do ponto de vista ambiental, um aterro sanitário é mais adequado do que um lixão.

8 Leia o trecho de notícia a seguir.

Campanha da ONU é lançada em Bali

Na Assembleia do Meio Ambiente das Nações Unidas em Nairóbi, mais de 200 nações aprovaram uma resolução para eliminar a poluição plástica em nossos mares. Embora não seja um tratado jurídico, pode abrir caminho para um. A campanha pede que governos criem políticas para redução do plástico. E solicita às indústrias que diminuam sua produção de embalagens. [...]

Disponível em: <https://marsemfim.com.br/lixo-plastico-nos-oceanos-onu-entra-na-briga>. Acesso em: 4 jul. 2017.

Tartaruga-verde confunde sacola plástica com água-viva.

Cite medidas relacionadas aos 5Rs que podem colaborar para evitar esse tipo de desequilíbrio ambiental.

9 (Enem 2009) "O lixo orgânico de casa — constituído de restos de verduras, frutas, legumes, cascas de ovo, aparas de grama, entre outros —, se for depositado nos lixões, pode contribuir para o aparecimento de animais e de odores indesejáveis. Entretanto, sua reciclagem gera um excelente adubo orgânico, que pode ser usado no cultivo de hortaliças, frutíferas e plantas ornamentais. A produção do adubo ou composto orgânico se dá por meio da compostagem, um processo simples que requer alguns cuidados especiais. O material que é acumulado diariamente em recipientes próprios deve ser revirado com auxílio de ferramentas adequadas, semanalmente, de forma a homogeneizá-lo. É preciso também umedecê-lo periodicamente. O material de restos de capina pode ser intercalado entre uma camada e outra de lixo da cozinha. Por

meio desse método, o adubo orgânico estará pronto em aproximadamente dois a três meses.

Como usar o lixo orgânico em casa? *Ciência Hoje*, v. 42, jun. 2008 (adaptado).

Suponha que uma pessoa, desejosa de fazer seu próprio adubo orgânico, tenha seguido o procedimento descrito no texto, exceto no que se refere ao umedecimento periódico do composto. Nessa situação,

a) o processo de compostagem iria produzir intenso mau cheiro.

b) o adubo formado seria pobre em matéria orgânica que não foi transformada em composto.

c) a falta de água no composto vai impedir que microrganismos decomponham a matéria orgânica.

d) a falta de água no composto iria elevar a temperatura da mistura, o que resultaria na perda de nutrientes essenciais.

e) apenas microrganismos que independem de oxigênio poderiam agir sobre a matéria orgânica e transformá-la em adubo.

10 Uma área perto de um lago foi transformada pela prática da agricultura. Grandes quantidades de fertilizantes foram lançadas nas águas pelas chuvas. Depois de algum tempo, ocorreu séria mortandade de peixes. Que relação tem essa mortandade com os fertilizantes nas águas?

11 (Adaptado de CFTMG, 2015) A imagem a seguir satiriza uma realidade da poluição dos rios brasileiros.

Explique por que uma estratégia adequada para minimizar ou erradicar esse problema seria a melhoria na destinação do lixo.

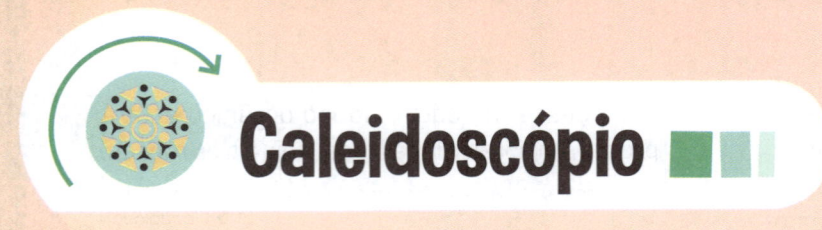

Caleidoscópio

Pegada Ecológica? O que é isso?

A Pegada Ecológica é uma maneira de medir o grau de consumo humano, convertido no equivalente em área (hectares) que utilizamos em atividades como agricultura, geração de energia, habitação, entre outras, ou seja, a área necessária para sustentar uma pessoa ou toda a sociedade.

Florestas

Áreas florestais utilizadas para a obtenção de produtos madeireiros.

Áreas construídas

Áreas utilizadas para infraestrutura humana (habitação, transportes, indústrias, geração de energia etc.).

Pesca

Áreas marítimas e de água doce necessárias para sustentar a pesca ou o cultivo de peixes e outros organismos aquáticos.

Fábio Nienow

Pastagens

Áreas destinadas à criação de gado, produção de couro e lã.

Áreas de cultivo

Áreas agrícolas destinadas à produção de alimentos e fibras para consumo humano, assim como de ração para o gado e outros produtos cultivados.

Absorção de CO_2

Áreas florestais capazes de absorver o CO_2 liberado pela queima de combustíveis fósseis.

A primeira vez que a Pegada Ecológica da Terra ultrapassou a capacidade de regeneração do planeta foi na década de 1970, e desde então ela só tem aumentado.

O tamanho da Pegada Ecológica chama a atenção para diminuirmos o nosso nível de consumo e vivermos de forma sustentável. Atualmente, a Pegada Ecológica mundial é, em média, 2,7 hectares anuais por pessoa, enquanto o planeta só é capaz de prover 1,8 hectare por habitante.

Qual é o tamanho de sua Pegada Ecológica?

1. Calcule o tamanho de sua Pegada Ecológica no *site* <www.suapegadaecologica.com.br>.

2. Reflita sobre o resultado relacionando-o com seu estilo de vida e compare-o com a Pegada de seus colegas. Discutam as causas e consequências de suas "pegadas" no planeta e como é possível reduzi-las.

Retomar

1 Nos manguezais há seres adaptados a esses ambientes, ricos em nutrientes.

Entre esses seres estão plantas e diversos animais, desde formas microscópicas até peixes, aves, répteis e mamíferos. Uma das relações tróficas nesse ecossistema é a seguinte: as folhas das árvores de mangue, que caem na água, podem ser comidas por caranguejos, que são coletados e servem de alimento para seres humanos.

a) Que nome damos à representação dessa sequência de seres em relações alimentares? Esquematize-a graficamente.

b) Qual é o nível trófico do caranguejo nesse exemplo? Que nome recebe esse nível?

2 A área do território brasileiro inclui seis grandes biomas que, em conjunto, abrigam uma das maiores biodiversidades do mundo. Identifique a quais desses biomas se referem as descrições a seguir.

a) Engloba parte dos estados de Mato Grosso e Mato Grosso do Sul. Sua biodiversidade tem relação direta com ciclos de cheia e seca. Entre os representantes de sua fauna podemos encontrar: jacarés, capivaras, peixes variados (dourado, pintado, curimbatá, pacu), ariranhas e onça-pintada.

b) Localizado no Sul do Brasil, apresenta clima chuvoso com altas temperaturas no verão e geadas e neve em algumas áreas no inverno. Como exemplos de sua biodiversidade podemos citar o ratão-do-banhado e várias espécies de gramíneas.

3 O desenvolvimento sustentável está relacionado à qualidade, e não à quantidade. Por meio do infográfico a seguir podemos ter uma ideia do panorama da produção de resíduos sólidos no mundo.

a) Com base no que estudamos e na análise do infográfico, que relação podemos fazer entre distribuição de renda, consumo e geração de resíduos?

b) Diante deste cenário, que medidas são importantes para diminuir o impacto ambiental causado pela geração de resíduos?

Fonte: Senado Federal. Disponível em: <www12.senado. leg.br/emdiscussao/edicoes/residuos-solidos/galeria-de-infograficos-da-edicao>. Acesso em: 4 jul. 2018.

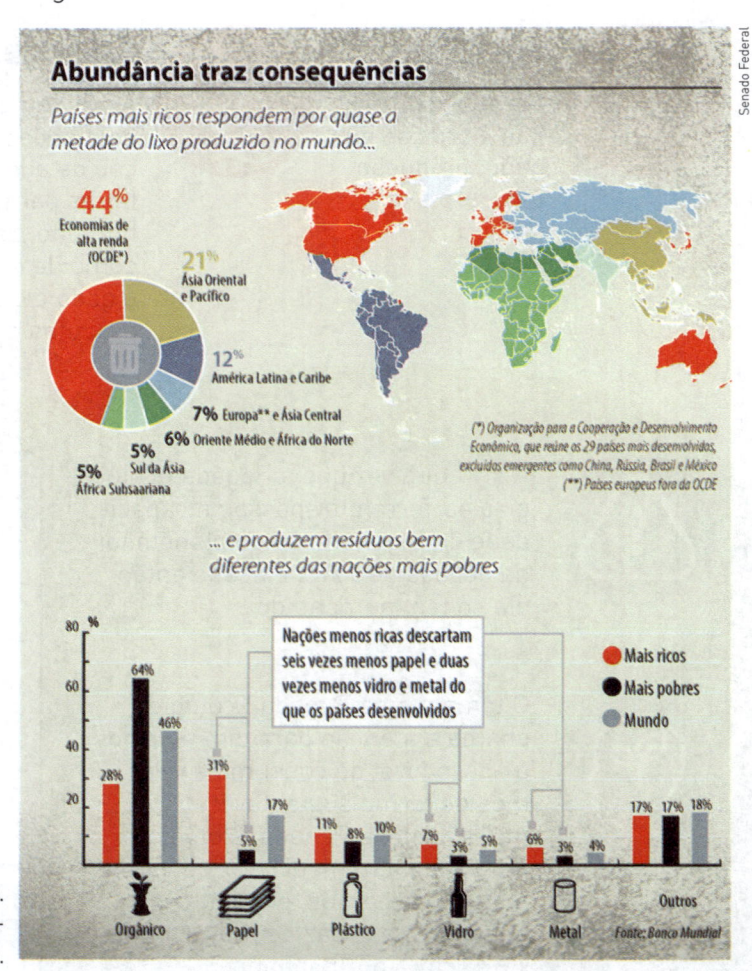

4 Leia os textos a seguir.

Ilhas de plástico nos oceanos

[...] Pesquisadores afirmam que, principalmente nas áreas denominadas *hotspots* (regiões de alta biodiversidade), quantidades assustadoras de plástico são frequentemente encontradas no mar, perto de áreas densamente povoadas, onde as correntes oceânicas se convergem. No litoral brasileiro, a maior parte do lixo encontrado nos mares é constituída por plástico. Esses resíduos sólidos não são constituintes naturais dos ecossistemas marinhos e são inseridos nos mares principalmente pela atividade humana. [...]

Disponível em: <www.bioicos.com.br/single-post/ilhas-de-plastico-nos-oceanos>. Acesso em: 4 jul. 2018.

Analise estes dados, relativos ao tempo de decomposição de cada tipo de resíduo na natureza:

a) Qual é a provável origem do plástico que polui os mares?

b) Por que a poluição é um problema ainda maior nos *hotspots*?

c) Por que a poluição com plástico é mais grave do que a poluição com papel ou restos de alimentos, por exemplo?

A maioria dos resíduos leva mais de 30 anos para se decompor

Papel — 3 meses
Chiclete — 10 anos
Ponta de cigarro — 10 a 20 anos
Couro — 30 anos
Saco plástico — 30 a 40 anos
Lata de alumínio — mais de 100 anos
Caixa longa-vida — mais de 100 anos
Garrafa PET — mais de 100 anos
Vidro — 4000 anos

Fonte: Companhia Municipal de Limpeza Urbana - RJ

5 Leia a notícia a seguir.

Drones barateiam monitoramento de erosões em todo o Amazonas

Utilizados, normalmente, no Brasil, para atividades recreativas e competições, os Veículos Aéreos Não Tripulados (Vants), mais conhecidos como drones, se tornaram um grande aliado no Amazonas para o desenvolvimento de estudos científicos com ênfase na análise de processos erosivos com impactos ambientais direto aos cursos d'água e área de encosta em Manaus.

[...] O mau uso do solo urbano em Manaus tem acelerado os processos erosivos nas áreas de encostas e microbacias da cidade, gerando grande carga de sedimentos para o canal de drenagem dos cursos d'água e consequentemente o assoreamento dos seus leitos. [...] estudar essas áreas é fundamental para encontrar possíveis soluções mitigadoras para o problema.

"O primeiro processo que desencadeia a erosão é a retirada da floresta". [...] os processos erosivos geram grandes perdas de solo e o impacto é sinérgico. "O sedimento perdido vai parar em algum lugar, normalmente dentro de um igarapé assoreando seu leito e fazendo-o transbordar no período de chuva, inundando as casas de quem mora na sua margem". [...]

Disponível em: <www.acritica.com/channels/cotidiano/news/drones-barateiam-monitoramento-de-erosoes>. Acesso em: 4 jul. 2018.

a) Que processo é o foco da reportagem?

b) O texto da reportagem relaciona esse processo com o desmatamento, o assoreamento e as enchentes. Explique essa relação.

c) Que ações devem estar envolvidas no mau uso do solo a que se refere a reportagem?

Visualização

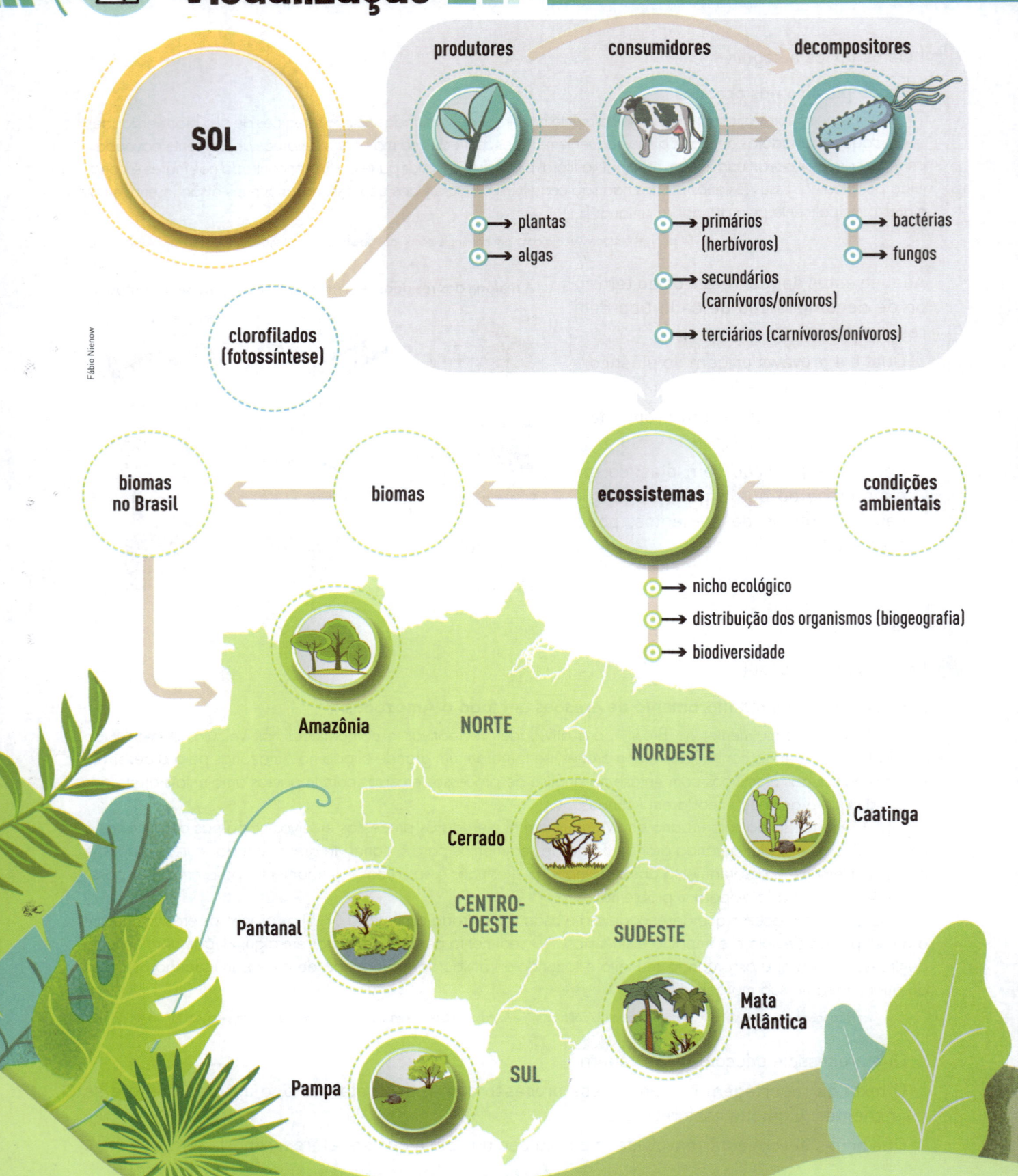

SOL

produtores → consumidores → decompositores

clorofilados (fotossíntese)

produtores:
- plantas
- algas

consumidores:
- primários (herbívoros)
- secundários (carnívoros/onívoros)
- terciários (carnívoros/onívoros)

decompositores:
- bactérias
- fungos

biomas no Brasil ← biomas ← ecossistemas ← condições ambientais

ecossistemas:
- nicho ecológico
- distribuição dos organismos (biogeografia)
- biodiversidade

Amazônia — NORTE

NORDESTE — Caatinga

Cerrado

CENTRO-OESTE

Pantanal

SUDESTE — Mata Atlântica

Pampa — SUL

Fábio Nienow

70

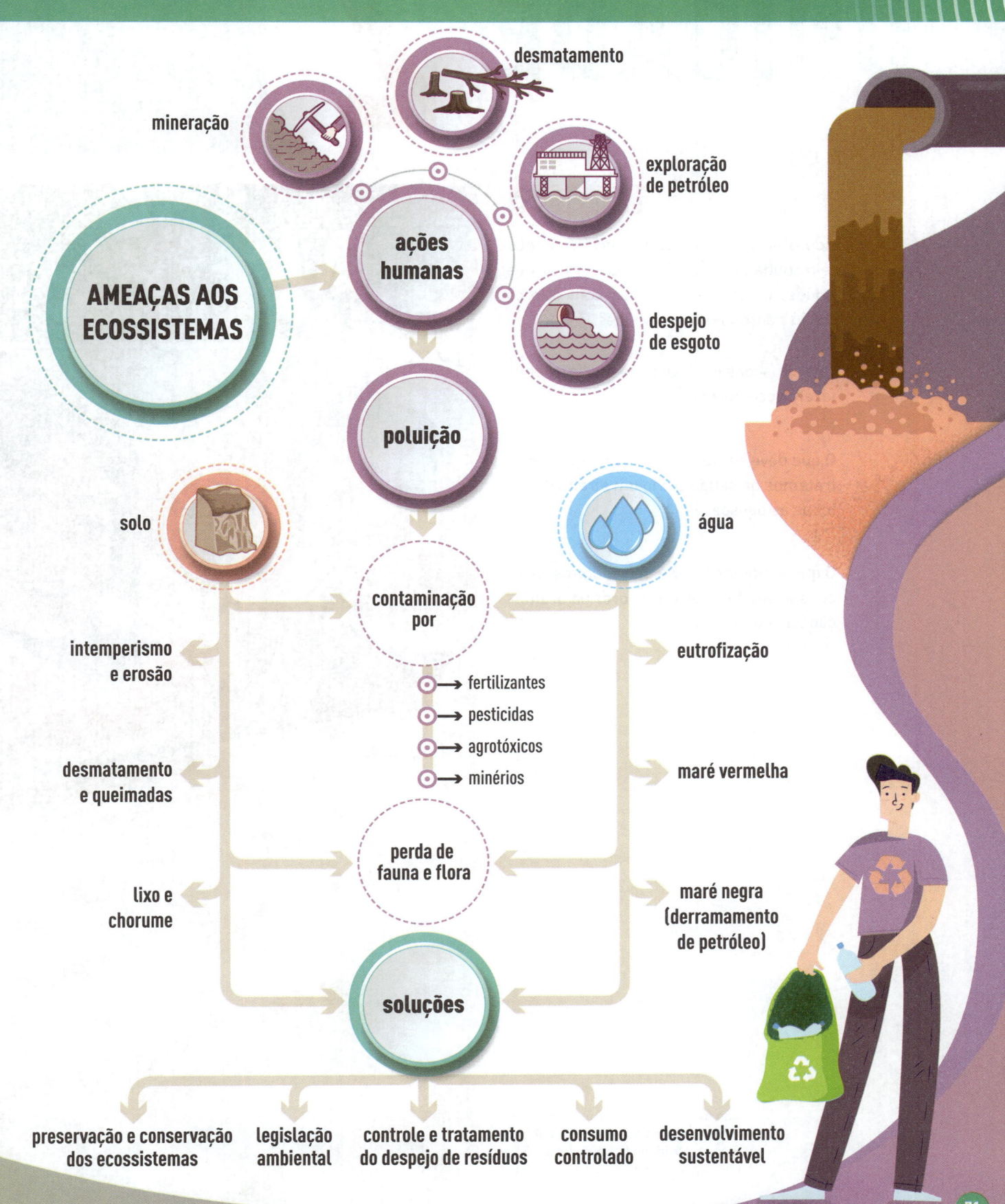

AMEAÇAS AOS ECOSSISTEMAS → **ações humanas**

- mineração
- desmatamento
- exploração de petróleo
- despejo de esgoto

↓

poluição

↓

solo / água

contaminação por

- intemperismo e erosão
- eutrofização
- fertilizantes
- pesticidas
- agrotóxicos
- minérios
- desmatamento e queimadas
- maré vermelha

perda de fauna e flora

- lixo e chorume
- maré negra (derramamento de petróleo)

soluções

- preservação e conservação dos ecossistemas
- legislação ambiental
- controle e tratamento do despejo de resíduos
- consumo controlado
- desenvolvimento sustentável

UNIDADE 2

Antever

Desde o nascimento, nossa primeira preocupação é a saúde do bebê. Costuma-se dizer que, tendo saúde, o resto se consegue com esforço. Mas você já pensou no que é saúde?

1 Que situações ilustradas nestas imagens fazem você pensar em saúde?

2 O que deve ser levado em conta quando tratamos da saúde como um direito de todas as pessoas?

3 O que podemos fazer – individualmente e em sociedade – para colaborar na promoção da saúde para todos?

São muitos os fatores que contribuem para a promoção da saúde. Boa alimentação, atividade física e prevenção de doenças por vacinação são alguns deles.

Jupiterimages/Getty Images

Saúde e qualidade de vida

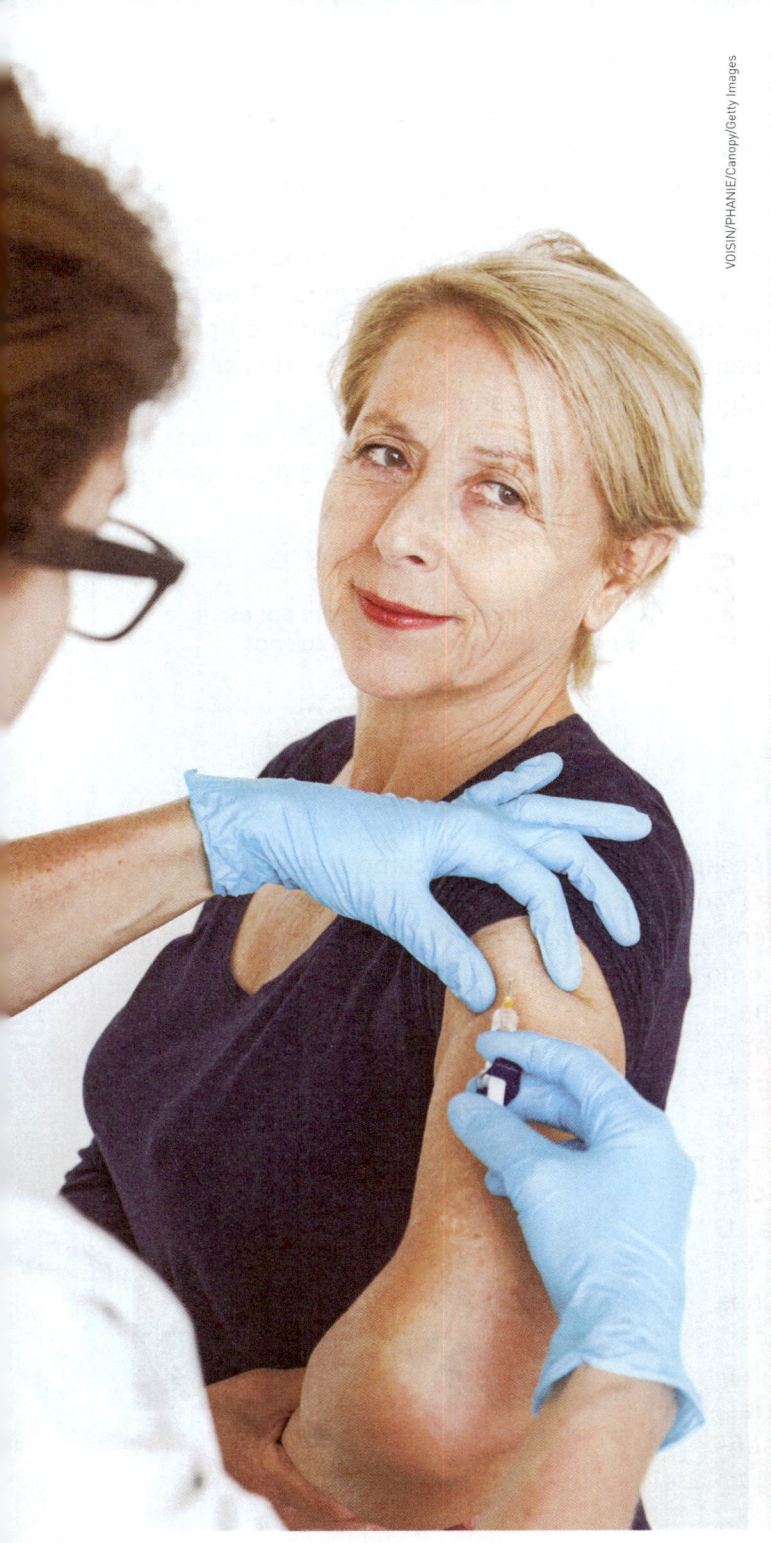

VOISIN/PHANIE/Canopy/Getty Images

Stephanie Rausser/Getty Images

Conceitos básicos em saúde

Analise a situação representada a seguir.

Você já teve dificuldade parecida como a ilustrada na imagem?

O tema da saúde está presente em nosso cotidiano; por exemplo, em uma consulta médica, na leitura da bula de remédio, em reportagens de jornal, TV ou internet e em informações de campanhas de saúde do governo. E, para compreender todas as informações, é necessário conhecer alguns termos utilizados na área.

Antes de começar a discutir a linguagem usada em textos sobre temas de saúde, vamos falar sobre o próprio termo **saúde**.

zoom

Como você define saúde? Registre por escrito e compare sua resposta com a dos colegas.

O que é saúde?

Durante muito tempo, e ainda hoje para muitas pessoas, definiu-se saúde como a simples ausência de doenças. Em 1948, a recém-criada Organização Mundial da Saúde (OMS) ampliou essa definição considerando não só nosso corpo físico, mas também nossas condições psicológicas e emocionais, além de aspectos sociais. Definiu-se então saúde como o perfeito bem-estar físico, mental e social.

Essa definição foi aos poucos sendo questionada e ampliada – afinal, o que seria o "perfeito bem-estar"? O que uma pessoa considera como bem-estar é percebido do mesmo modo por pessoas que vivem em situações diferentes?

Em 1978, realizou-se a Conferência Internacional Sobre Atenção Primária à Saúde, na Rússia. O documento resultante desse encontro recomendou aos países participantes a adoção de medidas nas áreas de educação em saúde, prevenção de doenças, saneamento básico, aleitamento materno, vacinação, controle de infecções intestinais e respiratórias, além do acompanhamento da gravidez e do desenvolvimento das crianças.

O acompanhamento médico do bebê é importante, sobretudo no primeiro ano de vida, quando ocorrem muitas mudanças no desenvolvimento.

Em 1986, foi realizada, em Brasília, a VIII Conferência Nacional da Saúde. Após esse encontro, foram incluídos no conceito de saúde diversos fatores, como alimentação, moradia, saneamento básico, meio ambiente, trabalho, renda, educação, transporte, lazer e o acesso a bens e serviços essenciais e de direito. Com base no relatório final dessa conferência, a Constituição Federal brasileira de 1988 determinou a criação do Sistema Único de Saúde (SUS).

Ainda em 1986, ocorreu a I Conferência Internacional Sobre Promoção da Saúde, no Canadá, em que se buscou uma nova concepção de saúde pública. Como fruto das discussões, definiram-se os princípios da promoção da melhoria da qualidade de vida, colocando-se como pré-requisitos os fatores já sugeridos antes, acrescidos de paz, justiça social e equidade.

Conceito de saúde

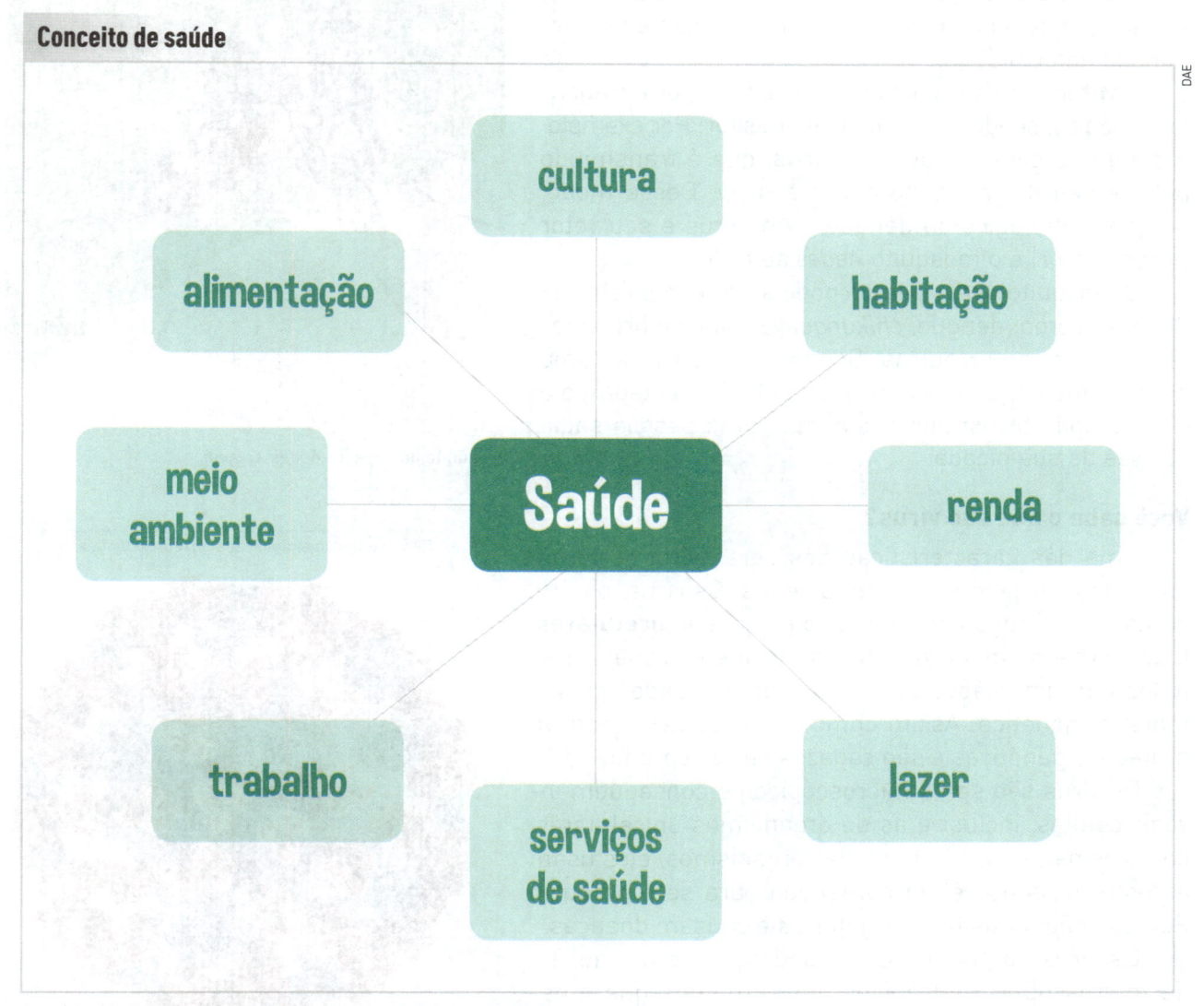

A saúde é influenciada por muitos fatores, como mostra este esquema.

A saúde, portanto, está diretamente relacionada à qualidade de vida das pessoas. Sem qualidade de vida não há saúde e vice-versa. Além de tomar vacinas, ter acompanhamento médico, alimentar-se de forma equilibrada e procurar fazer alguma atividade física, para termos saúde precisamos criar situações em nossa vida para o lazer, a cultura e o convívio afetivo com familiares e amigos.

Por meio da leitura do texto e da discussão com os colegas, percebemos como é possível mudar nossa visão sobre o mundo, as pessoas, nosso corpo e os fenômenos que nos cercam. Isso também ocorre com a comunidade científica, que muda e atualiza hipóteses e teorias constantemente, de acordo com novos estudos e informações.

Compreendendo o significado de alguns termos de saúde

Quando abordamos aspectos da saúde – individual, coletiva e até ambiental – é importante conhecermos alguns conceitos. A seguir, serão abordados alguns dos mais comuns e importantes.

Agente etiológico e vetor

Você sabe qual é a diferença entre agente etiológico e vetor de uma doença?

O **agente etiológico** é o agente causador da doença, aquele que desencadeia os sinais e sintomas de determinada enfermidade.

O **vetor** não causa a doença, mas transporta o agente etiológico, sendo, portanto, **transmissor**. Por exemplo: a dengue é causada por um **vírus**, que é transmitido pela fêmea do mosquito *Aedes aegypti*. Desse modo, o agente etiológico da dengue é um vírus e seu vetor (transmissor) é o mosquito *Aedes aegypti*

O mosquito *Aedes aegypti* pode atuar como vetor de doenças como: dengue, *chikungunya*, zika e febre amarela urbana, entre outras. Sendo vetor, ao picar uma pessoa doente, a fêmea do mosquito é infectada pelo vírus e pode transmitir a doença a uma pessoa sadia através de sua picada.

Mosquito da espécie *Aedes aegypti*.

Você sabe o que são vírus?

Uma das características dos seres vivos é serem formados por pelo menos uma célula. Os vírus, porém, não são formados por células, ou seja, são **acelulares**. Eles apresentam formas bastante diferenciadas, mas todos têm uma cápsula feita de proteína, onde fica seu material genético. Assim como os seres vivos, sofrem mutações genéticas e são capazes de se reproduzir.

Os vírus são seres microscópicos e conseguem invadir células, inclusive as de organismos unicelulares, como as bactérias. Ao parasitar organismos, eles usam as estruturas da célula parasitada para se reproduzir. Por isso são parasitas obrigatórios e causam doenças.

Os vírus só podem ser visualizados com o auxílio de microscópios eletrônicos, instrumentos que mostram imagens aumentadas até centenas de milhares de vezes. Eles geralmente estão disponíveis apenas em locais especializados, como centros de pesquisa, universidades e laboratórios.

Representação simplificada em cores-fantasia.

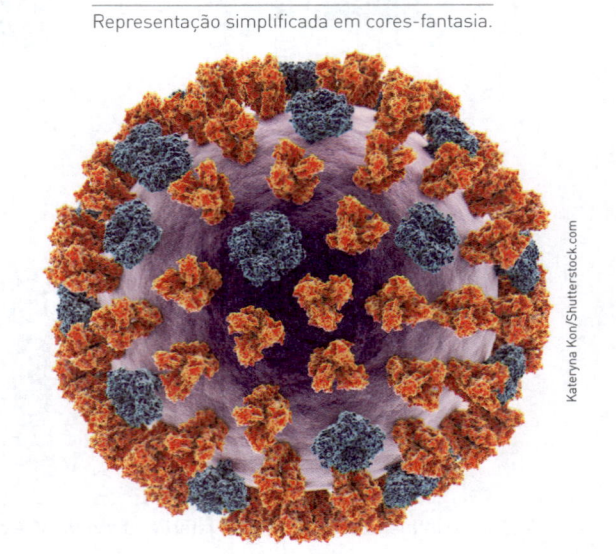

Representação artística do vírus da gripe.

Certos tipos de vírus, como o da gripe, sofrem mutações genéticas com mais frequência. Isso resulta em uma variedade de tipos de um mesmo vírus, dificultando a fabricação de vacinas eficientes contra as doenças que eles provocam. Nesse caso, são necessárias atualizações das vacinas em centros de pesquisa com base nos tipos e subtipos identificados em novos casos da doença.

Endemia, epidemia, surto e pandemia

Quando lemos ou ouvimos notícias sobre doenças, encontramos termos como endemia, epidemia, surto ou pandemia. Todos estão relacionados à maneira como uma doença se espalha na população, sendo importante saber diferenciá-los.

Epidemia é o aumento brusco, significativo e temporário da ocorrência de determinada doença na população de diversas regiões.

Quando há um aumento repentino do número de casos de uma doença em região específica, por exemplo, num bairro, há um **surto**. Para ser considerado surto, o aumento de casos deve ser maior do que o esperado pelas autoridades.

 **Viver** ◼◼◻

Epidemia ou surto?

Prefeitura do Rio e Fiocruz investigam causa de surto de hepatite A no Vidigal

[...] A Prefeitura do Rio de Janeiro coletou água em diversos pontos da favela do Vidigal, na Zona Sul, e enviou para a análise na Fundação Oswaldo Cruz (Fiocruz), para identificar a fonte do surto de hepatite A registrado na comunidade. Nos últimos dias, 92 casos de suspeita da doença foram notificados no centro municipal de saúde do Vidigal, e 75 foram confirmados.

A análise deverá produzir resultado na próxima quarta-feira. Foram coletadas amostras de poços artesianos, tubulações da Companhia Estadual de Águas e Esgotos (Cedae); fábricas de gelo e distribuidoras de água, além das casas onde os casos foram confirmados. O prefeito [...] visitou a comunidade na manhã de hoje e pediu atenção às medidas de higiene que ajudam na prevenção da doença. [...]

Vinícius Lisboa. Prefeitura do Rio e Fiocruz investigam causa de surto de hepatite A no Vidigal. *Agência Brasil*, 8 jan. 2018. Disponível em: <http://agenciabrasil.ebc.com.br/geral/noticia/2018-01/prefeitura-do-rio-e-fiocruz-investigam-causa-de-surto-de-hepatite-no-vidigal>. Acesso em: 28 jun. 2018.

OMS prevê que epidemia de ebola na RDC acabará 'muito em breve'

O diretor-geral da OMS declarou neste domingo que é possível "acabar muito em breve" com a epidemia de **ebola** que causou a morte de 27 pessoas no noroeste da República Democrática do Congo (RDC).

[...] Até 6 de junho, cerca de mil pessoas foram vacinadas contra esta doença, entre o pessoal médico, as pessoas em contato com os doentes e as que por sua vez estiveram em contato com essas pessoas.

Em um balanço das autoridades [...], "58 casos de febre hemorrágica foram apontados na região, 37 deles confirmados, 14 prováveis e sete suspeitos".

A epidemia de ebola foi declarada em 8 de maio em Bikoro, 600 km ao norte de Kinshasa. Depois se propagou à cidade de Mbandaka, onde vivem 1,2 milhão de pessoas.

Diário Catarinense © Agence France-Presse, 10 jun. 2018. Disponível em: <http://dc.clicrbs.com.br/sc/noticias/noticia/2018/06/oms-preve-que-epidemia-de-ebola-na-rdc-acabara-muito-em-breve-10370903.html>. Acesso em: 17 jun. 2018.

> **Glossário**
>
> **Ebola:** doença grave e muitas vezes fatal, causada por um vírus de mesmo nome. Seu principal sintoma é a febre hemorrágica, que causa sangramentos em órgãos internos. O ebola é transmitido pelo contato direto com o sangue, fluidos corporais e tecidos de animais ou pessoas infectadas.

Agora responda às questões a seguir.

1 Explique por que, nas reportagens acima, a ocorrência da hepatite A foi considerada um surto e a de ebola uma epidemia.

2 O que deveria ocorrer com os casos de hepatite A para que fosse considerada uma epidemia?

Quando uma doença ou um agente infeccioso tem ocorrência relativamente comum e constante em determinada região, ela é classificada como **endemia**. Por exemplo, a malária é endêmica na região da Amazônia.

O gráfico a seguir registra as variações do número de casos de malária no Brasil entre 2007 e 2017. Observe a alta no número de casos em 2017, chegando à marca de 200 mil, após um período de queda desde 2007.

Além dos conceitos de epidemia e endemia, há também o termo **pandemia**, que ocorre quando uma epidemia se espalha por diversas regiões do planeta.

Por exemplo, em 2009, ocorreu uma pandemia da gripe H1N1, doença causada por uma variedade do vírus da gripe comum. Os primeiros casos registrados foram no México. Em dois meses, eles se espalharam pelo mundo, caracterizando uma pandemia.

Você certamente já tomou algumas vacinas. Saberia dizer quais? Você tem algum registro das vacinas tomadas?

Evolução do número de casos de malária no Brasil

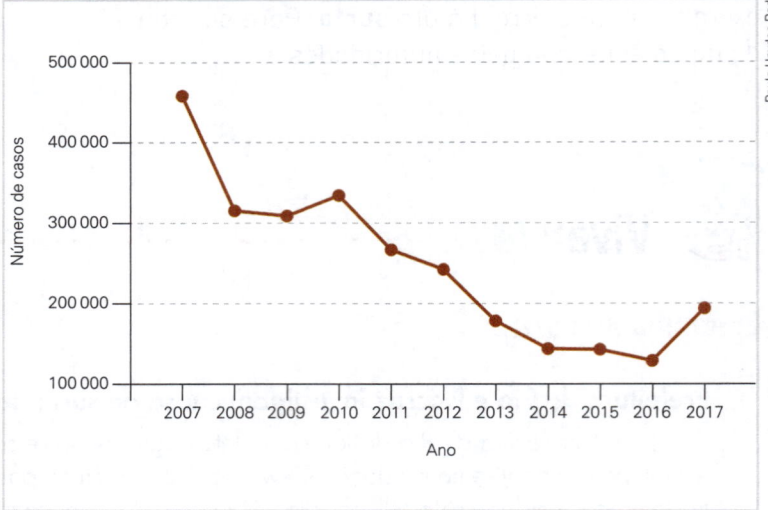

Fonte: Sistema de Informação de Vigilância Epidemiológica (Sivep-Malária) e Sistema de Informação de Agravos de Notificação (Sinan).

Pandemia de H1N1 2009 – Casos fatais de gripe H1N1 por país

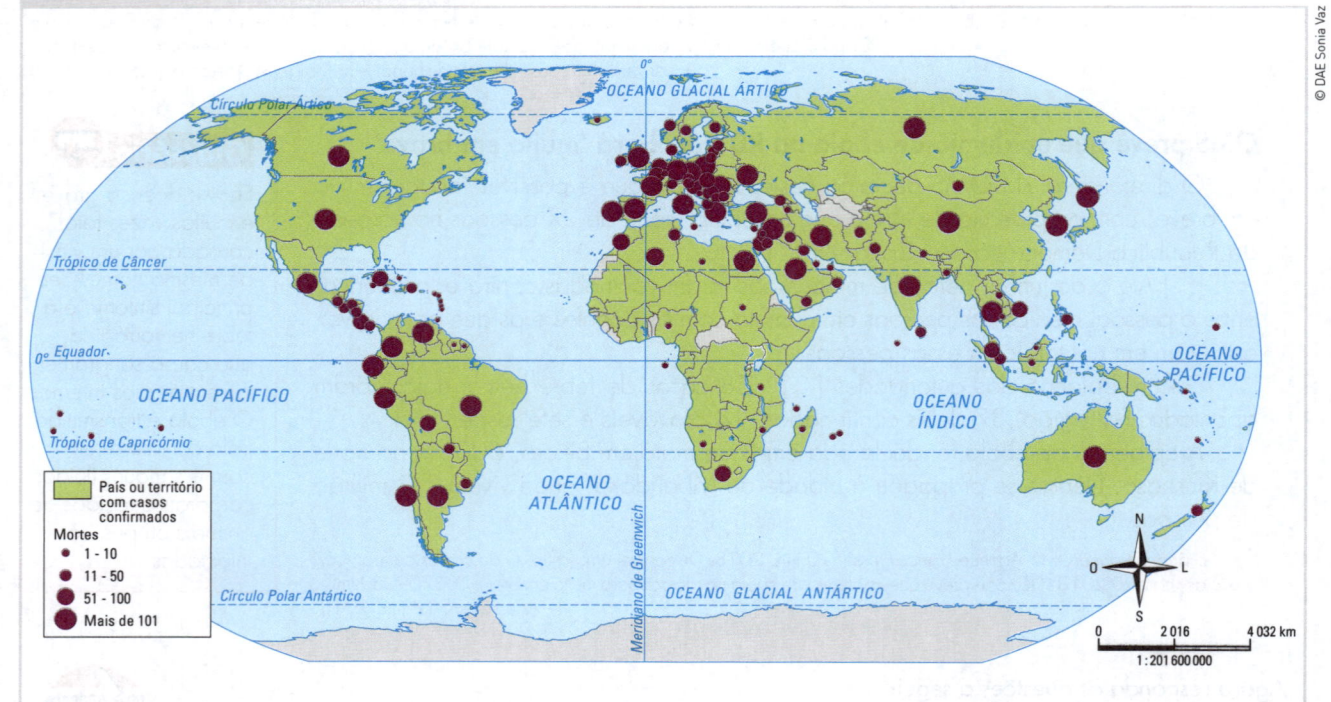

Fonte: Organização Mundial da Saúde. Disponível em: <https://reliefweb.int/sites/reliefweb.int/files/resources/26B4184AF81AF7D6C125775900340952-Map.pdf>. Acesso em: 19 jul. 2018.

Vacina e soro

Leia os quadrinhos a seguir.

Raitan Ohi

Você já passou ou conhece alguém que tenha passado por uma situação parecida? Sabe por que o médico aplicou soro e não vacina na personagem?

A **vacina** tem a função de prevenir doenças, não tendo efeito como tratamento em uma pessoa já doente.

Trata-se de uma substância produzida com bactérias ou vírus mortos, enfraquecidos ou fragmentos deles; também pode ser produzida com toxinas e outras substâncias. Ela tem a capacidade de provocar a formação de **anticorpos** no organismo em que foi introduzida. Os anticorpos são específicos para cada tipo de **antígeno**; portanto, cada tipo de vacina estimula a **imunidade** contra determinado microrganismo.

Assim, a vacina prepara o organismo para que, em caso de infecção por aquele agente **patogênico**, o sistema de defesa possa agir rapidamente. Desse modo, a doença não se desenvolve ou, em alguns casos, desenvolve-se de forma branda.

Glossário

Anticorpo: proteína produzida por células especiais do sangue contra agentes causadores de doenças. Atua como defesa natural. É produzido em resposta a antígenos específicos.

Antígeno: substância estranha ao organismo que desencadeia a produção de anticorpos específicos com papel de defesa.

Imunidade: proteção do organismo contra infecções por organismos ou toxinas.

Patogênico: capaz de causar doença.

O esquema está representado com cores-fantasia e as dimensões dos elementos não seguem a proporção real.

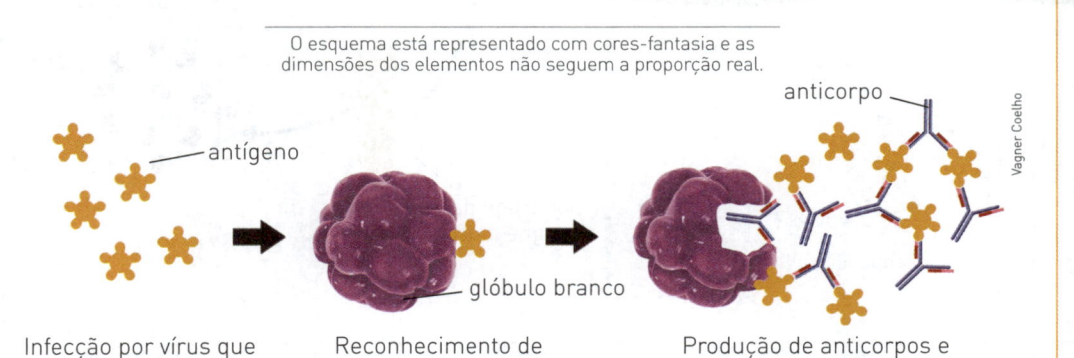

Vagner Coelho

Infecção por vírus que tem antígeno específico.

Reconhecimento de antígeno por glóbulo branco.

Produção de anticorpos e inativação dos antígenos.

Esquema da defesa do organismo por anticorpos. Na presença de vírus com antígeno próprio, são produzidos anticorpos específicos. A união do anticorpo ao antígeno inativa o invasor.

A vacina tem ação apenas preventiva. Embora sua ação seja relativamente lenta, oferece proteção duradoura. O tempo de ação varia para cada tipo de vacina. Algumas dão proteção para a vida toda, como a da poliomielite, aplicada em bebês. Outras precisam de reforços periódicos, como a da gripe, aplicada anualmente.

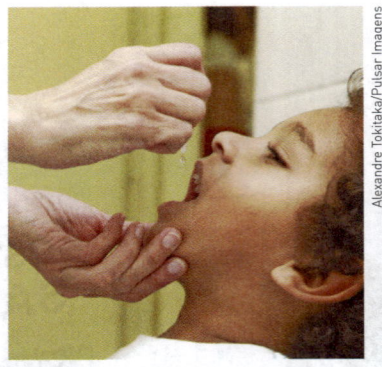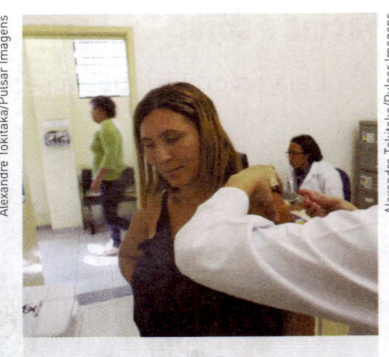

A vacinação em várias etapas da vida é importante para a prevenção de doenças.

O **soro** já contém anticorpos prontos e que não são produzidos pelo nosso organismo. Por isso, a imunidade conferida pelo soro é rápida, porém temporária. Tem ação curativa, mas não previne futuras doenças causadas por aquele antígeno. Em geral, é utilizado para curar intoxicações provocadas por venenos de animais peçonhentos ou toxinas de alguns agentes infecciosos.

Observe, na imagem a seguir, como se obtém o soro contra o veneno de cobras.

💡 Ampliar

Calendário de vacinação:
http://portalarquivos.saude.gov.br/campanhas/vacinareproteger/

Portal com o calendário de vacinas para bebês, crianças e adolescentes, além de esclarecimentos sobre vacinas.

As cores e a proporção entre os tamanhos dos seres vivos representados não são as reais.

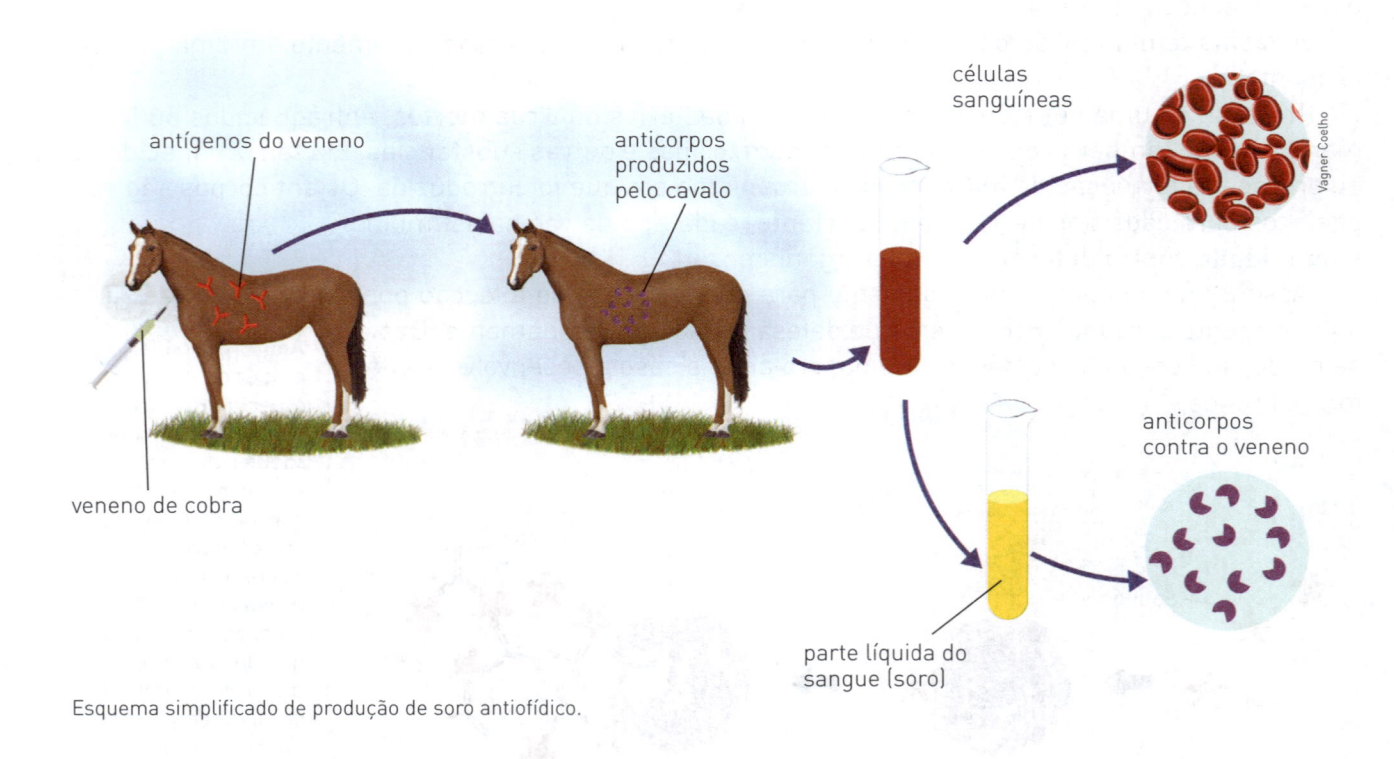

Esquema simplificado de produção de soro antiofídico.

Agora que você já sabe a diferença entre vacina e soro, volte aos quadrinhos da página 79 e releia a pergunta: "Sabe por que o médico aplicou soro e não vacina na personagem?". Você mudaria sua resposta?

De olho no legado ■■■

A primeira vacina

No século XVIII, Edward Jenner desenvolveu a vacina contra a varíola, a primeira de que se tem registro. Ele fez um experimento comprovando que, ao **inocular** uma secreção de alguém com a doença em outra pessoa saudável, esta desenvolvia sintomas mais brandos e tornava-se imune àquela doença.

Jenner desenvolveu a vacina com base no tipo de varíola que afeta vacas, ao perceber que as pessoas que ordenhavam as vacas adquiriam imunidade à varíola humana. Essa é a origem do nome "vacina", que vem do latim e significa "da vaca".

Mas foi preciso esperar até 1884 para haver um resultado eficaz, o que foi obtido por Louis Pasteur, químico e físico francês.

A Bacteriologia, ciência que estuda as bactérias, surgiu no século XIX como um novo ramo da Biologia. Com os microscópios foi possível aos cientistas da microbiologia avançar nos conhecimentos sobre esse reino de seres invisíveis.

Muito se trabalhou até que o cientista francês Louis Pasteur (1822-1895) apresentasse os resultados das suas pesquisas, que demonstraram que a fermentação do leite, do álcool e da cerveja, entre outros, é provocada por microrganismos. Essa constatação foi o ponto de partida para que o cientista francês e seus auxiliares concluíssem que as doenças infecciosas também são provocadas por microrganismos.

Intensas pesquisas foram desenvolvidas com vários tipos de doença para identificar quais seres eram os agentes e os propagadores das infecções.

Em 1879, Pasteur e seus colaboradores aplicaram o **princípio da vacina preventiva** — inoculação de micróbios cuja atividade foi previamente atenuada. Em 1884, foi produzida a vacina contra a raiva. Esse feito teve grande importância para a humanidade, já que a raiva é uma doença mortal.

Outro nome a ser destacado na história da Bacteriologia é o do médico e cientista alemão Robert Koch (1843-1910). Ele identificou a bactéria (um bacilo) que provoca a tuberculose. É também responsável pela vacina contra essa doença; além disso, deve-se a ele a identificação do *Vibrio cholerae* — o vibrião causador da cólera.

Atualmente, há vacinas para doenças que antes dizimavam populações inteiras, como as pestes. Muitos cientistas se dedicaram e ainda se dedicam às pesquisas microbiológicas.

> **Glossário**
>
> **Inocular:** introduzir substância (antídoto, vírus, vacina) em um organismo.

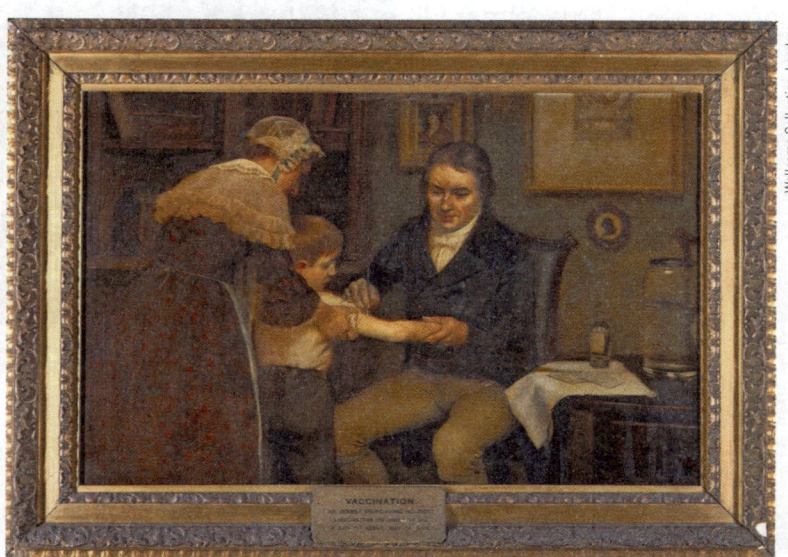

Ernest Board. *Edward Jenner fazendo a primeira vacinação em James Phipps, um garoto de 8 anos, em 14 maio de 1796.* Óleo sobre tela, 61,5 cm × 92 cm.

① Qual é a importância da observação dos fenômenos naturais para as descobertas científicas, incluindo a vacina?  atividade oral

Profilaxia

Você conhece o provérbio que diz "É melhor prevenir que remediar"?

O que isso quer dizer? Você concorda com essa afirmativa?

Esse é um termo importante quando abordamos temas da área de saúde. **Profilaxia** é um conjunto de medidas para prevenir as doenças ou atenuar suas complicações e consequências. Por exemplo, a vacinação faz parte da profilaxia para prevenir doenças como sarampo e catapora, entre outras.

 **Ampliar**

Contágio,
EUA/Emirados Árabes, 2011.
Direção: Steven Soderbergh,
106 min.

No filme, um vírus altamente contagioso e mortal provoca estado de calamidade em uma sociedade que precisa se unir para combater o inimigo.

 ## Conviver

Ciência e cidadania

Você já deve ter visto ou ouvido notícias na internet, em aplicativos no celular e redes sociais que falam da saúde no Brasil e no mundo. Essas notícias se propagam muito rapidamente, trazendo alertas e informações nem sempre precisos ou verdadeiros. É necessário checar a veracidade do que chega até nós antes de divulgar a notícia pela nossa rede de contatos ou de tomar atitudes que podem comprometer a saúde individual e coletiva. Por exemplo, em épocas de campanhas para promover a vacinação, ajudar a espalhar boatos que afirmam ser possível substituir a vacina por outra substância ou que uma vacina é venenosa pode comprometer a saúde da população em geral.

> 21/03/2017   15:06   Por: Dias Zatti e Manuel Freitas Dias Zatti e Manuel Freitas
>
> **NOTÍCIA FALSA**
>
> **Depois de vacinarem 40 mi de pessoas descobriram que VACINA DA FEBRE AMARELA É UM VENENO MORTAL**
>
> Se tomas vacinas contra a Febre Amarela, é provável que estejas a ser envenenado aos poucos, pois sabe-se que estas contêm produtos químicos neurotóxicos e metais pesados em concentrações alarmantes!

Pensa Brasil - Disponível em: https://pensabrasil.com/alo-brasil-depois-de-vacinarem-40-milhoes-de-pessoas-descobriram-que-vacina-da-febre-amarela-e-um-veneno-mortal/ - Acesso em 13/08/2018

Site de notícias pouco confiável com informação falsa sobre a vacinação.

Faça sua parte e não compartilhe mensagens/imagens/vídeos sem antes conversar com um adulto sobre o conteúdo. Use as redes sociais de modo positivo.

① Em grupo, discuta o tema "notícias falsas" e faça uma pesquisa para saber como identificá-las.

② Faça um cartaz para conscientizar a comunidade escolar sobre a importância de checar as informações recebidas e como fazer isso.

Parasitoses

Parasitose é o nome genérico dado a doenças ou danos à saúde provocados por agentes patogênicos chamados **parasitas**, como vírus, certas bactérias, protozoários, fungos, vermes, insetos etc. Parasitas são organismos que vivem em associação com outros organismos (hospedeiros), dos quais retiram os meios para sua sobrevivência, em geral prejudicando-os.

Quando vivem na superfície externa dos hospedeiros, os parasitas são denominados **ectoparasitas**; os que vivem dentro de seus hospedeiros são chamados **endoparasitas**.

O piolho, causador da pediculose, é um ectoparasita.

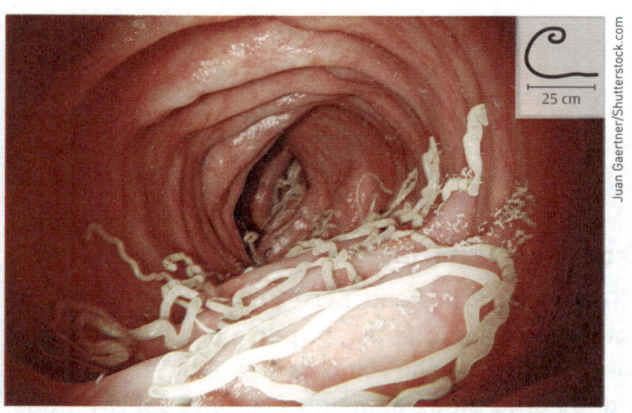

A lombriga, verme causador da ascaridíase, é um endoparasita.

Hospedeiro é o organismo que abriga um ser parasita em alguma fase de seu ciclo vital. Dependendo da fase de vida do parasita, o hospedeiro pode ser classificado como definitivo ou intermediário.

O hospedeiro **definitivo** abriga o parasita em sua fase de maturidade ou em fase de reprodução sexuada. Já o **intermediário** abriga o parasita em sua fase de larva ou assexuada; por exemplo, o hospedeiro definitivo do verme causador da teníase é o ser humano, e o intermediário pode ser o porco ou o boi.

Viroses

Você já ouviu falar em virose? **Viroses** são doenças provocadas por vírus. Essas doenças não são tratadas com antibióticos, pois esses medicamentos foram desenvolvidos para combater bactérias. As viroses mais comuns são combatidas naturalmente pelas defesas do corpo, e as medicações são usadas principalmente para tratar os sintomas.

Gripe, dengue, sarampo e catapora são alguns exemplos de viroses.

Bacterioses

Bacterioses são doenças causadas por bactérias. Em geral, são tratadas com antibióticos. Um exemplo é a cólera, doença causada por um tipo de bactéria chamada vibrião.

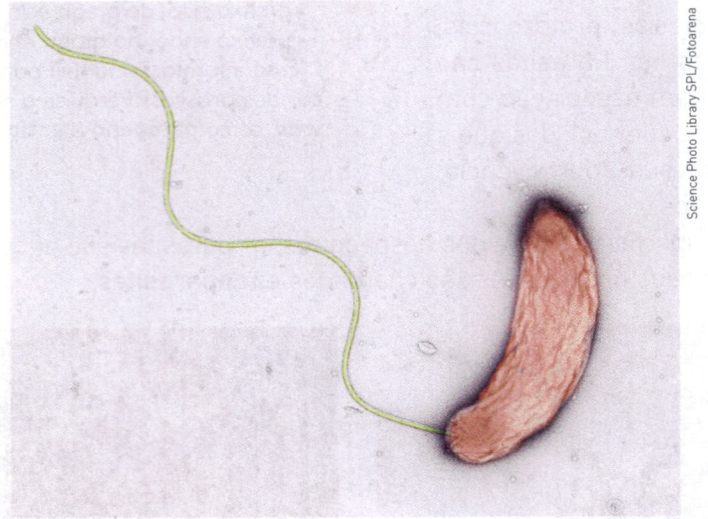

Vibrião causador da cólera (*Vibrio cholerae*). Fotografia obtida por microscópio eletrônico. Ampliação aproximada de 25 mil vezes e colorizada artificialmente.

O que são bactérias?

As bactérias são seres microscópicos e de estrutura muito simples, que fazem parte do reino Monera. Além delas, compõem esse reino as cianobactérias, também conhecidas como algas azuis ou cianofíceas. Uma das principais características dos seres desse reino é serem unicelulares, isto é, constituídos de apenas uma célula. Sua célula é bem simples, sem o envoltório que separa o material genético do restante do conteúdo celular.

A forma desses organismos pode variar. Além do tipo vibrião, temos entre as formas mais comuns de bactérias: bacilos, cocos e espirilos.

Representação simplificada em cores-fantasia e tamanhos sem escala.

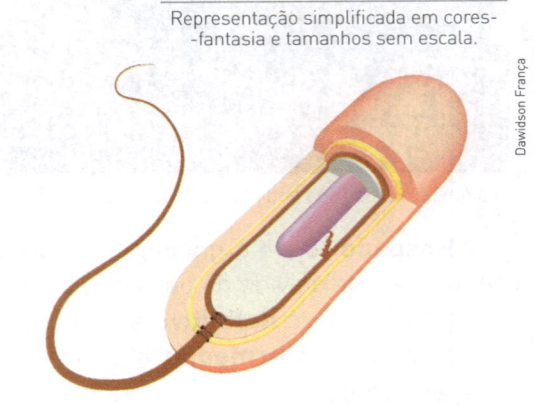

Esquema de célula bacteriana.

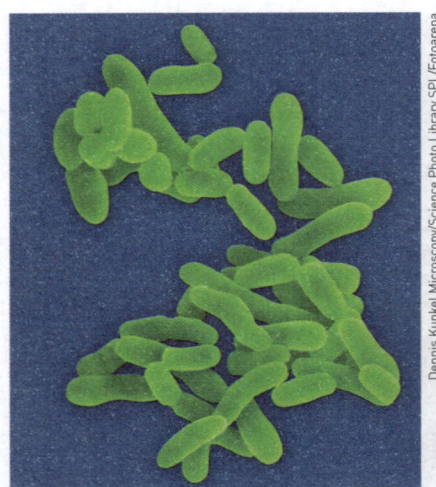

Bacilos causadores da tuberculose. Fotografia obtida por microscópio eletrônico e colorizada artificialmente. Ampliação aproximada de 6500 vezes.

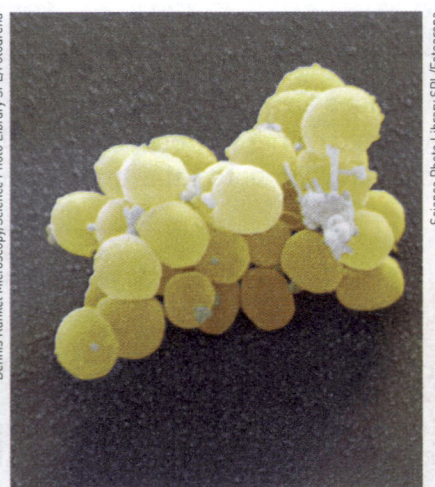

Staphylococcus aureus, uma bactéria do tipo cocos. Fotografia obtida por microscópio eletrônico e colorizada artificialmente. Ampliação aproximada de 10 mil vezes.

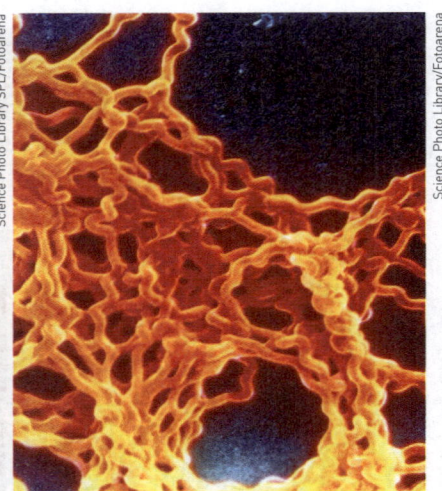

Lepstospira sp., uma bactéria espiralada. Fotografia obtida por microscópio eletrônico e colorizada artificialmente. Ampliação aproximada de 30 mil vezes.

Cólera

A cólera é causada por um tipo de bactéria. Seus principais sintomas são diarreia aquosa abundante, vômitos e cãibras nas pernas. A perda rápida dos líquidos do corpo causa desidratação e fraqueza. Se não houver tratamento, pode ser fatal. A principal via de transmissão é a contaminação da água e de alimentos por fezes de indivíduos doentes. Frutos do mar contaminados ingeridos crus são de alto risco.

A incidência de cólera era praticamente restrita à Índia até 1817. Com o avanço das viagens e navegações, chegou a outros países e continentes. O primeiro caso registrado no Brasil ocorreu na década de 1820, no Rio de Janeiro, então capital do país. Em 1855 mais de 200 mil pessoas morreram somente nessa cidade. No final do século XIX, a doença foi erradicada do país graças a melhorias no saneamento básico nas principais cidades; mas infelizmente retornou depois de quase cem anos.

A primeira epidemia de cólera na América Latina no século XX começou no Peru. No Rio de Janeiro, o primeiro caso foi confirmado em novembro de 1991, pelo Laboratório de Saúde Pública Noel Nutels e pela Fiocruz. Já em meados de julho de 1991, a Organização Mundial de Saúde (OMS) registrava, só na América Latina, mais de 251 mil casos com 2 618 mortos. A OMS também registrava o avanço da doença em dez países da África, passando de epidemia para pandemia.

Analise o cartaz ao lado e veja como se prevenir contra a cólera.

O QUE É CÓLERA?
Cólera é uma doença causada por um micróbio que entra pela boca, através da água e dos alimentos contaminados, e ataca o intestino das pessoas.

SINTOMAS
Os primeiros sintomas são vômito, diarreia, cãibras, olhos fundos, e no caso de criança, moleira funda.

COMO SE PEGA?
* Através da água suja de fezes e vômitos de pessoas contaminadas.
* Através de água não fervida ou não clorada.
* Através de alimentos crus ou mal cozidos.

COMO EVITAR?
* Trate a água com hipoclorito de sódio a 2,5%(*).
* Ferva a água antes de usar e mantenha em vasilhas limpas e tampadas.
* Só beba leite fervido.
* Em caso de diarreia, use o soro caseiro ou de reidratação oral(*).
* Todos os alimentos devem ser bem cozidos, principalmente peixes e mariscos.
* Evite alimentos de qualidade duvidosa vendidos na rua.
* Lave bem as mãos com água e sabão antes de preparar os alimentos, antes de comer e após utilizar o banheiro.
* Utilize o vaso sanitário ou latrina. Se não for possível, enterre as fezes e lave bem as mãos.
* Lave e seque bem os pratos, copos, panelas, talheres e outros utensílios de mesa e cozinha.

PROVIDÊNCIAS EM CASO DE SUSPEITA.
Se alguém apresentar diarreia ou sentir qualquer outro sintoma, deve procurar imediatamente o posto de saúde mais próximo da residência ou entrar em contato com a Secretaria Municipal de Saúde, através dos telefones: 3221-6540 ou 0800 75 1000.

Princesa do Sertão
PREFEITURA MUNICIPAL DE FEIRA DE SANTANA

Secretaria Municipal Da Saúde Divisão De Controle Epidemiológico Fones: (75) 3616-7359/3612-4552

Secretaria Municipal de Saúde de Feira de Santana

Você encontra o hipoclorito de sódio e o soro de reidratação oral nos postos de saúde do município.

Cartaz que orienta sobre a prevenção da cólera.

no caderno

1 Esses cuidados são específicos para a cólera? Explique se também funcionam como profilaxia para outras doenças.

Protozooses

Protozooses são doenças causadas por protozoários. Podemos citar como exemplos a doença de Chagas e a malária, as quais estudaremos mais adiante.

Os **protozoários** são organismos unicelulares de estrutura mais complexa que as bactérias. São comumente classificados de acordo com o tipo de locomoção: **sarcodíneos** (ou **rizópodos**), como as amebas; **flagelados**, como as giárdias; **ciliados**, como o paramécio; e **esporozoários**, como o plasmódio, causador da malária.

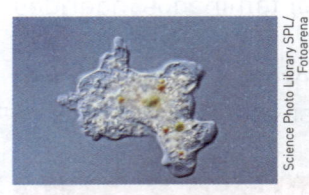 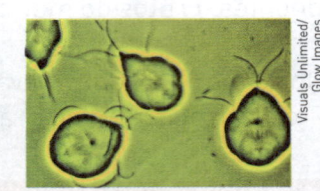 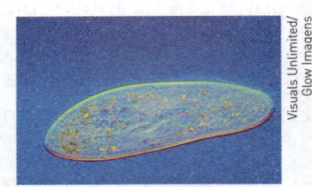 

Ameba. Fotografia obtida por microscópio óptico. Ampliação aproximada de 130 vezes.

Giárdia, responsável pela giardíase. Fotografia obtida por microscópio óptico. Ampliação aproximada de 500 vezes.

Paramécio, protozoário de vida livre, encontrado em poças de água. Fotografia obtida por microscópio óptico. Ampliação aproximada de 120 vezes.

Plasmódio e célula do sangue parasitada. Fotografia obtida por microscópio eletrônico e colorizada artificialmente. Ampliação aproximada de 1600 vezes.

 **Observar**

Protozoários

Protozoários podem ser encontrados na água e na parede de aquários, em poças ou em uma simples bacia com água e folhas de alface sem lavar. Com auxílio de um microscópio óptico você pode observá-los em atividade.

Material:

- água filtrada e sem cloro;
- 2 folhas de alface sem lavar;
- microscópio óptico;
- frasco limpo de boca larga com tampa;
- lâminas e lamínulas limpas;
- conta-gotas;
- fios de algodão.

Procedimentos

1. Coloque as folhas de alface no frasco e acrescente água. Tampe o frasco e deixe-o em repouso em um local arejado, sem luz direta, por cerca de quatro dias.
2. Pegue com cuidado uma lâmina e coloque sobre ela uma gota da água do frasco.
3. Coloque delicadamente a lamínula sobre a gota.
4. Com a ajuda do professor, ajuste o microscópio para observar a lâmina. Primeiro, com lentes de aumento menor e, depois, com as que aumentam mais a imagem.

Responda às perguntas a seguir.

 no caderno

1. O que você conseguiu observar? Recorra a outras fontes de pesquisa se precisar de ajuda e registre sua resposta.

2. Repita a atividade colocando alguns fiapos de algodão no meio da lâmina antes de adicionar uma gota de água do frasco. O que mudou? Registre o que observou no caderno, incluindo desenhos.

3. Você tinha ideia da biodiversidade que pode ser encontrada em alimentos não lavados? O que pensa sobre isso?

Verminoses

São doenças causadas por diferentes tipos de vermes parasitas que se instalam no organismo do hospedeiro, muitas vezes nos intestinos; mas podem abrigar-se também em outros órgãos, como o fígado e os pulmões.

O termo **verme**, de modo geral, refere-se a um grupo de animais de corpo alongado e mole. Eles são divididos em dois grupos principais, descritos a seguir.

Platelmintos

São vermes de corpo achatado, em forma de fita, cujo comprimento pode variar desde poucos milímetros até vários metros, como é o caso da tênia, também chamada de solitária. Nesse grupo existem tanto animais de vida livre, como a planária, quanto parasitas, que vivem à custa de outros seres, causando doenças como a esquistossomose.

Os platelmintos parasitas absorvem, pela superfície do corpo, o alimento previamente digerido pelo hospedeiro. Entre os platelmintos parasitas que causam prejuízos à saúde temos o esquistossomo e a tênia.

Tênia, com seu corpo achatado.

Nematoides

São vermes de corpo cilíndrico e afilado nas extremidades, antigamente chamados nematelmintos. Os nematoides, que se alimentam de pequenos animais e plantas, habitam tanto a terra quanto as águas doce e salgada.

Entre os nematoides estão alguns dos parasitas mais comuns que causam prejuízos à saúde do ser humano e de outros animais, como a lombriga, o oxiúro, a filária e o ancilóstomo.

Verme oxiúro, causador da oxiurose.

Micoses

São doenças causadas por fungos. Estes podem infectar nossa pele e se multiplicar, provocando as **micoses**. Essas infecções ocorrem em partes úmidas e quentes do corpo, sendo comuns nas virilhas, entre os dedos (principalmente os dos pés) e no couro cabeludo. Por essa razão, para se prevenir de micoses é preciso garantir que a pele esteja sempre limpa e seca.

Exemplo: candidíase oral ou "sapinho", causada pelo fungo *Candida albicans*.

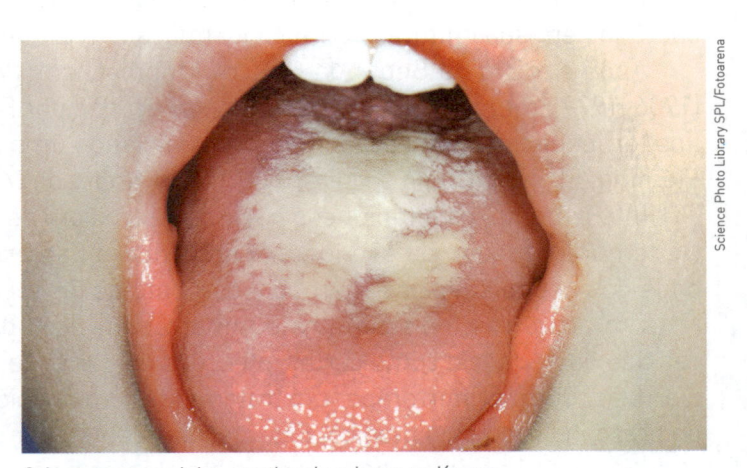

Criança com sapinho, um tipo de micose na língua.

O que são fungos?

Os fungos são seres vivos de formas e tamanhos bastante variados; podem ser unicelulares ou pluricelulares.

Eles não têm clorofila e são heterótrofos; portanto, não são capazes de produzir o próprio alimento. Podem ser decompositores (tendo importante papel no equilíbrio ambiental), parasitas ou viver associados de outro modo a outros seres.

Diversas formas de fungo: cogumelos decompositores de madeira, mofo decompondo laranja, e líquen, uma associação entre fungos e algas.

Os fungos parasitas vivem à custa de outros seres vivos, podendo provocar doenças em plantas e animais.

Antibiótico

Antibiótico é qualquer medicamento ou substância capaz de combater um organismo parasita. Conhecido principalmente pelo uso contra bactérias patogênicas, também pode ser usado contra fungos, protozoários e vermes. Doenças causadas por vírus não podem ser tratadas com antibióticos.

Saúde em foco

Antibiótico à base de fungos

Em 1928, o médico e bacteriologista inglês Alexander Fleming (1881-1955) verificou que um fungo do gênero *Penicillium* havia contaminado a cultura de bactérias com que trabalhava. Além disso, notou que uma substância produzida por esse fungo, a qual chamou de penicilina, inibia a multiplicação das bactérias em sua cultura. Assim foi identificado o primeiro antibiótico moderno.

Após o início da Segunda Guerra Mundial, em 1939, Howard Florey (1898-1968) e Ernst Chain (1906-1979), retomaram as pesquisas começadas por Fleming e conseguiram produzir penicilina com fins terapêuticos e em escala industrial, iniciando uma nova era para a medicina. Por suas pesquisas, Fleming, Florey e Chain dividiram o Prêmio Nobel de Medicina em 1945.

Infelizmente, os antibióticos não acabaram com as mortes provocadas por infecções bacterianas. De tempos em tempos são identificadas novas bactérias resistentes a eles, o que exige a continuidade das pesquisas nesse campo e campanhas de esclarecimento sobre o uso desse medicamento.

Um dos erros mais comuns é tomar antibióticos para doenças não bacterianas, como certas infecções de garganta, gripes ou diarreias. Outro é interromper um tratamento com antibiótico antes do prazo indicado pelo médico. Esses erros acabam por selecionar variedades de bactérias cada vez mais resistentes a antibióticos.

em grupo

1 Reúna-se em grupo e pesquise o que são superbactérias. Descubra a relação delas com o uso errado de antibióticos.

Poluição e contaminação

Observe a fotografia a seguir. Que impressões você tem ao olhar essa imagem?

Lançamento de resíduos de atividade industrial no ar, o que causa poluição. Volta Redonda (RJ), 2014.

Poluição é a alteração no ambiente provocada por atividades humanas. A poluição causa danos aos recursos naturais e aos seres vivos em geral.

Quando há no ambiente seres patogênicos, como microrganismos e vermes parasitas, ou substâncias em concentrações nocivas à vida, ocorre uma **contaminação**. Trata-se de um caso particular de poluição.

As imagens desta página não estão representadas na mesma proporção.

Contaminação de solo e água por resíduos gerados pelo processo de mineração de ouro. Paconé (MT), 2014.

Saúde mental

Segundo a Organização Mundial da Saúde, **saúde mental** é o estado de bem-estar que possibilita a cada indivíduo reconhecer seu potencial, lidar com o estresse normal da vida e trabalhar com produtividade, alcançando desenvolvimento pessoal e contribuindo para o desenvolvimento da comunidade. Em outras palavras, saúde mental não é a simples ausência de doenças mentais, mas estar bem consigo mesmo para viver com qualidade e fazer as atividades diárias com plenitude.

Todavia, percebe-se que a sociedade atual está progressivamente mais competitiva, com exigências cada vez mais rigorosas, seja no mercado de trabalho, seja no ambiente escolar. Isso acaba por prejudicar a saúde mental de muitas pessoas, resultando em distúrbios mentais como estresse ou ansiedade constantes, que podem acarretar doenças mais graves.

Estresse é uma reação natural do organismo, que inclui alterações físicas e emocionais ao vivenciar situações desafiadoras, perigosas ou ameaçadoras. Esse mecanismo natural nos coloca em estado de alerta. A reação ao estresse é uma adaptação importante à sobrevivência da espécie, mas torna-se preocupante quando é frequente, o que pode levar a sintomas de exaustão, comprometendo a saúde em vários aspectos.

Ansiedade é um sentimento comum de desconforto ao enfrentar problemas diários, como uma prova, uma tarefa no trabalho ou decisões difíceis. Ela pode ser benéfica ao estimular a pessoa a entrar em ação. Entretanto, quando se sente ansiedade a maior parte do tempo ou numa intensidade muito alta, ela pode ser prejudicial, causar sintomas físicos e impedir a pessoa de fazer até mesmo as atividades simples do dia a dia.

Reflita: É possível estudar e/ou trabalhar e reservar tempo para simplesmente parar alguns momentos? É importante respirar ao ar livre, ouvir uma música de que gostamos, conversar com as pessoas calmamente, saborear uma refeição do início ao fim, prestando realmente atenção às sensações dessa experiência. Essas pequenas mudanças e iniciativas podem fazer diferença em nosso bem-estar e saúde geral.

Realizar muitas atividades e não dedicar alguns momentos ao lazer e ao descanso pode gerar estresse e ansiedade.

Brincar é importante para a saúde das crianças.

 Viver

Saúde mental depende de bem-estar físico e social, diz OMS em dia mundial

Um ambiente que respeite e proteja os direitos básicos civis, políticos, socioeconômicos e culturais é fundamental para a promoção da saúde mental, disse a Organização Pan-Americana da Saúde/Organização Mundial da Saúde (OPAS/OMS).

Sem a segurança e a liberdade asseguradas por esses direitos, torna-se muito difícil manter um elevado nível de saúde mental, disse a organização no dia mundial para o tema.

No Dia Mundial da Saúde Mental, a Organização Pan-Americana da Saúde/Organização Mundial da Saúde (OPAS/OMS) lembrou que o conceito de saúde vai além da mera ausência de doenças [...].

Cartaz sobre o Dia Mundial da Saúde Mental.

Segundo a organização, diversos fatores podem colocar em risco a saúde mental dos indivíduos; entre eles rápidas mudanças sociais, condições de trabalho estressantes, discriminação de gênero, exclusão social, estilo de vida não saudável, violência e violação dos direitos humanos.

A promoção da saúde mental envolve ações que permitam às pessoas adotar e manter estilos de vida saudáveis. [...]

Nações Unidas no Brasil, 10 out. 2016. Disponível em: <https://nacoesunidas.org/saude-mental-depende-de-bem-estar-fisico-e-social-diz-oms-em-dia-mundial>. Acesso em: 10 jul. 2018.

O texto reafirma que o conceito de saúde tem um significado mais amplo atualmente. Isso tem provocado discussões na sociedade e causado modificações, inclusive nas políticas públicas.

Tendo a percepção de que altos e constantes níveis de estresse, geralmente resultado das pressões da vida contemporânea, podem levar a desequilíbrio emocional e mental e provocar doenças, o Ministério da Saúde incorporou as chamadas práticas integrativas e complementares em saúde nos tratamentos oferecidos pelo serviço público de saúde. Em comum, elas têm o fundamento da visão **holística** do ser humano.

Os benefícios conseguidos no tratamento integrado entre medicina convencional e as práticas integrativas demonstram o valor de muitos conhecimentos tradicionais de onde essas técnicas se originam. Entre as novas práticas autorizadas a serem oferecidas pela rede pública de estados e municípios, utilizando mão de obra devidamente qualificada, estão:

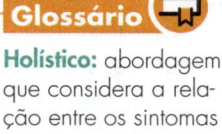

Glossário

Holístico: abordagem que considera a relação entre os sintomas no organismo, o ambiente, os hábitos de vida e os aspectos físicos, energéticos e emocionais em busca de um entendimento do ser humano em sua totalidade.

[...]

Apiterapia – método que utiliza produtos produzidos pelas abelhas nas colmeias como a apitoxina, geleia real, pólen, própolis, mel e outros.

Aromaterapia – uso de concentrados voláteis extraídos de vegetais, os óleos essenciais promovem bem-estar e saúde.

Bioenergética – visão diagnóstica aliada à compreensão do sofrimento/adoecimento, adota a psicoterapia corporal e exercícios terapêuticos. Ajuda a liberar as tensões do corpo e facilita a expressão de sentimentos.

Constelação familiar – técnica de representação espacial das relações familiares que permite identificar bloqueios emocionais de gerações ou membros da família.

Cromoterapia – utiliza as cores nos tratamentos das doenças com o objetivo de harmonizar o corpo.

Geoterapia – uso da argila com água que pode ser aplicada no corpo. Usado em ferimentos, cicatrização, lesões, doenças osteomusculares.

Hipnoterapia – conjunto de técnicas que pelo relaxamento, concentração induz a pessoa a alcançar um estado de consciência aumentado que permite alterar comportamentos indesejados.

Imposição de mãos – imposição das mãos próximo ao corpo da pessoa para transferência de energia para o paciente. Promove bem estar, diminui estresse e ansiedade.

Ozonioterapia – mistura dos gases oxigênio e ozônio por diversas vias de administração com finalidade terapêutica e promove melhoria de diversas doenças. Usado na odontologia, neurologia e oncologia.

Terapia de Florais – uso de essências florais que modifica certos estados vibratórios. Auxilia no equilíbrio e harmonização do indivíduo.

Ministério da Saúde, 12 mar. 2018. Disponível em: <http://portalms.saude.gov.br/noticias/agencia-saude/42737-ministerio-da-saude-inclui-10-novas-praticas-integrativas-no-sus>. Acesso em: 19 jul. 2018.

Agora faça o que se pede.

no caderno

1. Você já tinha ouvido falar desses tratamentos ou conhecia algum deles? Explique.

2. Na página do Ministério da Saúde <http://dab.saude.gov.br/portaldab/ape_pic.php> está a lista completa de tratamentos autorizados. Pesquise quais são, além dos que foram citados acima.

3. Debata com os colegas por que é importante exigir a qualificação e o registro profissional de quem vai oferecer esses tratamentos.

4. Você já fez algum tratamento desse tipo ou conhece alguém que se beneficiou deles? Em caso positivo, registre suas impressões ou procure conversar com essa pessoa e anote as impressões dela sobre o tratamento. Compartilhe com os colegas as informações que conseguir.

Ampliar

Glossário temático – Práticas integrativas e complementares em saúde, do Ministério da Saúde.

Livro que reúne os principais vocábulos utilizados nas práticas integrativas e complementares em saúde.

Disponível em: <http://portalarquivos2.saude.gov.br/images/pdf/2018/marco/12/glossario-tematico.pdf>. Acesso em: jul. 2018.

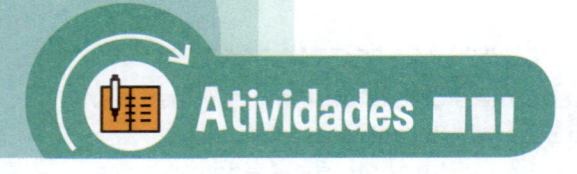

no caderno

1. Com base no que foi estudado neste capítulo, defina o que é saúde. Compare sua resposta com a dos colegas.

2. Entre os anos de 1918 e 1919, o pintor Edvard Munch adoeceu, provavelmente de gripe espanhola. Esse período de sua vida ficou registrado no autorretrato abaixo.

Edvard Munch. *Autorretrato com gripe espanhola*, 1919. Óleo sobre tela, 150 cm × 131 cm.

Entre 1917 e 1920, a gripe espanhola matou milhões de pessoas em todos os continentes. Tratou-se de um caso de epidemia? Justifique.

3. Em um cartaz no posto de saúde, lia-se: "A profilaxia contra sarampo pode ser feita com a vacina chamada MMR ou tríplice viral". Trata-se do tratamento contra a doença? Explique.

4. O que significa dizer que o boi pode ser hospedeiro **intermediário** e o ser humano o hospedeiro **definitivo** do verme parasita *Taenia saginata*?

5. Dona Rosa foi ao médico. Ela se queixou de febre, dores no corpo e mal-estar. Depois de algumas perguntas e exame clínico, o médico anunciou: "É uma virose". E lhe receitou remédio para a febre e a dor. Dona Rosa saiu desconfiada: "Por que o médico não receitou antibiótico?".

O que você diria à dona Rosa para esclarecer a conduta do médico?

6. O gráfico a seguir compara a quantidade de anticorpos no organismo de duas pessoas durante certo período de tempo. Para cada uma delas foi utilizado um tipo de imunização diferente.

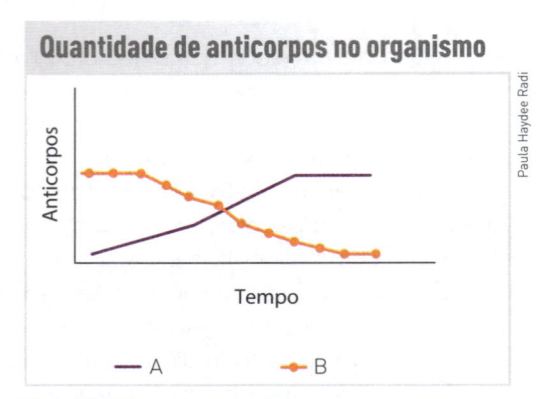

Quantidade de anticorpos no organismo

Anticorpos / Tempo
— A   → B

Dados fictícios

Analise o gráfico e indique qual pessoa recebeu o soro e qual recebeu vacina. Justifique.

7. Vetores de doenças são a mesma coisa que agentes etiológicos? Explique.

8. A rubéola é uma doença contagiosa causada por vírus. Seus principais sintomas são manchas vermelhas pelo corpo, dor de cabeça e nas articulações, gânglios aumentados no pescoço e atrás da orelha, entre outros. O contágio ocorre, em geral, por via direta, de pessoa a pessoa, por meio das secreções expelidas pelo doente ao tossir ou falar, bem como no processo de respiração.

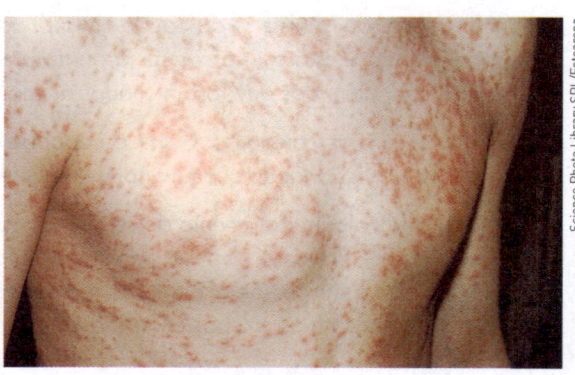

- Não há tratamento específico para a rubéola. Em caso de suspeita de contágio, a pessoa deve procurar orientação médica imediatamente. Hoje, a vacina contra essa doença deve ser dada em crianças aos 12 meses de vida com reforço aos 4 anos ou até os 6 anos. A vacina também está disponível para mulheres na faixa etária de 12 a 49 anos e para homens de 12 a 39 anos.

- A rubéola congênita, aquela transmitida da mãe para o feto, é a forma mais grave da doença, pois pode provocar surdez, problemas visuais, cardíacos e neurológicos na criança, em especial quando ocorre no primeiro trimestre da gravidez.

Sobre isso, responda às questões a seguir.

a) Quais são as formas de prevenção contra a rubéola?

b) Por que o uso de antibióticos não é indicado contra a rubéola?

c) Por que a doença é especialmente grave quando acomete mulheres nos três primeiros meses de gravidez?

9 A gripe H1N1 é uma doença respiratória causada pelo vírus *influenza*, que provoca regularmente crises de gripe em porcos. Ocasionalmente, o vírus vence a barreira entre espécies e afeta seres humanos. Os principais sintomas da doença são o aparecimento repentino de febre, dor de cabeça intensa, dores musculares e nas articulações, irritação nos olhos e fluxo nasal intenso.

a) Que nome genérico recebem as doenças provocadas por vírus, como a gripe H1N1?

b) Por que os vírus provocam danos ao organismo?

c) Que característica de certos vírus dificulta a produção e a eficácia das vacinas?

10 O humor em charges e outras produções artísticas é uma forma de criticar as questões sociais. Veja a seguir um exemplo de charge:

FAMÍLIA AEDES AEGYPTI

PODE VIR, TRAGA O TIO, A TIA E OS PRIMOS QUE TEM LUGAR PARA TODO MUNDO!

a) Qual é o tema dessa charge?

b) Você considera importante esse tipo de crítica – com humor? Por quê?

c) Que tal usar a criatividade e criar uma charge ou quadrinhos sobre um dos tópicos que abordamos neste capítulo? Ao final, compartilhe com os colegas.

11 "Nem toda água poluída está contaminada, mas toda água contaminada está poluída."

Essa afirmação está correta? Explique.

12 As doenças provocadas por fungos são conhecidas como micoses. Entre as que podem acometer o ser humano, podemos citar o "sapinho", comum na boca de bebês, e a frieira, habitual nos pés. Há micoses que atacam órgãos internos, por exemplo, os pulmões, e podem provocar a morte do indivíduo.

Os fungos podem infectar nossa pele e se multiplicar, causando as micoses. Para ocorrer essa multiplicação, são necessárias condições que favorecem a ação dos fungos: a umidade e o calor, comum na virilha, entre os dedos (principalmente os dos pés) e no couro cabeludo. Dessas regiões os fungos podem se espalhar por outras partes do corpo.

a) Como evitar micoses?

b) De que se alimentam os fungos causadores de micoses?

13 Compare soro e vacina quanto ao tipo de imunidade que conferem.

5 Saúde e meio ambiente

Observe as imagens a seguir.

Luciana Whitaker/Pulsar Imagens

Esgoto despejado nas vias sem tratamento e falta de água ainda fazem parte do cotidiano de quem vive em diferentes locais no Brasil e no mundo. Rio de Janeiro (RJ), 2017.

Na Constituição brasileira, assim como consta o direito de todo cidadão à saúde, também se estabelece o direito a um meio ambiente equilibrado. Isso requer saneamento básico, moradia e água potável, garantindo-se condições dignas de vida e equilíbrio ambiental. Existe uma relação direta entre pobreza, degradação ambiental e problemas de saúde.

Percebe-se que problemas como a insuficiência ou ausência dos serviços básicos de saneamento, coleta e destinação adequadas do lixo e condições precárias de moradia somam-se a outras formas de poluição do ar, da água e do solo.

Saneamento básico

De modo simplificado, podemos definir **saneamento básico** como o conjunto de medidas, serviços e atividades que incluem o abastecimento, o tratamento e a distribuição de água, o acesso à rede coletora e tratamento de esgoto, a coleta e destinação adequada de resíduos sólidos (incluindo o lixo) e a drenagem de águas das chuvas, o que previne inundações e enchentes.

Na Constituição brasileira, o saneamento básico é definido pela Lei nº 11.445/2007 como um direito de todo cidadão.

A ausência ou precariedade desses serviços afeta diretamente as condições de saúde da população e a incidência de doenças, sobretudo as transmitidas pela água. Em geral, as populações mais carentes sofrem a maior parte dos efeitos negativos do crescimento desordenado das cidades, o que aumenta condições ambientais ruins, favoráveis à proliferação de doenças.

Veja no infográfico a seguir uma representação desse cenário.

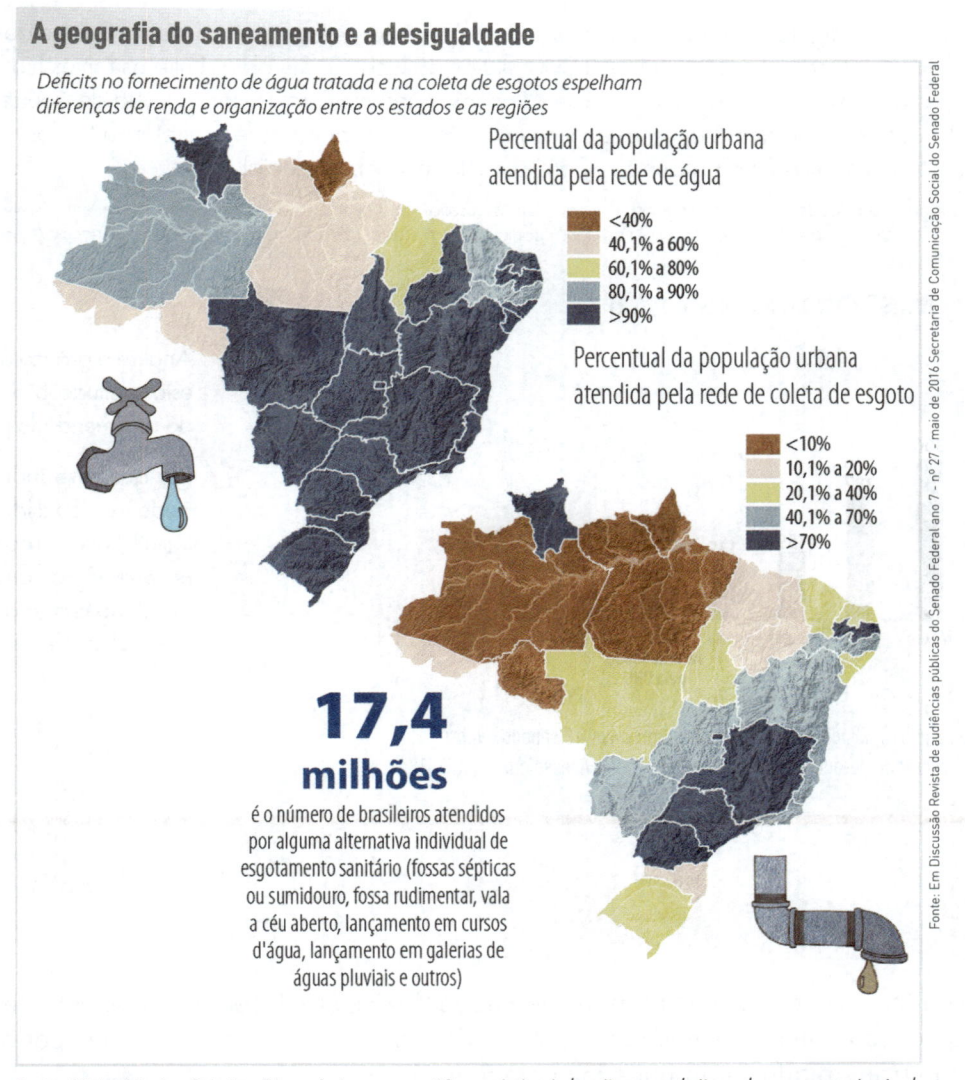

A geografia do saneamento e a desigualdade

Deficits no fornecimento de água tratada e na coleta de esgotos espelham diferenças de renda e organização entre os estados e as regiões

Percentual da população urbana atendida pela rede de água

- <40%
- 40,1% a 60%
- 60,1% a 80%
- 80,1% a 90%
- >90%

Percentual da população urbana atendida pela rede de coleta de esgoto

- <10%
- 10,1% a 20%
- 20,1% a 40%
- 40,1% a 70%
- >70%

17,4 milhões

é o número de brasileiros atendidos por alguma alternativa individual de esgotamento sanitário (fossas sépticas ou sumidouro, fossa rudimentar, vala a céu aberto, lançamento em cursos d'água, lançamento em galerias de águas pluviais e outros)

Fonte: Em Discussão Revista de audiências públicas do Senado Federal ano 7 – nº 27 – maio de 2016 Secretaria de Comunicação Social do Senado Federal

Fonte: Ministério das Cidades. Disponível em: <www12.senado.leg.br/emdiscussao/edicoes/saneamento-basico/saneamento>. Acesso em: 20 jul. 2018.

É preciso que haja uma integração das questões de saneamento e meio ambiente com políticas de saúde. A saúde não pode ser tratada sem considerar as mudanças sociais e seus impactos nos ecossistemas.

Desde a Antiguidade, os povos perceberam que a água poluída por dejetos e resíduos podia transmitir doenças. Há exemplo de civilizações, como a grega e a romana, que desenvolveram técnicas de tratamento e distribuição da água avançadas para a época.

A associação das doenças a microrganismos só ocorreu no século XIX, com as pesquisas feitas por Pasteur e outros cientistas. Só então se provou que solos, águas e mãos aparentemente limpos podiam conter organismos patogênicos introduzidos por material contaminado, como sangue e fezes de pessoas doentes.

Importância da água potável no mundo

[...]

Para viver com dignidade, especialistas explicam que uma pessoa precisa de 110 litros de água por dia, disponível a uma distância de, no máximo, 1 000 metros do local de moradia. Entre as fontes hídricas aceitáveis, estão ligações domésticas, fontes públicas, fossos, poços, nascentes protegidas e coleta de águas pluviais.

A ONU defende que gerir bem a água significa não só dar prioridade ao tratamento dos recursos hídricos dentro dos governos, mas trazer a questão para o centro do debate social. [...]

Demanda por água será cada vez maior em todo o mundo. *Em Discussão!*, ano 5, n. 23, dez. 2014. Disponível em: <www12.senado.leg.br/emdiscussao/edicoes/escassez-de-agua/contexto/demanda-sera-cada-vez-maior-em-todo-o-mundo>. Acesso em: 4 jul. 2018.

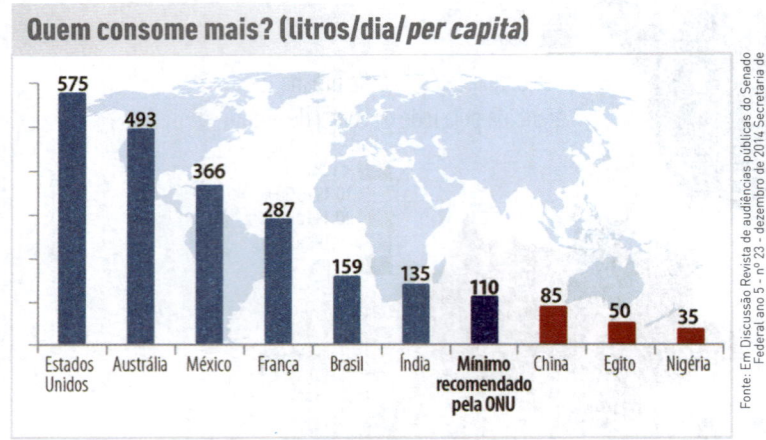

Quem consome mais? (litros/dia/*per capita*)

Estados Unidos: 575; Austrália: 493; México: 366; França: 287; Brasil: 159; Índia: 135; Mínimo recomendado pela ONU: 110; China: 85; Egito: 50; Nigéria: 35

Fonte: Em Discussão Revista de audiências públicas do Senado Federal ano 5 - nº 23 - dezembro de 2014 Secretaria de Comunicação Social do Senado Federal

Fonte: *Em Discussão!*, ano 5, n. 23, dez. 2014. Disponível em: <www12.senado.leg.br/emdiscussao/edicoes/escassez-de-agua/@@images/arquivo_pdf>. Acesso em: 4 jul. 2018.

no caderno

1 Analise o gráfico ao lado. Como está a situação do Brasil diante do recomendado pela ONU?

2 Por que esse índice ainda não pode ser considerado satisfatório? Faltam recursos hídricos no Brasil? Por que a água potável não chega a todos os brasileiros? Explique.

Segundo dados da Organização Mundial de Saúde (OMS), em decorrência da falta de saneamento em vastas regiões, os brasileiros convivem com epidemias e endemias provocadas por agentes patogênicos que são transmitidos e propagados pela água.

A OMS tem afirmado que, a cada dólar investido em saneamento básico, economizam-se cinco dólares em atendimento médico nos postos de saúde e hospitais. Portanto, se houver investimento adequado em saneamento, haverá economia nos custos do tratamento das doenças relacionadas a condições sanitárias ruins. Além disso, também serão contabilizados resultados na queda dos índices de mortalidade infantil, de doenças como a cólera e a leptospirose e das verminoses que incapacitam as pessoas para o trabalho.

É fundamental não poluir o solo, o que evita, entre outros problemas, a propagação de doenças e danos ambientais. O acúmulo de lixo favorece a proliferação de organismos como insetos e ratos, que podem transmitir doenças.

A falta de saneamento básico é outro fator importante de contaminação do solo por esgoto e água não tratados. Entre os seres que vivem no solo, estão vermes e bactérias nocivos à saúde humana. Veremos a seguir alguns exemplos de doenças relacionadas à contaminação da água e/ou do solo (por vezes os dois), situação muito comum quando falta saneamento adequado.

Doenças relacionadas à água e/ou solo contaminados

Amebíase

A ameba, que se fixa nas paredes intestinais e de outros órgãos, alimenta-se de glóbulos vermelhos (um tipo de célula do sangue). Esse protozoário se multiplica, infectando o organismo e provocando ulcerações (feridas) nos intestinos. A amebíase causa diarreia, vômito, cólica e anemia.

A doença ocorre pela ingestão de água ou alimentos contaminados com fezes de pessoas doentes.

Protozoário *Entamoeba histolytica*, causador da amebíase, em azul. Fotografia obtida por microscópio eletrônico e colorizada artificialmente. Ampliação aproximada de 2000 vezes.

Giardíase

A giardíase é causada pela giárdia, e seus sintomas são semelhantes aos da amebíase. A infestação ocorre pela ingestão de água e alimentos contaminados com fezes de indivíduos que têm a doença.

Causa fortes dores no ventre, náuseas, azia e difícil digestão. As fezes são muito fétidas, líquidas e, com frequência, avermelhadas.

Assim como a amebíase, a giardíase é uma doença transmitida pelo solo e pela água contaminados. A prevenção é feita por meio do cuidado com a higiene pessoal e por medidas de saneamento básico: tratamento de água e a coleta e o tratamento de esgoto doméstico. Assim, evita-se que os protozoários voltem a infestar plantações, rios e lagos, impedindo que novas pessoas sejam contaminadas.

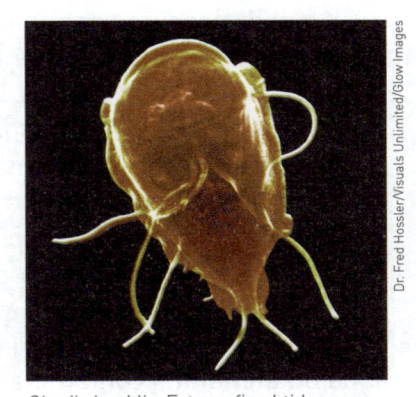

As cores e a proporção entre os tamanhos dos seres vivos representados não são as reais.

Giardia lamblia. Fotografia obtida por microscópio eletrônico e colorizada artificialmente. Ampliação aproximada de 8 mil vezes.

Esquistossomose

Uma das verminoses que mais infectam a população brasileira é a esquistossomose, provocada pelo esquistossomo, um verme platelminto. Com a progressão da doença, pode ocorrer acúmulo de líquido na cavidade abdominal; por isso, essa doença é também conhecida por barriga-d'água.

As fêmeas, dentro de indivíduos contaminados, depositam milhares de ovos, que saem com as fezes. Essas fezes com ovos podem entrar em contato com a água do ambiente, isto é, com lagos e riachos. Na água, cada ovo forma uma larva, **miracídio**, que penetra no

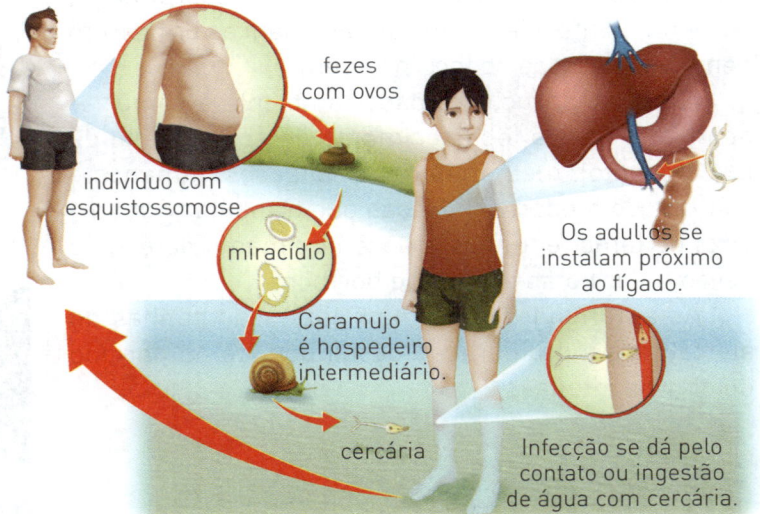

fezes com ovos

indivíduo com esquistossomose

miracídio

Caramujo é hospedeiro intermediário.

cercária

Os adultos se instalam próximo ao fígado.

Infecção se dá pelo contato ou ingestão de água com cercária.

Esquema simplificado do ciclo da esquistossomose.

caramujo, hospedeiro intermediário do esquistossomo. Dentro desse caramujo, a larva se desenvolve e se reproduz assexuadamente, dando origem a outras larvas: as **cercárias**.

As cercárias saem do caramujo e penetram na pele humana em ambientes com água contaminada. Por meio do sangue, essas larvas chegam aos vasos sanguíneos do fígado, onde se acasalam e podem reiniciar o ciclo. Assim, o ser humano é considerado o hospedeiro definitivo desse verme.

Como combater a barriga-d'água?

- Construir fossas ou conectar instalações sanitárias à rede de esgoto, evitando a eliminação de fezes no ambiente.
- Nunca entrar em água (lagos, represas, açudes etc.) onde existam os caramujos hospedeiros do esquistossomo.
- Combater o caramujo hospedeiro. Sem ele, o ciclo de reprodução do verme é interrompido e a infestação também.

Caramujos do gênero *Biomphalaria* são hospedeiros intermediários da esquistossomose. Na fotografia, o *Biomphalaria glabrata*. Sua concha mede até 4 cm de diâmetro.

Leptospirose

Além do consumo de água e alimentos contaminados, o contato com água de enchentes também representa um grande risco para a saúde.

A transmissão da leptospirose ocorre, principalmente, por meio do contato com a água ou lama de enchentes contaminadas com urina de animais que hospedam a bactéria *Leptospira*, sobretudo os ratos. A penetração da bactéria no corpo através da pele é facilitada pela presença de algum ferimento ou arranhão. Também pode ser transmitida por ingestão de água ou alimentos contaminados.

Após a água baixar, o perigo persiste, pois a bactéria continua ativa enquanto houver umidade. O contato com a água ou a lama das enchentes deve ser evitado; não é ambiente adequado para as crianças brincarem nem para pessoas se locomoverem.

A prevenção inclui cuidados ambientais, como saneamento básico (abastecimento de água, coleta de lixo e esgoto), melhorias nas habitações humanas e controle de roedores. Pessoas que trabalham na limpeza de lama, entulhos e desentupimento de esgoto devem usar botas e luvas de borracha.

As autoridades costumam fazer campanhas de alerta para a proliferação dessa doença no período de chuvas intensas:

Evite ter contato com a água de enchentes ou poças depois de chuva. Se necessário, use luvas e botas impermeáveis. São Paulo, 2009.

Cartaz de campanha contra a leptospirose.

LEPTOSPIROSE:

É PROVOCADA PRINCIPALMENTE PELO CONTATO DA PELE COM ÁGUA DA CHUVA, CÓRREGOS, ESGOTOS E LIXO CONTAMINADOS PELA **URINA DO RATO**.

QUANTO MAIOR O CONTATO COM A ÁGUA DAS ENCHENTES, MAIOR A POSSIBILIDADE DE SE PEGAR A **LEPTOSPIROSE**.

ESSA DOENÇA PODE MATAR!

Informações: **156** ou **www.prefeitura.sp.gov.br/covisa**

Febre tifoide

A **febre tifoide** é causada pela bactéria *Salmonella enterica* do tipo *Typhi*. Essa doença está associada a baixos níveis socioeconômicos, sobretudo em áreas com condições de saneamento precárias, além de baixa higiene pessoal e ambiental. Com tais características, praticamente está eliminada em países em que esses problemas foram superados.

No Brasil, a febre tifoide ocorre nas regiões Norte e Nordeste de forma endêmica, devido às condições de vida da população.

A **febre tifoide** espalha-se por meio de água e alimentos contaminados com fezes humanas ou com urina que contenha a bactéria, bem como pelo contato próximo com alguém infectado. Os sintomas geralmente incluem febre alta, dor de cabeça, vômitos, inchaço, dor abdominal e prisão de ventre ou diarreia.

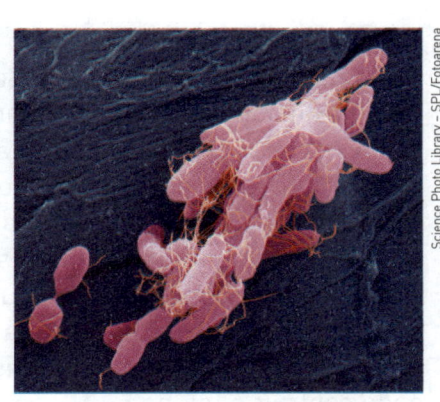

Bactéria *Salmonella* sp. Fotografia obtida por microscópio eletrônico e colorizada artificialmente. Ampliação aproximada de 4 300 vezes.

Ela pode ser mais grave em pessoas com saúde precária. O tratamento baseia-se em antibióticos e processos de reidratação do organismo. Dependendo do quadro clínico do paciente, o tratamento pode ser feito em casa, com medicação oral.

Embora haja vacina contra a febre tifoide, ela é apenas parcialmente eficaz. Em geral, é reservada para aqueles que podem estar expostos à doença ou estão viajando para áreas nas quais a doença é comum.

> **Atenção!**
>
> A febre tifoide e o tifo são doenças diferentes. O tifo é uma doença infecciosa causada pela bactéria Rickettsia, que é transmitida por meio da picada de um inseto infectado, como piolhos, pulgas ou carrapatos, ou da contaminação pelas fezes de um inseto infectado.

Hepatite A

Hepatite é o nome dado a qualquer tipo de inflamação no fígado. Existem vários tipos de hepatite, com diferentes causas.

Também conhecida como hepatite infecciosa, a hepatite A é uma doença contagiosa, causada pelo vírus A (VHA). É transmitida quando o vírus, eliminado nas fezes de alguém contaminado, é ingerido por uma pessoa sadia por meio da

> **Glossário**
>
> **Icterícia:** cor amarelada da pele e da parte branca dos olhos.

água ou de alimentos contaminados. O contágio também é possível se a pessoa nadar em água poluída por esgoto, comer algo preparado por alguém que não lava as mãos após evacuar ou se alimentar de frutos do mar oriundos de águas infectadas. A incidência da hepatite A é maior nos locais em que o saneamento básico é deficiente ou não existe.

Essa doença pode não desencadear sintomas. Durante o período de incubação, que leva em média de duas a seis semanas, os sintomas não se manifestam, mas a pessoa infectada já é capaz de transmitir o vírus. Apenas uma minoria apresenta os sintomas clássicos, que são: febre, dores musculares, cansaço, mal-estar, falta de apetite, náuseas e vômito. **Icterícia**, fezes amarelo-esbranquiçadas e urina de cor escura são outros sinais da hepatite A.

O diagnóstico da doença é feito por exame de sangue. Não existe um tratamento único para hepatite A. Ele será determinado pela avaliação médica e dependerá do estado de saúde do paciente.

Uma vez infectada, a pessoa desenvolve imunidade contra VHA por toda a vida. Além disso, existe vacina para hepatite A.

Tétano

O tétano, doença causada por um bacilo, não é contagioso. Ele afeta o sistema nervoso, causando contrações musculares violentas e dolorosas, e pode levar à morte.

A bactéria causadora do tétano pode ser encontrada no solo, em fezes de animais, sob forma de **esporos**. A infecção ocorre com a entrada de esporos na pele através de ferimentos. Popularmente, a doença é associada a ferimentos com objetos enferrujados, porém qualquer material perfurante pode conter os esporos. Se uma pessoa sofrer um ferimento profundo causado por um desses objetos contaminados, pode contrair o tétano.

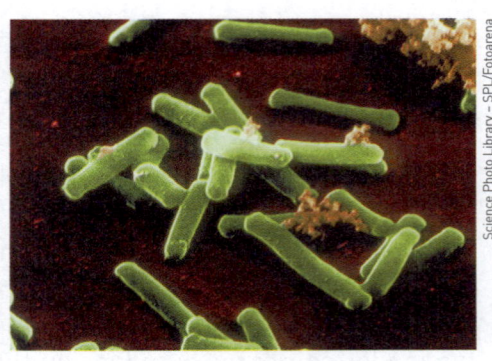

Bacilo *Clostridium tetani*, causador do tétano. Fotografia obtida por microscopia eletrônica e colorizada artificialmente. Ampliação aproximada de 4 700 vezes.

Como evitar?

A principal medida preventiva contra o tétano é a vacinação. Em geral, a vacina tríplice (que contém a antitetânica) é aplicada nas crianças, e a vacina antitetânica, nos adultos.

> **Glossário**
>
> **Esporos:** algumas bactérias formam esporos quando se encontram em ambiente desfavorável, permanecendo dormente até encontrar condições favoráveis.

Teníase e cisticercose

A teníase é causada pela **tênia** ou **solitária**, um verme platelminto. Trata-se de um parasita muito longo, que pode atingir vários metros de comprimento. Na sua cabeça, denominada **escólex**, existem ventosas e, às vezes, ganchos que ajudam na fixação desses vermes no intestino do hospedeiro. O corpo é formado por várias porções achatadas chamadas **proglotes**. Cada proglote é hermafrodita (ou seja, tem os sistemas reprodutores de ambos os sexos) e pode produzir milhares de ovos. Adaptada à vida parasitária, a solitária não tem sistema digestório, absorvendo, através da superfície de seu corpo, os nutrientes já digeridos pelo hospedeiro. Além disso, tem grande capacidade de regeneração: enquanto a cabeça estiver presa no intestino, ela é capaz de sofrer regeneração completa e rápida.

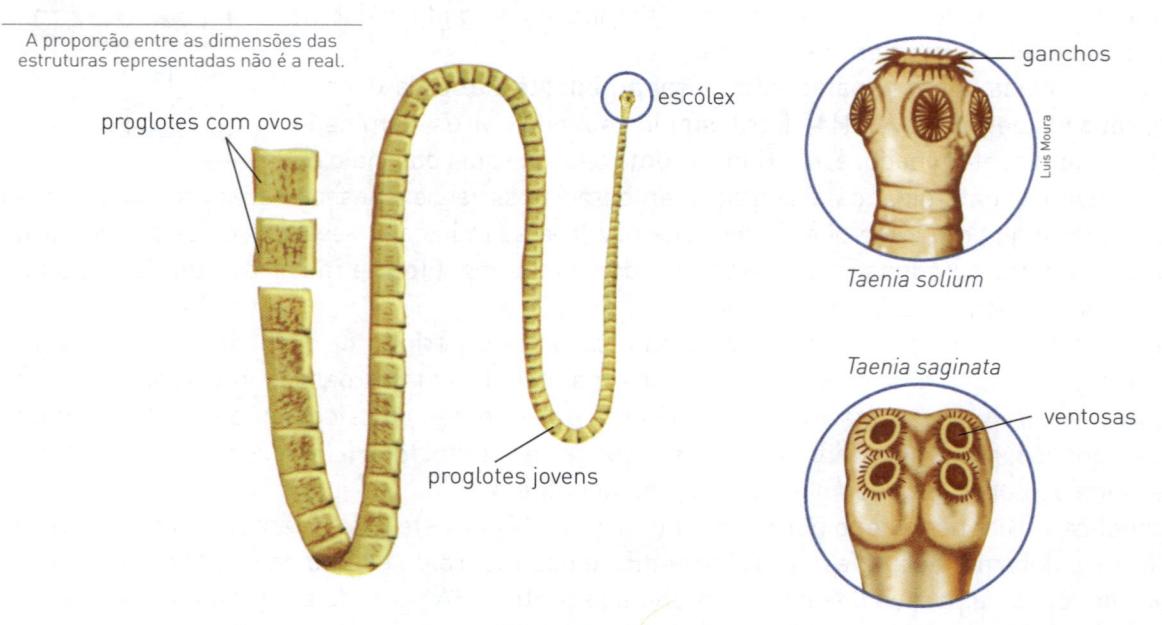

A proporção entre as dimensões das estruturas representadas não é a real.

proglotes com ovos

escólex

ganchos

Taenia solium

proglotes jovens

Taenia saginata

ventosas

Esquema do corpo de uma tênia e os escólex das duas espécies parasitas do ser humano.

Há dois tipos de tênia que parasitam o ser humano: a *Taenia solium* e a *Taenia saginata*.

Na teníase, o ser humano é o hospedeiro definitivo do verme, mas há também um hospedeiro intermediário: o da *Taenia solium* é o porco e o da *Taenia saginata*, o boi. Alguns sintomas da teníase são: fome exagerada ou falta de apetite, desnutrição, vômito, fraqueza, insônia, cansaço e diarreia.

Se a pessoa infestada defecar no chão, as proglotes com ovos liberadas com as fezes podem ser ingeridas por animais, como o porco ou o boi. No intestino desses animais, cada ovo origina uma oncosfera – larva que perfura a parede intestinal do animal e, por meio do sangue, chega à musculatura e ao sistema nervoso, onde se desenvolve em cisticerco, outro tipo de larva.

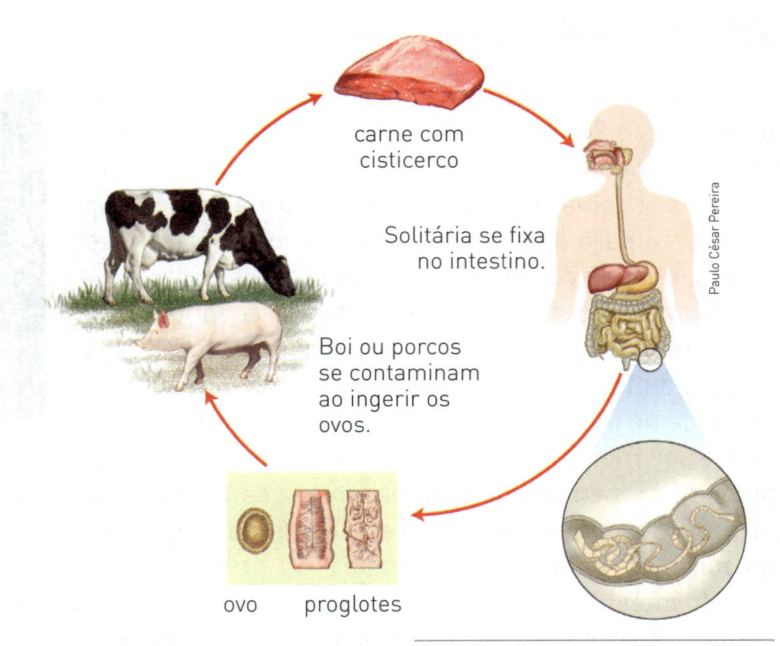

Esquema simplificado do ciclo da tênia. As cores e a proporção entre os tamanhos dos seres vivos representados não são as reais.

A pessoa que comer essa carne contaminada com cisticercos, crua ou malcozida, é infectada pela larva, que atinge o tubo digestório. A partir daí a larva se fixa no intestino e forma o escólex, onde se desenvolve um novo verme, reiniciando assim o ciclo.

Como se desenvolve a cisticercose?

Além da teníase, a solitária do tipo *Taenia solium* pode provocar outra doença: a cisticercose. Ela ocorre quando a pessoa ingere água ou alimentos (como verduras e frutas) contaminados com ovos da tênia.

Quando os ovos chegam ao estômago, são liberados os embriões, que penetram nos vasos sanguíneos e ficam circulando no sangue por alguns dias. Depois, alojam-se em qualquer tecido ou órgão, principalmente naqueles mais irrigados por sangue (músculos, coração, olhos, cérebro). Ali formam um cisto (bolsa onde se desenvolve a larva), aumentam de tamanho e formam o cisticerco, podendo provocar graves problemas nesses órgãos e causar até a morte do indivíduo.

Como combater a teníase e a cisticercose?

- Conectar instalações sanitárias à rede de esgoto.
- Os órgãos competentes devem fiscalizar os açougues e abatedouros para que eles não comercializem carne contaminada com cisticercos.
- Consumir carnes de procedência confiável e que apresentem o selo do Serviço de Inspeção Federal.
- Evitar comer carne malcozida, pois o cozimento prolongado é a única forma de matar a larva desse tipo de verme.
- Tomar água tratada ou fervida, lavar bem frutas e verduras e lavar as mãos, principalmente antes das refeições.

Selo do Serviço de Inspeção Federal (SIF).

Ancilostomose (amarelão)

Essa doença é causada pelos vermes *Ancylostoma duodenale* e *Necator americanus*. Ao pisar descalça em solo contaminado, a pessoa pode adquirir o verme, pois as larvas conseguem penetrar na pele. Essas larvas vão para o intestino, onde se alojam até a fase adulta, quando então se reproduzem.

No caso do *Ancylostoma duodenale*, a contaminação também pode ocorrer pela ingestão das larvas em alimentos ou água contaminada, o que facilita a chegada ao intestino. É neste órgão que os vermes se fixam por meio de estruturas semelhantes a dentes, onde se alimentam do sangue vindo das feridas que fazem na parede intestinal. Veja nas fotos ampliadas as bocas em detalhe.

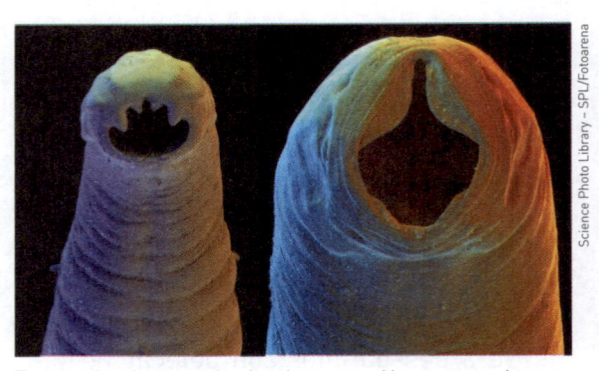

Tanto o *Ancylostoma duodenale* como o *Necator americanus* são vermes nematoides. Fotografias obtidas por microscópio eletrônico e colorizadas artificialmente. Ampliações aproximadas de 100 vezes e 370 vezes, respectivamente.

No intestino da pessoa infestada, as fêmeas dos vermes depositam os ovos, que são eliminados com as fezes humanas. Se as fezes forem eliminadas em ambiente sem condições sanitárias adequadas, contaminam o solo, dando origem às larvas.

As pessoas que são parasitadas por esses vermes adquirem uma cor amarelada em função da anemia causada pela constante hemorragia nas paredes intestinais, que resulta dos ferimentos ocasionados pelos parasitas. Por essa razão, a ancilostomose (ou ancilostomíase) também recebe o nome de "amarelão".

[...] Esses dois helmintos são os responsáveis pela ancilostomose, ou amarelão, uma doença que, segundo a Organização Mundial de Saúde (OMS), atinge cerca de 740 milhões de pessoas em todo o mundo e incide principalmente sobre as populações mais pobres e desfavorecidas das regiões tropicais e subtropicais (dados de 2008). A ancilostomose é uma doença muito antiga. Já foram encontrados ovos do parasito em sítios arqueológicos no Brasil que datam de 3 500 a 7 mil anos. [...]

Irene Cavaliere. Os helmintos do amarelão. *Invivo*. Disponível em: <www.invivo.fiocruz.br/cgi/cgilua.exe/sys/start.htm?infoid=1163&sid=8>. Acesso em: 20 jul. 2018.

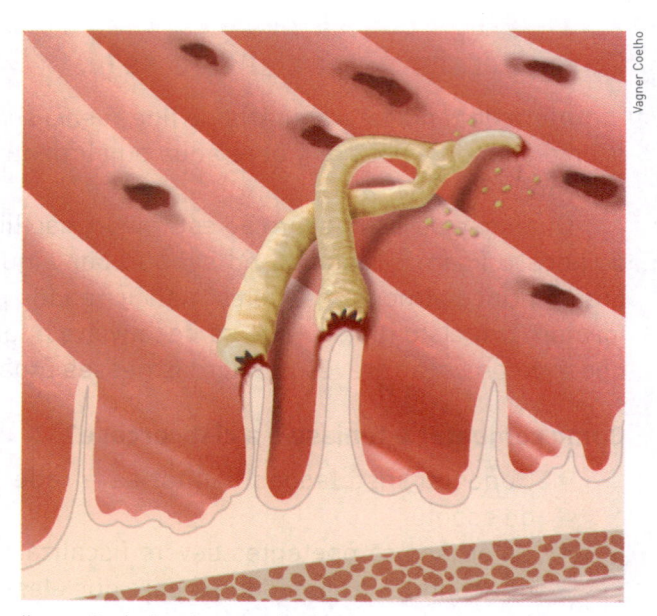

Ilustração do *Ancylostoma duodenale* provocando sangramento no intestino de uma pessoa.

A proporção entre as dimensões das estruturas representadas não é a real.

Ascaridíase

A infestação por lombrigas, que pode ser diagnosticada pelo exame de fezes, denomina-se **ascaridíase**. Trata-se de uma das verminoses mais comuns no Brasil. As fêmeas adultas, alojadas no intestino humano, depositam milhares de ovos, que são eliminados pelas fezes. Essas fezes, em ambiente sem condições sanitárias adequadas, podem contaminar o solo, a água e, consequentemente, plantações de alimentos.

Se uma pessoa comer essas plantas, beber essa água ou levar à boca as mãos sujas de terra ou com água contaminada, os ovos das lombrigas podem entrar em seu tubo digestório. No intestino, cada um desses ovos se torna uma larva, que fura a parede intestinal, alcançando a circulação sanguínea. Depois de circular pelo corpo, a larva retorna ao intestino, onde se desenvolve até a fase adulta e se reproduz.

As larvas das lombrigas podem causar problemas respiratórios. Os vermes adultos provocam distúrbios digestivos, intestinais e nervosos, como vômitos, cólicas e convulsões. Em grande quantidade, podem provocar asfixia, pois o verme pode subir pelo tubo digestório até a garganta.

Como combater a ascaridíase?

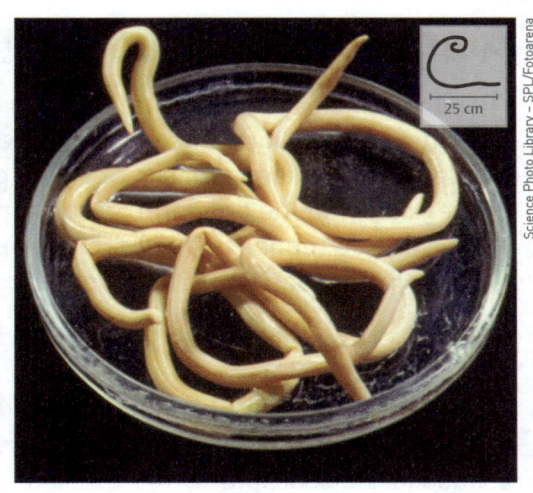

Lombrigas.

- Usar vasos sanitários ligados à rede de esgoto ou com fossas sépticas.
- Lavar as mãos antes das refeições, depois da defecação e após mexer com terra. Esse cuidado evita o contágio e, para aqueles que já têm a doença e estão em fase de tratamento, evita a autoinfestação.
- Lavar as verduras, os legumes e as frutas com água limpa antes de comê-los.
- Filtrar e ferver a água antes de beber.

A pessoa infestada por lombriga deve consultar um médico. Não é aconselhada a automedicação, ou seja, o uso de medicamentos por conta própria.

Conviver ■■■

Jeca Tatu

O escritor paulista Monteiro Lobato (1882-1948), ao criar o personagem Jeca Tatu, retratou uma pessoa com verminose. Esse personagem foi usado para criticar as condições econômicas e sociais da população do Vale do Paraíba, São Paulo, no início do século XX.

Reúna-se com alguns colegas para fazer a atividade a seguir.

 em grupo

1. No início do século XX, havia muitos brasileiros que sofriam com verminoses. Esse cenário mudou? Em que medida? Pensando nisso, conversem e criem instrumentos de divulgação que expliquem como evitar essas doenças.

2. Convidem um especialista para fazer uma palestra na escola. Isso enriquecerá o debate e ampliará os conhecimentos sobre esses vermes e os danos que podem causar à saúde dos seres humanos e de outros animais. Preparem perguntas que possam esclarecer dúvidas. O material produzido deverá ser exposto na escola e em outros locais de sua comunidade.

Jeca Tatu, personagem criado por Monteiro Lobato.

A água como foco de mosquitos vetores

Algumas doenças são transmitidas por **mosquitos**, cuja reprodução necessita de água.

Uma das maneiras mais eficazes de evitar essas doenças é impedir o acúmulo de água em recipientes deixados em espaços abertos (pneus velhos, caixas-d'água, garrafas e calhas de telhados), pois eles servem de criadouro para os mosquitos. Além disso, em áreas com mosquitos, é recomendado o uso de roupas que cubram a pele, proporcionando alguma proteção contra as picadas. Repelentes e inseticidas também podem ser usados, seguindo as instruções do rótulo.

Malária

No Brasil, a malária é uma doença endêmica das regiões Norte e Centro-Oeste, vitimando cerca de 300 mil pessoas por ano; sem o tratamento adequado, ela pode levar à morte. É causada pelo protozoário plasmódio.

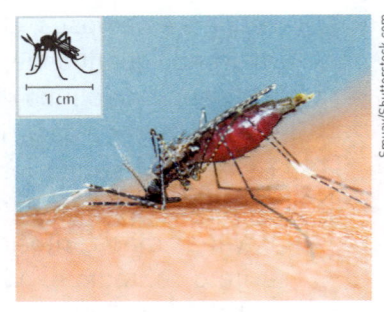

O plasmódio é transmitido por um vetor: a fêmea do mosquito anófeles, conhecido como mosquito-prego. Esse inseto vive em regiões alagadas ou em matas junto a rios ou lagoas, onde a fêmea desova. Quando uma pessoa é picada por um mosquito infectado, os plasmódios alojados nas glândulas salivares do inseto vetor são injetados na circulação sanguínea humana.

Fêmea de mosquito-prego picando uma pessoa.

Esses protozoários se multiplicam nas células do fígado, do baço e nos glóbulos vermelhos. Ao se reproduzirem nos glóbulos vermelhos, os parasitas rompem essas células e espalham toxinas no sangue, provocando a febre típica da doença.

O intervalo entre os ataques de febre ocorre, em geral, de três em três dias, período em que o plasmódio volta a se reproduzir. Por isso, a malária, ou maleita, é conhecida também por febre terçã.

Além da picada do mosquito, a transmissão da malária pode ocorrer pela transfusão de sangue contaminado, através da placenta (forma congênita) para o feto quando a mãe está contaminada e por seringas infectadas.

Saúde em foco ■■■

Informando em cordel

Cordel são folhetos com poemas populares que tradicionalmente ficavam pendurados em cordas ou cordéis para a venda, fato que deu origem ao nome. São escritos em forma de rima e, às vezes, ilustrados. Os autores, ou cordelistas, recitam esses versos de forma melodiosa e cadenciada, acompanhados de viola.

O uso da poesia de cordel tem se mostrado uma ferramenta importante, que pode ser utilizada para prevenir doenças e promover a saúde. Podem colaborar na divulgação de informações para a população, ampliando discussões sobre temas relacionados à saúde de forma bem-humorada e cultural.

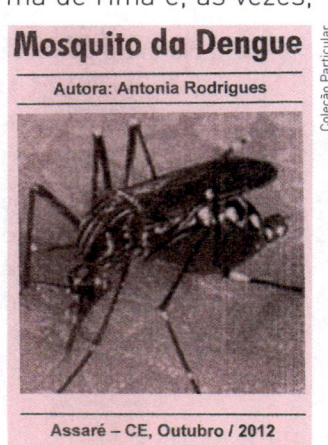

Mosquito da Dengue
Autora: Antonia Rodrigues

Assaré – CE, Outubro / 2012

em grupo

1. Em grupos, pesquisem outros exemplos de cordel sobre saúde e compartilhem o que encontrarem com os colegas e a comunidade escolar.

2. Com ajuda dos professores de Arte e Língua Portuguesa, que tal cada grupo produzir um livreto?

Dengue

Todos os anos, milhares de pessoas são vítimas da dengue, doença que, em alguns casos, leva à morte.

O vírus é transmitido pela fêmea dos mosquitos *Aedes aegypti* e *Aedes albopictus*. Os mosquitos se infectam ao picar uma pessoa doente. Depois, ao picar outra pessoa, esses insetos injetam, na corrente sanguínea dela, a saliva contaminada com o vírus.

A dengue pode ocorrer de maneira mais branda – casos em que é chamada de dengue clássica –, e, apesar de se caracterizar por febre alta, seus sintomas desaparecerem em aproximadamente sete dias. Nos casos mais graves, chamados de dengue hemorrágica, a pessoa apresenta, além dos sintomas da dengue clássica, hemorragia no nariz, na gengiva ou na vagina, hematomas no corpo, entre outros.

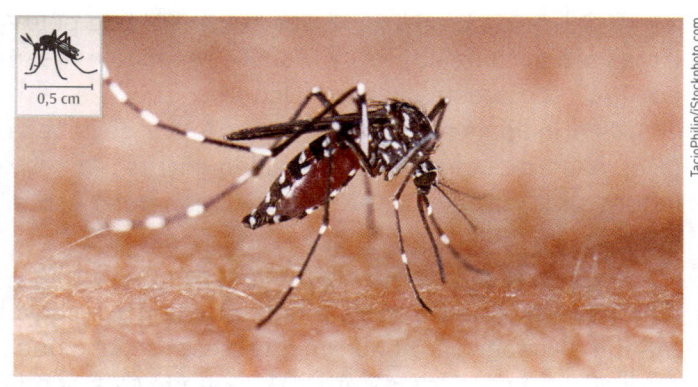
Fêmea do mosquito *Aedes aegypti* picando uma pessoa.

Em ambos os casos, o doente deve ser tratado por um médico e nunca fazer a automedicação, pois muitos medicamentos comuns para o tratamento de febre e dores podem levar à hemorragia, agravando a doença.

Diversas pesquisas buscam novas maneiras para combater a doença; mas, por enquanto, a melhor solução é o combate ao vetor. A fêmea do mosquito se aproveita de pequenas poças de água que se formam em pneus, garrafas, vasos de plantas e caixas-d'água destampadas para deixar milhares de ovos, que darão origem a muitos mosquitos. Se cada um de nós colaborar, tampando caixas-d'água e impedindo o acúmulo de água em nossas casas e jardins, vamos contribuir muito para o combate à doença.

Métodos de controle biológico do mosquito *Aedes aegypti* utilizados em algumas localidades no Brasil têm tido bons resultados. Um deles consiste na liberação de mosquitos modificados geneticamente para que se reproduzam. Esses mosquitos, diferentemente dos encontrados na natureza, têm um gene que é transmitido aos descendentes e que os impede de chegar à fase adulta.

Em outro método desse tipo, produziu-se uma variedade de *Aedes aegypti* geneticamente modificada cujas fêmeas não conseguem voar em razão da interrupção do desenvolvimento do músculo das asas.

Chicungunha ou *chikungunya*

Essa doença viral, que também é transmitida pelas duas espécies de *Aedes*, provoca sintomas parecidos com os da dengue, porém mais agudos.

A primeira ocorrência de febre *chikungunya* foi detectada em 1952 na Tanzânia, em uma aldeia próxima à fronteira com Moçambique. Desde então, a doença se espalhou por quase toda a África e por diversos países da Ásia, e hoje provoca surtos cíclicos em 40 nações dos dois continentes. Seu nome, no dialeto local tanzaniano, significa "andar curvado", em referência às fortes dores na coluna e nas articulações causadas pela doença. Além disso, provoca febre, náusea, dor de cabeça, fadiga, irritação na pele e dor muscular.

As causas principais do avanço dessa doença são a inexistência de uma vacina e a baixa imunidade da população contra o vírus.

O tratamento é semelhante ao aplicado contra a dengue. No que diz respeito à prevenção, as medidas também são similares, como o controle da propagação dos mosquitos vetores.

Zika

Trata-se de um vírus também transmitido pelo *Aedes aegypti* e identificado pela primeira vez no Brasil em abril de 2015. O vírus zika recebeu o mesmo nome do local de origem de sua identificação em 1947, a Floresta Zika, em Uganda.

Os principais sintomas da zika são dor de cabeça, febre baixa, manchas vermelhas na pele, dores leves nas articulações, vermelhidão e irritação nos olhos. Cerca de 20% dos infectados manifestam algum sintoma, o qual, em geral, desaparece espontaneamente entre 3 e 7 dias. Persiste apenas a dor nas articulações, que pode durar um mês.

Todavia, o mais preocupante em relação à zika é a infecção de gestantes. Quando contaminadas, elas passam os vírus para o feto, que pode desenvolver a microcefalia, uma condição na qual o tamanho da cabeça é menor do que o esperado, o que interrompe o crescimento adequado do cérebro. A relação foi confirmada em 2016 e ainda está sendo estudada.

Ainda não existe vacina ou medicamentos contra a zika. A única forma de prevenção é o combate ao vetor.

Febre amarela

A febre amarela também é uma doença viral grave, transmitida por mosquitos vetores. Os sintomas comuns são febre alta, calafrios, dor de cabeça e muscular, náuseas e vômitos. Em alguns casos, a doença apresenta uma forma mais grave, nos quais podem ocorrer problemas nos rins e fígado, olhos e pele amarelados (icterícia), hemorragias e cansaço intenso. Na maioria, os infectados conseguem se recuperar, ficando imunes a ela.

A doença apresenta dois ciclos de dispersão: o silvestre, cujos vetores são mosquitos dos gêneros *Haemagogus* e *Sabethes*, que vivem em áreas florestais e têm preferência por sangue de macacos; e o urbano, cujo vetor é o *Aedes aegypti* (o mesmo que transmite dengue, zika e *chikungunya*). A infecção urbana ocorre se alguém infectado por um mosquito silvestre for picado pelo mosquito *Aedes*.

Desde julho de 2017, a Região Sudeste vem enfrentando uma epidemia de febre amarela que já registrou 1 266 infecções e 415 mortes. Parques onde se encontraram macacos mortos pela doença foram fechados, e campanhas de vacinação foram realizadas para conter o avanço da doença.

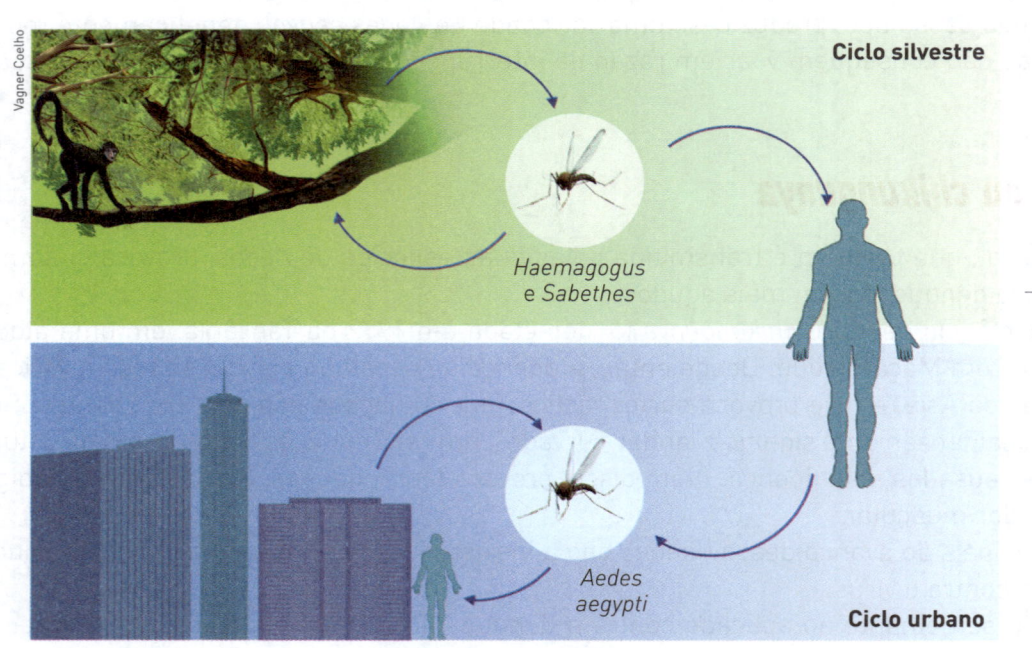

Representação simplificada em cores-fantasia e tamanhos sem escala.

Como funcionam os ciclos silvestre e urbano da febre amarela.

Viver

Macacos não transmitem febre amarela

Os macacos não transmitem o vírus da febre amarela. Pelo contrário. São tão vítimas quanto os humanos. E ainda cumprem uma função importante: ao contraírem o vírus, transmitido em ambientes silvestres por mosquitos do gênero *Haemagogus*, eles servem de alerta para o surgimento da doença no local. Desse modo, contribuem para que as autoridades sanitárias tomem logo medidas para proteger moradores ou pessoas de passagem na região.

[...]

Já o Ibama faz questão de destacar que, além de prejudicar as ações de prevenção da doença, agredir ou matar macacos é crime ambiental, previsto na Lei nº 9.605/98. Entre outras coisas, essa lei estabelece prisão de seis meses a um ano e multa para quem matar, perseguir ou caçar espécimes da fauna silvestre, em desacordo ou sem a devida licença da autoridade competente. A pena é aumentada em 50% quando o crime é praticado contra espécies ameaçadas de extinção.

Cartaz do governo federal em defesa dos macacos.

O surto de febre amarela representa uma grave ameaça para os macacos que habitam a Mata Atlântica. Parte significativa dos primatas do bioma está ameaçada de extinção; entre eles, o bugio, o macaco-prego-de--crista e o muriqui-do-sul e do norte.

O que fazer

• Ao encontrar um macaco morto ou doente, a população deve informar ao serviço de saúde do município, do estado ou ligar para o Disque Saúde (136), serviço do Ministério da Saúde.

• Nada de manipular os animais (não por risco de contrair a febre amarela, mas outras doenças). Caberá aos técnicos da área de saúde avaliar se há possibilidade de coletar amostras para análise em laboratório e se a morte foi isolada ou atingiu um número maior de primatas.

[...]

Ministério do Meio Ambiente, 26 jan. 2018. Disponível em: <www.mma.gov.br/informma/item/14588-noticia-acom-2018-01-2814.html>. Acesso em: 12 jul. 2018.

1. Procure notícias recentes sobre casos de febre amarela e campanhas de prevenção a essa doença.

no caderno

2. Você e seus familiares já foram vacinados? Em que época? Se não foram, explique por quê.

3. As informações recebidas por você e seus familiares sobre essa doença foram suficientes para tirar as dúvidas e tranquilizar? Explique.

4. Se você fosse encarregado de fazer um folheto ou cartaz informativo sobre a prevenção da doença e o papel dos macacos, como faria? Que tal experimentar e fazer? Resuma as informações que achar essenciais, busque ou elabore ilustrações e torne-se um agente de educação em saúde em sua escola e comunidade.

Outras doenças

Vamos estudar agora algumas outras doenças tão importantes quanto aquelas causadas pela contaminação da água e do solo para que possamos nos prevenir contra elas.

Doença de Chagas

Trata-se de doença endêmica do continente americano, causada por um protozoário chamado tripanossoma. Há alguns animais que são hospedeiros naturais desse tipo de protozoário, como o tatu, gambas e pequenos roedores.

O vetor dessa doença é o barbeiro, inseto que se alimenta de sangue. Ele se infecta com os protozoários ao picar um hospedeiro contaminado (animal ou pessoa).

Ao se alimentar do sangue, o barbeiro elimina fezes com protozoários. A pessoa picada, ao coçar o local, faz com que as fezes contaminadas entrem em contato com a ferida, permitindo que os tripanossomas entrem na corrente sanguínea.

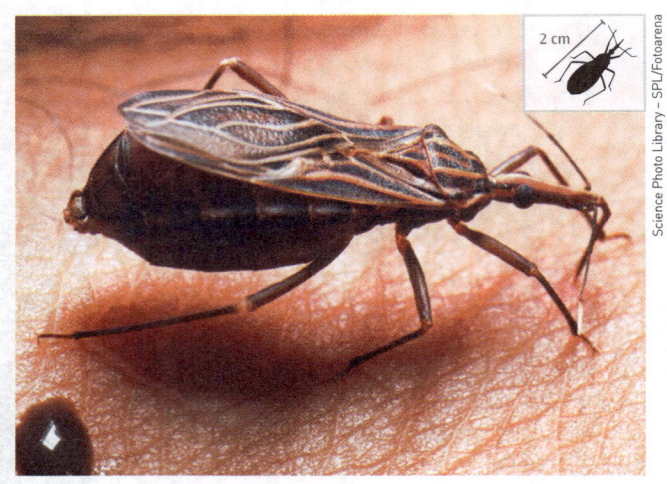

Barbeiro picando uma pessoa.

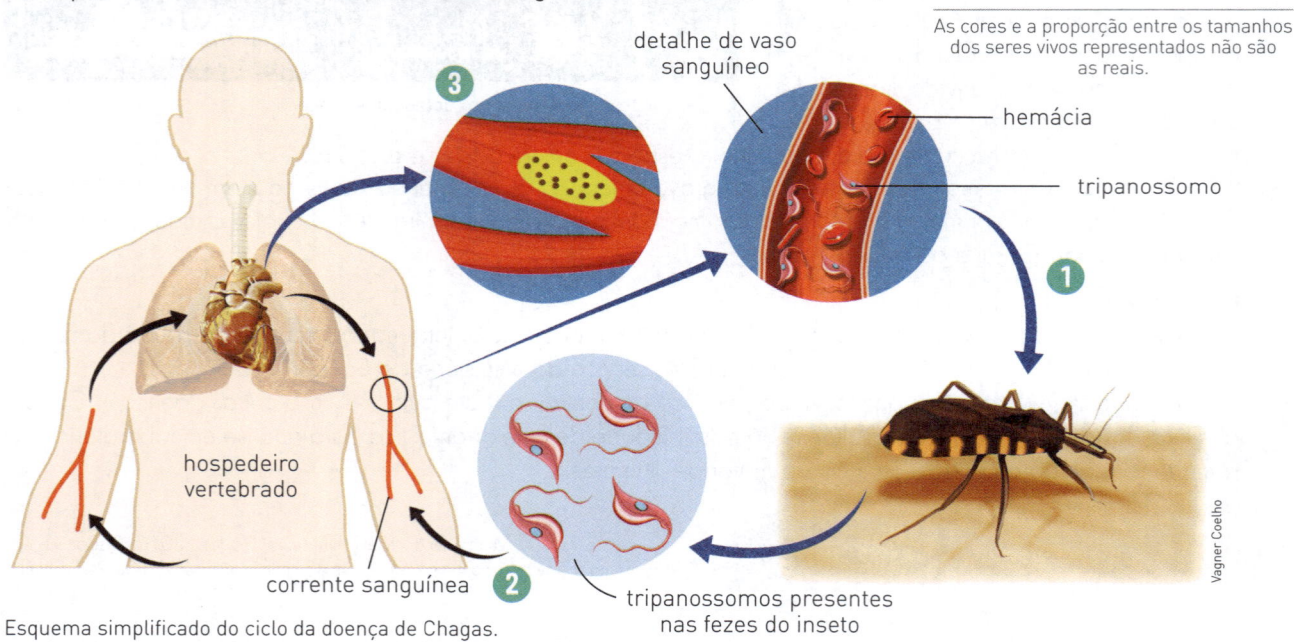

As cores e a proporção entre os tamanhos dos seres vivos representados não são as reais.

detalhe de vaso sanguíneo

hemácia

tripanossomo

hospedeiro vertebrado

corrente sanguínea

tripanossomos presentes nas fezes do inseto

Esquema simplificado do ciclo da doença de Chagas.

Estando no sangue, os protozoários que circulam pelo corpo podem se instalar no intestino, esôfago e coração. Os principais sintomas são mal-estar, febre, olhos inchados, inflamação dos gânglios, aumento de fígado e baço, que costumam passar em alguns dias ou mesmo nem se manifestar. Nos casos mais graves, depois de muitos anos após a infecção, pode haver lesões na musculatura, causando inchaço nos órgãos. O inchaço do coração pode ser fatal.

A doença de Chagas também pode ser contraída pela transfusão de sangue, de mãe para filho durante a gravidez e pela ingestão dos protozoários ao comer açaí ou beber caldo de cana. Se o açaí não for adequadamente limpo, fezes ou mesmo o barbeiro contaminado podem ser processados com o fruto. Isso também pode ocorrer ao moer a cana-de-açúcar para obter o caldo.

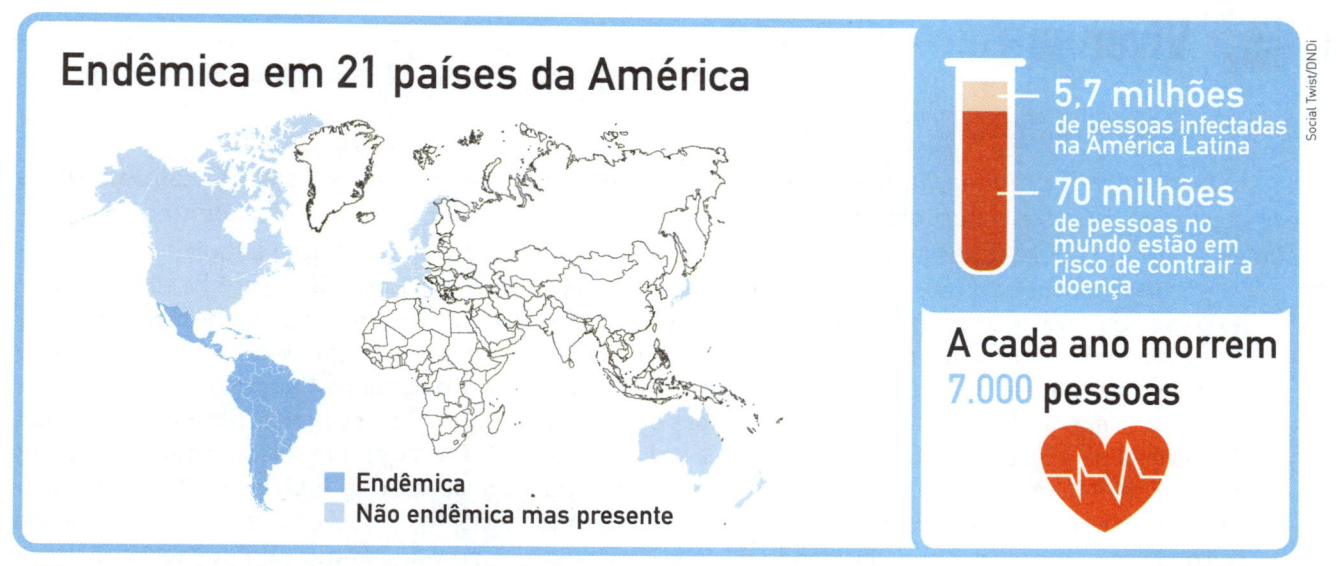

Endêmica em 21 países da América

Endêmica
Não endêmica mas presente

5,7 milhões de pessoas infectadas na América Latina

70 milhões de pessoas no mundo estão em risco de contrair a doença

A cada ano morrem 7.000 pessoas

Países com ocorrência da doença de Chagas endêmica e não endêmica.

Fonte: Iniciativa Medicamentos para Doenças Negligenciadas (DNDi). Disponível em: <www.dndial.org/doencas/doenca-chagas/>. Acesso em: 6 nov. 2018.

Essa é uma típica doença cuja profilaxia é de caráter socioeconômico: sua eliminação depende de melhores condições de moradia. As casas de pau a pique são construções que podem abrigar o barbeiro em suas frestas. Para se proteger dos insetos, é recomendável usar telas protetoras e mosquiteiros dentro de casa e aplicar cal (substância que afasta os barbeiros) nas frestas das paredes.

As casas de pau a pique têm muitas frestas, que servem de refúgio para o barbeiro. São Miguel do Gostoso (RN), 2007.

Tuberculose

A tuberculose é uma doença que atinge principalmente os pulmões. Ela é causada pela bactéria *Mycobacterium tuberculosis*, o bacilo de Koch. Sua transmissão ocorre por meio dos bacilos expelidos por tosse, espirro ou fala do doente. Pessoas próximas podem aspirar os bacilos e adoecer.

Os sintomas são tosse persistente por mais de duas semanas, febre, cansaço, falta de apetite, emagrecimento e, em casos mais graves, escarro com sangue.

Sua prevenção é feita pela vacina conhecida pelo nome de BCG.

Na maioria dos casos, a tuberculose é curável. O tratamento é longo, com duração de no mínimo seis meses. Apesar da melhora que o paciente sente já nas primeiras semanas, é importante que ele continue o tratamento até o fim para que a doença seja totalmente erradicada.

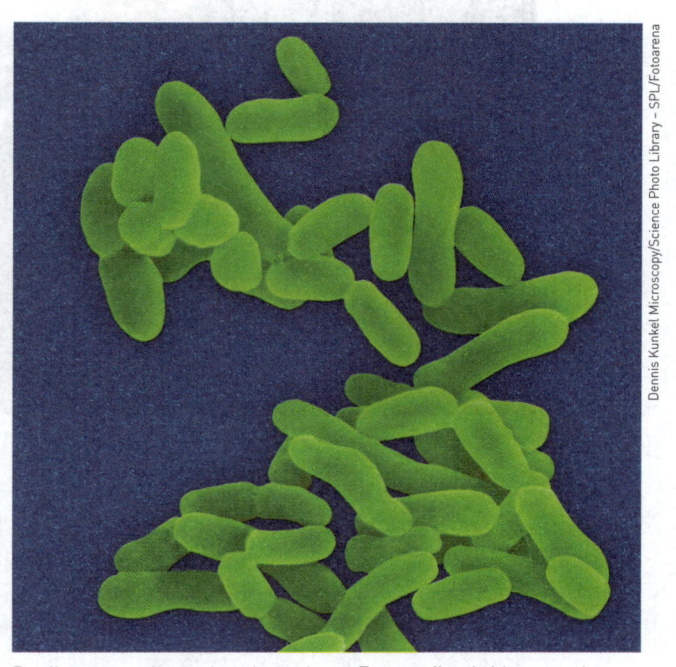

Bacilos causadores da tuberculose. Fotografia obtida por microscópio eletrônico e colorizada artificialmente. Ampliação aproximada de 9 mil vezes.

Viver

A tuberculose na História

Essa doença fez muitas vítimas ao longo do tempo, principalmente no século XIX. Estavam entre essas vítimas músicos, escritores e personalidades famosas de todo o mundo. Os doentes de tuberculose eram, na época, chamados de "tísicos". Sobre esse assunto, leia o texto a seguir.

Existem evidências de que a tuberculose existe desde os tempos pré-históricos. A doença já foi encontrada em esqueletos de múmias do antigo Egito (3000 a.C.) e, mais recentemente, numa múmia pré-colombiana no Peru.

A doença disseminou-se na Europa, em razão da crescente urbanização, e, no século XVIII, tornou-se conhecida como a peste branca. Durante a Revolução Industrial, a mortalidade era muito alta.

Nos últimos anos do século XVIII, a tuberculose era considerada uma "doença romântica", idealizada nas obras literárias e artísticas e identificada como uma doença de poetas e intelectuais. Nesta mesma época, em 1882, Robert Koch anunciou a descoberta do agente causador da tuberculose, o bacilo de Koch, cientificamente denominado *Mycobacterium tuberculosis*. [...] Em fins do século XIX, a doença passou a ser qualificada como um "mal social" e a ser relacionada às condições precárias de vida em que estão presentes inúmeros fatores, entre eles as moradias pouco ventiladas e pequenas para o número de moradores, a má qualidade de alimentação e a falta de higiene.

Cristóbal Rojas. *El violonista enfermo*, 1886. Óleo sobre tela, 113,4 cm × 150,7 cm.

Desde o século XIX, o tratamento higienodietético prevaleceu como terapêutica para a tuberculose. Acreditava-se que a cura do doente acontecia quando se dispunha de boa alimentação, repouso e podia-se viver no clima das montanhas, este último considerado um fator fundamental no tratamento. [...]

Já no século XX, a década de 30 foi marcada por avanços científicos que questionaram o "fator clima" na cura da tuberculose, e a hereditariedade na etiologia da doença. A descoberta da medicação específica, a partir da década de 1940, promoveu uma queda acentuada dos índices de mortalidade da doença, e a comprovação da eficácia desses medicamentos na cura da tuberculose, descobertos ao longo das décadas de

1950 e 1960, fez com que o tratamento fosse realizado primordialmente no ambulatório, tornando desnecessária a maioria das internações do paciente. Como consequência, nas décadas seguintes os sanatórios foram paulatinamente desativados.

A emergência e a propagação da Síndrome da Imunodeficiência Adquirida (AIDS), o empobrecimento da população, a urbanização caótica e a ausência de controle social vêm dificultando o controle da doença.

Disponível em: <www.saude.sp.gov.br/cve-centro-de-vigilancia-epidemiologica-prof.-alexandre-vranjac/areas-de-vigilancia/tuberculose/informacoes-sobre-tuberculose/historia-curiosidades>. Acesso em: jul. 2018.

Encontramos na literatura brasileira vários exemplos de textos poéticos que se referem à tuberculose. Augusto dos Anjos (1884-1914) assim se expressou:

> Falar somente uma linguagem rouca,
> Um português cansado e incompreensível,
> Vomitar o pulmão na noite horrível
> Em que se deita sangue pela boca!
> Expulsar, aos bocados, a existência
> Numa bacia autômata de barro
> Alucinado, vendo em cada escarro
> O retrato da própria consciência...

Augusto dos Anjos. *Melhores poemas*. São Paulo: Global Editora, 2015. (Coleção Melhores Poemas).

A música também perdeu muitos artistas para a tuberculose. O notável poeta e sambista carioca Noel Rosa (1910-1937) chegou a morar em Belo Horizonte (MG). Essa cidade, à época de sua fundação, em 1897, com o clima ameno e situada a mais de 800 metros de altitude, ganhou a fama de ser um local propício para a sobrevida dos tuberculosos. Contudo, o sambista nunca abandonou a vida boêmia, as noites regadas à bebida e ao tabaco. Faleceu em sua casa, no bairro de Vila Isabel, aos 26 anos.

Poeta Augusto dos Anjos (1884-1914).

Noel Rosa (1910-1937), poeta e sambista.

Faça o que se pede.

no caderno

1. Atualmente, não se "romantiza" nem se "demoniza" a tuberculose. O combate a essa doença é alvo das autoridades sanitárias de vários países. Em sua opinião, ainda há preconceito contra os doentes de tuberculose? Em caso positivo, a informação sobre a doença pode ajudar a diminuir esse comportamento? Justifique sua resposta.

2. Estatísticas do Ministério da Saúde indicam que certos grupos populacionais (moradores de rua, população carcerária, indígenas e pessoas com aids) são mais afetados pela tuberculose. Que fatores podem estar relacionados a essa situação? Debata com os colegas.

Viroses

Embora já tenhamos tratado aqui de algumas doenças causadas por vírus, como dengue, zika, *chikungunya* e febre amarela, outras viroses também são bastante comuns. É importante conhecê-las para que possamos nos prevenir de forma adequada. A seguir, citamos algumas delas, seus sintomas, como são transmitidas e a profilaxia indicada para cada uma.

Virose	Principais sintomas	Transmissão	Prevenção
gripe A	Febre, tosse, garganta inflamada, dores no corpo, dor de cabeça, calafrios, diarreia e vômitos.	Direta, pelo contato com secreções da boca e do nariz de pessoas com a doença.	Tomar vacina anualmente, higienizar sempre as mãos e evitar contato com os doentes.
gripe comum ou gripe B	Dores no corpo, fraqueza, dor de cabeça, tosse, febre.		
rubéola	Vermelhidão na pele do rosto e do pescoço, que pode se estender ao tronco e aos membros.	Direta, pelo contato com secreções do nariz de pessoas com a doença.	Tomar vacina e evitar contato com os doentes.
sarampo	Pequenas e numerosas manchas avermelhadas na pele, febre, dor de cabeça, tosse seca e secreções nos olhos.	Direta, pelo contato com saliva ou secreções do nariz e dos olhos de pessoas com a doença.	Tomar vacina e evitar contato com os doentes.
caxumba	Febre, aumento do volume de glândulas localizadas abaixo do maxilar, dor no corpo, dor de cabeça. Pode ocorrer inflamação nos testículos e nos ovários.	Direta, pelo contato com saliva de pessoas com a doença.	Tomar vacina e evitar contato com os doentes.

Conviver

Febre aftosa

A febre aftosa é, talvez, a doença mais temida pelos pecuaristas. Nos rebanhos (bois, porcos, cabras e carneiros), ela provoca aftas na boca e nas gengivas, além de feridas nas patas e nas mamas. O animal fica em estado febril, não consegue pastar, perde peso e produz menos leite.

Essa doença é causada por um vírus. A febre aftosa raramente afeta seres humanos. A transmissão pode ocorrer por contato com animais enfermos ou material infeccioso, por meio de lesões como arranhões, por onde o vírus penetra no organismo, ou pela ingestão de leite não pasteurizado. A contaminação humana pela ingestão de carnes ou laticínios não foi comprovada.

1. Pesquise como é feita a prevenção dessa doença e as consequências de uma epidemia para os pecuaristas e a sociedade. Se houver pecuaristas em sua região, procure conversar com eles e obter informações. Você também pode pedir ajuda ao professor de Geografia.

2. Pesquise se houve recentemente aumento do número de casos de febre aftosa em sua região. Compare esses dados com os de outras regiões brasileiras. Aponte as medidas que foram tomadas em situação de aumento de casos.

Cuidados com os alimentos

Quando analisamos os riscos da contaminação do ambiente, constatamos a importância de lavar frutas e verduras muito bem antes de ingeri-las, pois elas podem trazer consigo microrganismos nocivos, ovos de parasitas ou resíduos de agrotóxicos (produtos químicos usados na agricultura).

A água destinada à alimentação precisa ser devidamente tratada pela distribuidora responsável. Caso não seja, deve ser fervida e filtrada. A simples refrigeração da água não elimina os microrganismos.

Também é importante lavar com sabão e água corrente os utensílios usados para preparar e servir os alimentos: panelas, pratos, talheres, copos etc.

O **cozimento** da carne elimina parasitas causadores de doenças que possam estar presentes nela. Um exemplo são as larvas da tênia. Portanto, é preciso evitar comer carnes malcozidas ou mal-assadas.

Prefira leite pasteurizado. Qualquer outro tipo deve ser bem fervido antes de consumido. Na pasteurização, o leite ou outros produtos são aquecidos quase ao ponto de fervura e, depois, resfriados bruscamente com o objetivo de eliminar microrganismos.

Entre os cuidados necessários à promoção da saúde também está a conservação dos alimentos a serem consumidos.

Conservação dos alimentos

Os microrganismos do ambiente – por exemplo, do ar – multiplicam-se quando há umidade e temperatura favoráveis. Essas condições podem ser encontradas em um alimento mantido na temperatura ambiente. Por um pequeno orifício na casca de uma fruta, por exemplo, ocorre a penetração de microrganismos decompositores; assim, a fruta se estraga. Mesmo os grãos duros, como o feijão e o milho, podem ser atacados por pequenos besouros (carunchos).

Por isso, antes de consumir um alimento, devemos verificar se:

- não apresenta bolores ou alterações de cor, odor ou sabor;
- as latas não estão enferrujadas, estufadas nem amassadas;
- o alimento está no prazo de validade.

Caso contrário, corre-se o risco de consumir um alimento estragado. A ingestão de conservas nessas condições pode provocar intoxicações graves e até doenças fatais. Uma das mais comuns é o botulismo, causada pela toxina botulínica, produzida pela bactéria *Clostridium botulinum*. Ela pode ser adquirida pela ingestão de alimentos contaminados (sobretudo enlatados e conservas artesanais) e, mais raramente, por contaminação de ferimentos ou em certos casos de doenças intestinais. A prevenção consiste nos cuidados com o consumo, a distribuição e a comercialização de alimentos.

É importante verificar a data de validade dos produtos para não correr o risco de consumir alimento estragado.

Uso de agrotóxicos

O uso de agrotóxicos (substâncias utilizadas pelos agricultores no combate às pragas nas lavouras), que podem contaminar tanto a água quanto o solo, bem como alimentos que consumimos, é controlado pela legislação brasileira:

A Lei dos Agrotóxicos [Lei nº 7.802, de 11 de julho de 1989] regulamenta desde a pesquisa e fabricação dos agrotóxicos até sua comercialização, aplicação, controle, fiscalização e também o destino da embalagem. Impõe a obrigatoriedade do receituário agronômico para venda de agrotóxicos ao consumidor. Exige registro dos produtos no Ministério da Agricultura e da Saúde e no Instituto Brasileiro do Meio Ambiente/IBAMA. Qualquer entidade pode pedir o cancelamento do registro de um produto, encaminhando provas de que ele causa prejuízos graves à saúde humana e ao meio ambiente. A indústria tem o direito de se defender.

BRASIL. Ministério do Meio Ambiente. *Educação ambiental*. Curso básico à distância. Brasília, 2001.

Contudo, vários embates têm ocorrido entre grupos contrários (ambientalistas e órgãos de pesquisa e saúde) e os que defendem a flexibilização dessa lei, facilitando seu uso na lavoura (ruralistas).

De acordo com ambientalistas, ao abrir a possibilidade de aprovação de substâncias cancerígenas, o projeto de mudança na lei ameaça a saúde tanto de quem trabalha no campo quanto dos consumidores. Eles alegam que o Brasil estaria indo na contramão da maioria dos países, que têm sido mais rigorosos no controle dessas substâncias.

Entre as mudanças sugeridas na lei para facilitar o uso de agrotóxicos estão:

- a alteração da palavra **agrotóxicos** para **pesticidas**;
- a liberação desses produtos pelo Ministério da Agricultura, ainda que a Agência Nacional de Vigilância Sanitária (Anvisa) e o Instituto Brasileiro do Meio Ambiente e dos Recursos Naturais Renováveis (Ibama) não tenham concluído análises sobre os possíveis riscos (pela legislação vigente até 2018, os três órgãos controlam esse processo);
- a possibilidade de que agrotóxicos cuja avaliação ainda não tenha sido concluída obtenham um registro temporário de 30 dias;
- a extensão para até dois anos no prazo para que pedidos de registros e alterações de pesticidas sejam analisados (atualmente é de até oito anos).

Avião despeja agrotóxico em bananal na região do Vale do Ribeira. Miracatu (SP), 2007.

Veja a seguir um exemplo de gráfico apresentado em relatório da Anvisa, divulgado em 2016, após análise de resíduos de agrotóxicos em alimentos.

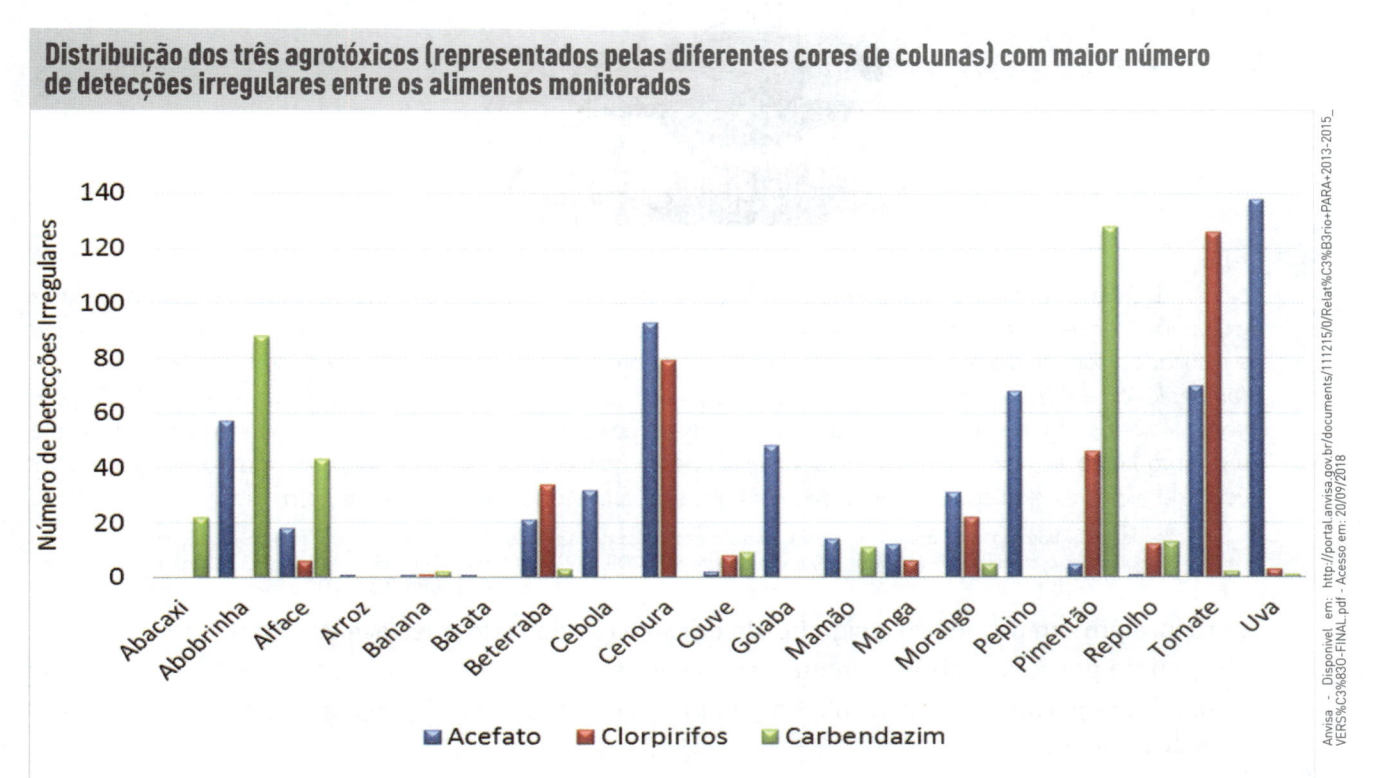

Distribuição dos três agrotóxicos (representados pelas diferentes cores de colunas) com maior número de detecções irregulares entre os alimentos monitorados

Anvisa – Disponível em: http://portal.anvisa.gov.br/documents/111215/0/Relat%C3%B3rio+PARA+2013-2015_VERS%C3%83O-FINAL.pdf - Acesso em: 20/09/2018

Fonte: Anvisa. Disponível em: <http://portal.anvisa.gov.br/documents/111215/0/Relatório+PARA+2013-2015_VERSÃO-FINAL.pdf/494cd7c5-5408-4e6a-b0e-5-5098cbf759f8>. Acesso em: 20 jul. 2018.

1 Pesquise os impactos negativos dos agrotóxicos na natureza e em nossa saúde.

2 Informe-se sobre a legislação referente ao uso de agrotóxicos no Brasil e em outros países. Compare-as.

3 Organize um mural com as informações obtidas.

4 A charge a seguir aborda o uso de agrotóxicos:

Pesquise outras charges sobre essa questão. Escolha a que gostar mais e escreva um texto sobre as ideias que a imagem ajuda a levantar. Revise o texto com ajuda do professor e exponha esse material no mural.

5 Com a ajuda do professor, vejam se é possível organizar, na escola, um debate com a comunidade a respeito da utilização dos agrotóxicos. Convidem pessoas que provavelmente tenham posicionamentos distintos sobre a questão. Façam uma seleção de perguntas para o debate.

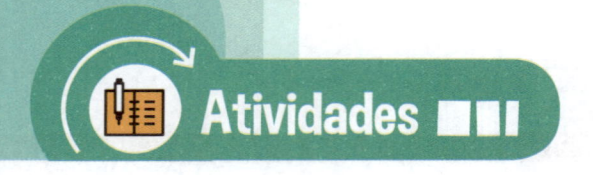 

1 Que papel o inseto representado na imagem a seguir desempenha na transmissão do protozoário causador da doença de Chagas? Que nome esse inseto recebe? Como essa doença pode ser evitada?

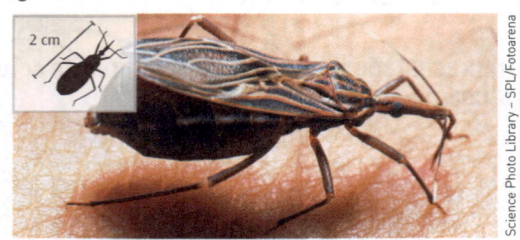

Science Photo Library – SPL/Fotoarena

2 Leia:

[...] Dentre as plantas empregadas para fins moluscicidas [...] destaque deve ser dado ao estudo do látex de *Euphorbia splendes*, conhecida como coroa-de-cristo, cuja eficácia já foi testada em condições naturais e os resultados são animadores: mesmo em pequenas concentrações o látex é capaz de matar os caramujos *Biomphalaria*, exibindo baixa toxicidade para outros animais aquáticos [...]. Quanto ao controle biológico, foram utilizados organismos competidores, parasitas ou patogênicos capazes de comprometer a sobrevivência ou a reprodução dos moluscos-alvo. Experimentos dessa natureza devem ser vistos com cautela, já que a introdução de espécies exóticas em condições naturais, sem a devida avaliação, pode gerar distúrbios ambientais.

Constança S. Barbosa et al. Epidemiologia e controle da esquistossomose mansoni. In: O. S. Carvalho et al. (Org.). *Schitosoma mansoni e esquistossomose: uma visão multidisciplinar*. Rio de Janeiro, 2008. p. 987. Disponível em: <http://books.scielo.org/id/37vvw/pdf/carvalho-9788575413708-35.pdf>. Acesso em: jul. 2018.

a) Procure em um dicionário o significado de palavras do texto que você desconheça.

b) Faça uma pesquisa sobre a planta coroa-de-cristo. Ela é comum em sua região?

c) Qual é a importância do controle da população de caramujos *Biomphalaria* no combate à esquistossomose?

3 Veja, no mapa, a distribuição mundial da cisticercose em 2011:

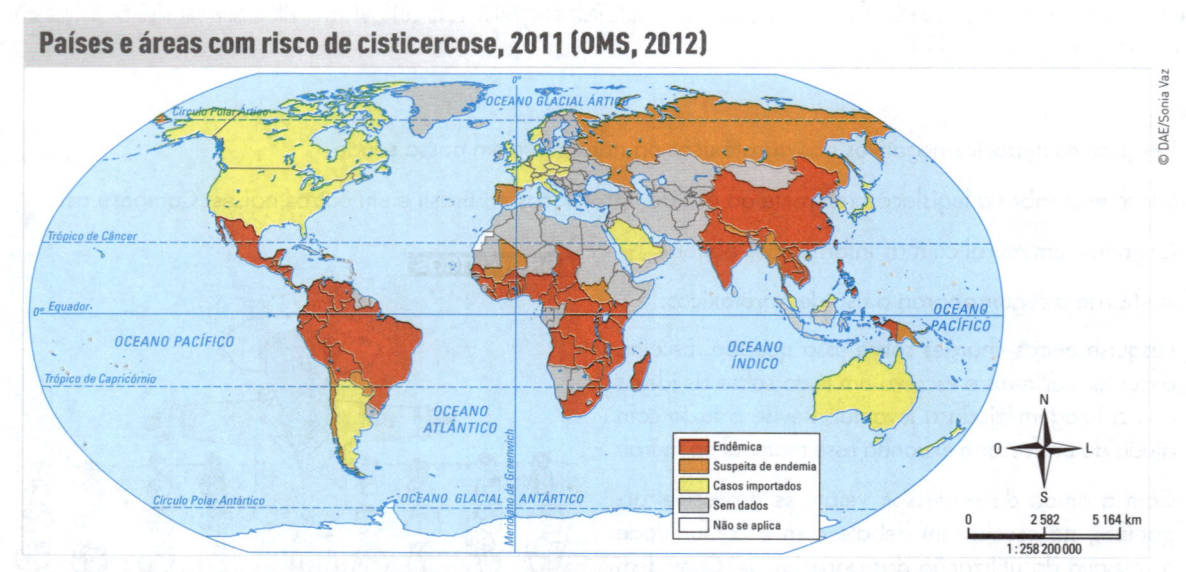

Fonte: Organização Mundial da Saúde. Disponível em: <www.who.int/neglected_diseases/NTD__A_statistical_update_latest_data_available.pdf?ua=1>. Acesso em: 21 jul. 2018.

No Brasil, são comuns duas espécies de tênia: a *Taenia solium* e a *Taenia saginata*. Considerando o cenário representado no mapa e as doenças que elas podem causar, qual delas é a mais perigosa para o ser humano? Justifique.

4 O mercado farmacêutico oferece várias opções de medicamentos contra vermes. Por que o combate às verminoses no Brasil tem tido, até hoje, pouco sucesso?

5 Por que lavar bem frutas e verduras constitui medida preventiva contra as verminoses?

6 As larvas dos vermes que provocam o amarelão penetram na pele e vão para o intestino, onde se alojam, parasitando o indivíduo. Que medida individual é importante para não contrair o amarelão?

7 A esquistossomose, também conhecida por "barriga-d'água", é uma verminose comum no Brasil. Ao lado está representado o ciclo dessa doença.

a) Descreva o que ocorre nas etapas de 1 a 6.

b) Cite dois modos de prevenção da esquistossomose.

As cores e a proporção entre os tamanhos dos seres vivos representados não são as reais.

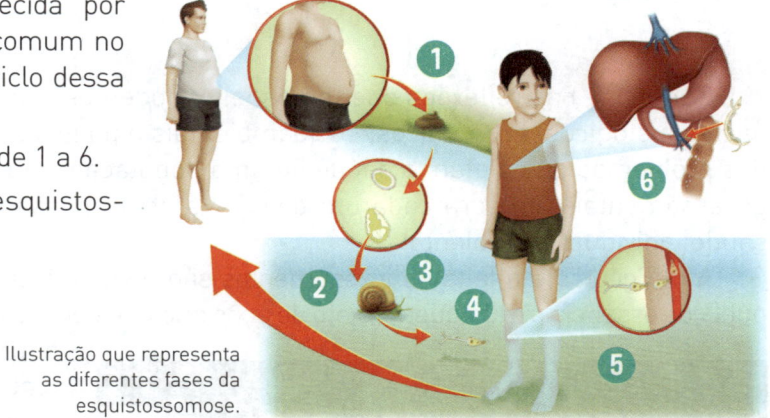

Ilustração que representa as diferentes fases da esquistossomose.

Luiz Lentini

8 João foi ao médico e, após fazer alguns exames, foi diagnosticado com cisticercose. Ele acredita que deve ter contraído a doença ao comer carne de porco malcozida. O médico concordará com ele? Por quê?

9 Quando se trata dos cuidados com os alimentos, além da higiene, ressalta-se a importância de observar o estado de conservação. Um dos procedimentos indicados é verificar, nas embalagens dos produtos industrializados, a data de validade. Por quê?

10 Medidas de saneamento básico estão diretamente associadas à qualidade de vida e promoção de saúde da população. Considere a seguinte situação: após um período de chuvas intensas em uma região sem rede de esgoto adequada, um homem procura a emergência médica informando que um mês antes teve contato com águas de enchente e está se sentindo mal, com febre, dores de cabeça e na musculatura do corpo. Tendo em vista as condições de água e esgoto do local, há possibilidade de que o doente em questão esteja com leptospirose? Explique.

11 Por que a incidência de doenças como amebíase e giardíase é maior onde não há boas condições sanitárias?

12 Leia a notícia a seguir.

Amazonas confirma três casos de doença de Chagas no estado

A Fundação de Vigilância em Saúde do Amazonas confirmou nesta terça-feira (2) a notificação de três casos de Doença de Chagas Aguda por Transmissão Oral procedentes do município de Lábrea, a 702 quilômetros de Manaus. Dois pacientes estão em tratamento na capital do estado e um terceiro segue sob acompanhamento médico em Lábrea. Outros dois casos estão sendo investigados.

A suspeita é que a doença foi contraída por meio do consumo de açaí contaminado. [...]

Juliana Cézar Nunes. Amazonas confirma três casos de doença de Chagas no estado. *Agência Brasil*, 2 jan. 2018. Disponível em: <http://agenciabrasil.ebc.com.br/geral/noticia/2018-01/amazonas-confirma-tres-casos-de-doenca-de-chagas-no-estado>. Acesso em: jun. 2018.

a) A notícia aborda a transmissão pelo consumo de açaí contaminado. Como isso acontece?

b) Como podemos evitar esse tipo de transmissão da doença?

13 Que doença pode ser evitada por meio do controle da população do mosquito anófeles? Por quê?

CAPÍTULO 6

Saúde individual e coletiva

Com base nas reflexões que temos feito, pudemos constatar que o campo da saúde envolve aspectos biológicos, econômicos, socioambientais e políticos. É necessário destacar que grande parte dos problemas que afetam a saúde de uma população está relacionada ao descaso das autoridades governamentais, embora cada um de nós também possa adotar condutas que contribuam para a saúde individual e ambiental.

A má gestão e a falta de investimentos são responsáveis pela ausência ou deficiência de serviços públicos essenciais. Qualquer projeto de ação que vise beneficiar a saúde pública envolve necessariamente uma **política de saneamento**, quase inexistente na maioria das regiões rurais brasileiras. As populações urbanas também têm convivido com graves problemas de saneamento, como a falta de abastecimento e de tratamento de água e esgoto, além de dificuldades no escoamento dos rios e das chuvas.

Nesse contexto, é preciso lembrar da poluição dos recursos hídricos. O comprometimento da qualidade das águas também está ligado ao fato de a população brasileira produzir e lançar todo dia, no meio ambiente, cerca de 240 mil toneladas de lixo doméstico. Para piorar a situação, apenas uma parcela insignificante desse lixo tem destino sanitário adequado.

Florian Kopp/imageBROKER/Easypix Brasil

Esgoto a céu aberto em comunidade sem saneamento básico. São Paulo (SP), 2015.

Retomando o conceito de sustentabilidade

Na unidade anterior, refletimos sobre a importância da sustentabilidade e do desenvolvimento sustentável. Nesse mesmo sentido, a Cúpula das Nações Unidas reforçou a necessidade de se debruçar sobre esses temas ao propor, em 2015, os 17 Objetivos de Desenvolvimento Sustentável (ODS) a serem alcançados até 2030.

Embora foquem aspectos distintos, o alvo de todos os ODS é uma vida mais justa para todos, sem deixar de proteger o meio ambiente e enfrentar as mudanças climáticas, visando o equilíbrio e a sustentabilidade de todo o planeta.

Destacaremos aqui os ODS diretamente relacionados à saúde e algumas ações recomendadas para seu alcance.

Organização das Nações Unidas – Disponível em: http://www.https://trello.com/b/kLJmOvp5/onu-brasil – Acessoem: 16/08/2018

Logotipo dos Objetivos de Desenvolvimento Sustentável a serem alcançados em 2030.

"Acabar com a fome, alcançar a segurança alimentar e melhoria da nutrição e promover a agricultura sustentável."

As imagens desta página não estão representadas na mesma proporção.

Entre as metas do ODS 2, destacam-se:

- "acabar com a fome e garantir o acesso de todas as pessoas, em particular os pobres e pessoas em situações vulneráveis, incluindo crianças, a alimentos seguros, nutritivos e suficientes durante todo o ano";
- "acabar com todas as formas de desnutrição [...] e atender às necessidades nutricionais dos adolescentes, mulheres grávidas e lactantes e pessoas idosas".

Símbolo do ODS 2.

Uma alimentação saudável é fundamental para a saúde.

"Assegurar uma vida saudável e promover o bem-estar para todas e todos, em todas as idades."

Para se alcançar esses objetivos, são necessárias ações que contemplem as diferentes dimensões da saúde – física, mental, emocional e social, entre outras. Isso inclui a oferta de educação, cultura, lazer, moradia digna, trabalho e possibilidades de vivências que favoreçam o bem-estar do ser humano, além das políticas específicas voltadas para serviços de saúde, saneamento básico e cuidados com o meio ambiente.

Símbolo do ODS 3.

Acesso a lazer e cultura também são importantes para a saúde. Cia. Mundu Rodá de teatro Físico e Dança. São Luiz do Paraitinga (SP), 2015.

Bem-estar em todas as idades.

Relatório mostra que 815 milhões de pessoas passam fome no mundo

Em todo o mundo, 815 milhões de pessoas passam fome. Um dos desafios da humanidade será garantir que, em 2050, com uma população estimada em 10 bilhões de pessoas, todos tenham o que comer, prevê o relatório *The State of Food Security and Nutrition in the World 2017* ("o estado da segurança alimentar e nutrição no mundo", em tradução livre). [...]

Após uma trajetória de queda, que durou mais de uma década, a fome em todo mundo parece estar aumentando de novo, afetando atualmente 11% da população mundial [...].

Por outro lado, o sobrepeso é um problema crescente na maioria das regiões do mundo. [...]

A obesidade mundial mais do que dobrou entre 1980 e 2014. Em 2014, 600 milhões a mais de pessoas estavam obesas, o equivalente a 13% da população adulta mundial. [...]

Nunca tantas mulheres se dedicaram à amamentação exclusiva como hoje em dia [...]. No mundo todo, cerca de 43% dos lactantes menores de seis meses recebeu apenas leite materno em 2016. [...]

A estimativa é que o aumento nos índices de lactância materna pode ter impacto preventivo sobre a mortalidade infantil, prevenindo 820 mil mortes de crianças por ano [...].

Marieta Cazarré. *Agência Brasil*. Disponível em: <http://agenciabrasil.ebc.com.br/internacional/noticia/2017-09/relatorio-mostra-que-815-milhoes-de-pessoas-passam-fome-no-mundo>. Acesso em: 20 jul. 2018.

1 Pesquise dados sobre programas nacionais e regionais voltados para a segurança alimentar/combate à fome no Brasil.

2 Procure dados recentes sobre a fome no Brasil. Houve mudanças nos últimos anos?

3 Com a orientação do professor, organize com os colegas uma campanha solidária para arrecadação de alimentos a serem doados a alguma instituição e/ou uma atividade informativa para o não desperdício de alimentos na escola e na comunidade, buscando orientações para aproveitar melhor frutas e verduras, por exemplo.

"Assegurar a disponibilidade e gestão sustentável da água e saneamento para todos."

A qualidade da água e o saneamento básico são fundamentais para a manutenção da saúde pública.

O ODS 6 trata desse assunto, com destaque para algumas metas:

- acesso universal e equitativo a água potável e segura para todos;
- acesso a saneamento e higiene adequados e equitativos para todos;
- melhorar a qualidade da água, reduzindo a poluição;
- aumentar a eficiência do uso da água em todos os setores;
- proteger e restaurar ecossistemas relacionados com a água;
- apoiar e fortalecer a participação das comunidades locais, para melhorar a gestão da água e do saneamento.

Símbolo do ODS 6.

Organização das Nações Unidas - Disponível em: http://www.https://trello.com/b/kUJmOvp5/onu-brasil - Acesso em: 16/08/2018

zoom Por que o abastecimento de água tratada é importante para a saúde individual e coletiva?

Água: direito de todos, realidade de alguns

A água é um recurso natural da Terra, sendo fundamental para a vida. Mas, para ser consumida pelo ser humano – seja na higiene, hidratação, preparação de alimentos etc. –, a água deve ser potável, isto é, estar livre de toxinas e patógenos prejudiciais à saúde.

A água com cor, cheiro ou sabor indica a presença de substâncias ou microrganismos que podem ser danosos ao ser humano. Mesmo a transparência e a ausência de partículas e de cheiro não garantem que a água seja potável, pois ela pode estar contaminada por substâncias tóxicas.

Segundo o Fundo das Nações Unidas para a Infância (**Unicef**, sigla em inglês), mais de 1 bilhão de pessoas em todo o mundo não têm acesso à água potável. Que tipo de problemas essas pessoas enfrentam no dia a dia? Que riscos elas estão correndo?

O Unicef também afirma: mais que o dobro desse número de pessoas não conta com medidas de saneamento básico adequado, essenciais para a qualidade de vida. É importante que a água seja protegida, tratada e distribuída a todos os cidadãos. Daí a importância da proteção ambiental e do atendimento à população pelos serviços de saneamento.

Sistema de captação de água de chuva para uso doméstico. Joanópolis (SP), 2014.

Esse cuidado também deve se estender à água já utilizada em residências, indústrias, hospitais etc., que precisam ser drenadas e adequadamente tratadas para evitar doenças e proporcionar conforto. É preciso também proteger as nascentes, preservar os rios e as lagoas, garantindo a qualidade de vida das populações atuais e futuras.

Apesar de o planeta Terra ter uma grande quantidade de água — cerca de 71% de sua superfície é coberta por ela — apenas uma pequena parte corresponde à água doce disponível para consumo. Alguns países utilizam processos para aproveitar melhor a água disponível em seu território e são capazes, até mesmo, de retirar o sal da água do mar para usá-la em suas atividades.

No Brasil, determinadas regiões sofrem com a escassez de água, como as áreas de Caatinga. Em alguns lugares do Brasil e do mundo já se pratica a captação da água das chuvas e a reutilização da água de esgotos. No caso dos esgotos, após receber um tratamento específico, a água pode ser empregada, por exemplo, na irrigação de plantações e na criação de peixes. Nas casas, a água de lavagens e banhos pode ser reutilizada em vasos sanitários, canteiros de obras ou para lavar pisos.

Para se ter ideia da economia que isso representa, tomemos, por exemplo, uma casa com quatro moradores, na qual sejam consumidos cerca de 440 litros diários de água. Essa quantidade é utilizada, em geral, da seguinte forma:

- 27% para consumo, como cozinhar, beber etc.;
- 25% para higiene, como tomar banho e escovar os dentes;
- 12% para lavagem de roupas;
- 3% para outros usos secundários, como lavagem de carro;
- 33% para descarga de banheiro.

Nesse exemplo, a captação e a reutilização poderiam representar uma economia de cerca de 158 litros de água, correspondentes ao uso em descargas de banheiros e a usos secundários, como lavagem de carros e calçadas.

Glossário

Unicef: fundo internacional instituído em 1946 com o objetivo de promover ajuda às crianças de países em desenvolvimento.

A importância do tratamento de esgoto

O grande volume de dejetos produzidos pelos centros urbanos populosos é descarregado em córregos, rios e mares, provocando a poluição e a contaminação das águas. No capítulo anterior, estudamos muitas doenças transmitidas por água contaminada, como febre tifoide, hepatite, cólera e verminoses.

Há rios, como o Rio Tietê, em São Paulo, e o Rio Iguaçu, no Paraná, que recebem grande quantidade de poluentes das cidades por onde passam, principalmente de esgoto doméstico não tratado. Essas águas, que poderiam servir para o consumo humano e como hábitat natural para muitas espécies de animais e plantas, tornam-se apenas esgoto a céu aberto e foco de possíveis doenças.

Esgoto a céu aberto no Rio Ponte do Galo. Belém (PA), 2014.

zoom Para onde vai a água depois de utilizada na lavagem de roupas, no banho, em descarga de banheiros e em outras atividades de uso doméstico?

O destino da água que já foi utilizada é um grande problema de saneamento básico que ainda não está solucionado em grande parte do Brasil. Em pequenas comunidades, principalmente em áreas rurais com residências isoladas, o despejo de esgoto pode ser resolvido ou minimizado com o sistema de **fossa séptica** e **sumidouro**.

O esquema está representado com cores-fantasia e as dimensões dos elementos não seguem a proporção real.

poço

fossa

sumidouro

Esquema simplificado de fossa séptica, que deve ficar sempre distante de fontes de água.

Nas regiões mais populosas, entretanto, exige-se uma solução mais complexa. Isso ocorre porque, mesmo para um pequeno prédio com dez apartamentos, a fossa séptica e o sumidouro, em geral, não são suficientes para absorver a água utilizada pelos moradores. Imagine, então, em uma grande cidade repleta de arranha-céus. Nesses casos, utilizam-se **redes de esgoto**, que são tubulações subterrâneas pelas quais a água usada é transportada.

O tratamento de esgoto

Ao chegar à estação de tratamento, o esgoto passa por grades de metal que separam objetos (como plásticos, latas, tecidos, papéis, vidros etc.) da matéria orgânica, da areia e de outros tipos de partículas.

Em seguida, ele passa lentamente por grandes tanques, para que a areia e as outras partículas se decantem (depositem-se no fundo).

O lodo com a matéria orgânica, que resulta da decantação, segue para um equipamento chamado **biodigestor**, onde sofre a ação decompositora das bactérias. Nesse processo há desprendimento do gás metano, que pode ser utilizado na geração de energia elétrica.

A parte líquida, que estava acima do lodo, também sofre a ação de bactérias, pois contém matéria orgânica dissolvida; essa parte é agitada por grandes hélices ou bombas de ar, que garantem a oxigenação da água. Para essa oxigenação podem ser utilizados ainda certos tipos de algas, que produzem oxigênio na fotossíntese.

Só depois desse tratamento a água estará livre de 90% de suas impurezas e pode ser lançada em rios, lagos ou mares. Apesar de não ser potável, ela pode retornar ao ambiente sem causar grandes impactos.

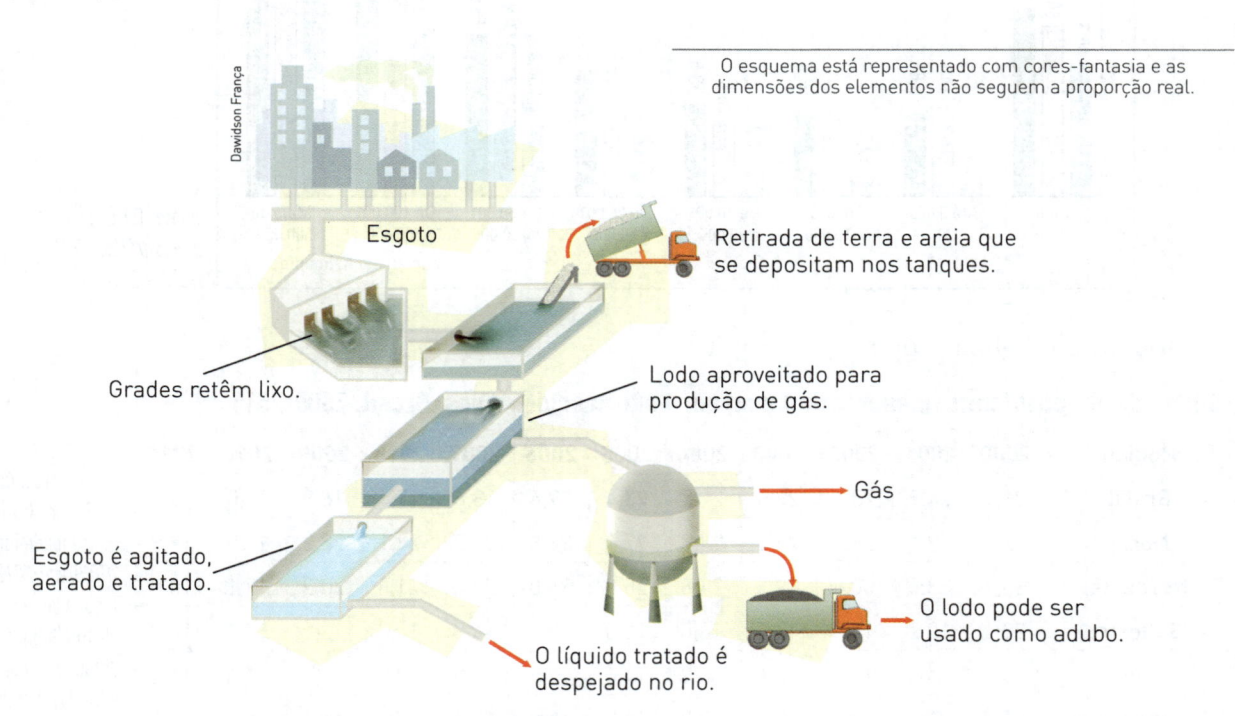

O esquema está representado com cores-fantasia e as dimensões dos elementos não seguem a proporção real.

Esgoto

Retirada de terra e areia que se depositam nos tanques.

Grades retêm lixo.

Lodo aproveitado para produção de gás.

Gás

Esgoto é agitado, aerado e tratado.

O lodo pode ser usado como adubo.

O líquido tratado é despejado no rio.

Esquema de tratamento de esgoto em uma estação coletora.

A falta de tratamento de esgoto pode provocar a contaminação do solo e da água, causando a proliferação de diversas doenças. Muitas dessas doenças podem ser fatais, principalmente em crianças no primeiro ano de vida.

Assim, garantir o tratamento de esgoto em todo o Brasil é uma meta a ser alcançada na busca de saúde e qualidade de vida da população.

Os indicadores de saúde

Os indicadores de saúde são critérios utilizados para avaliar aspectos da saúde de populações humanas e fornecer informações para planejamentos públicos.

A utilização de indicadores de saúde possibilita o estabelecimento de padrões, bem como o acompanhamento de sua evolução ao longo dos anos. É possível, com base nos indicadores, comparar dados de diferentes regiões considerando a mesma época ou a mesma população em períodos de tempo diferentes.

Podemos citar como exemplos de indicadores de saúde, os índices de mortalidade infantil, indicadores de serviços de saneamento básico, número de unidades básicas de saúde, entre outros.

O gráfico mostra a porcentagem de domicílios (residências) com saneamento básico nos municípios do Brasil, de acordo com o tamanho da população, em 1991, 2000 e 2010.

1. Ao longo desses anos, o saneamento básico nesses municípios aumentou ou diminuiu?
2. A abrangência do saneamento básico é maior nas grandes ou pequenas populações?
3. Considerando o período de 1991 a 2010, houve uma melhora significativa desse serviço às populações representadas no gráfico? Explique.

Domicílios com saneamento adequado

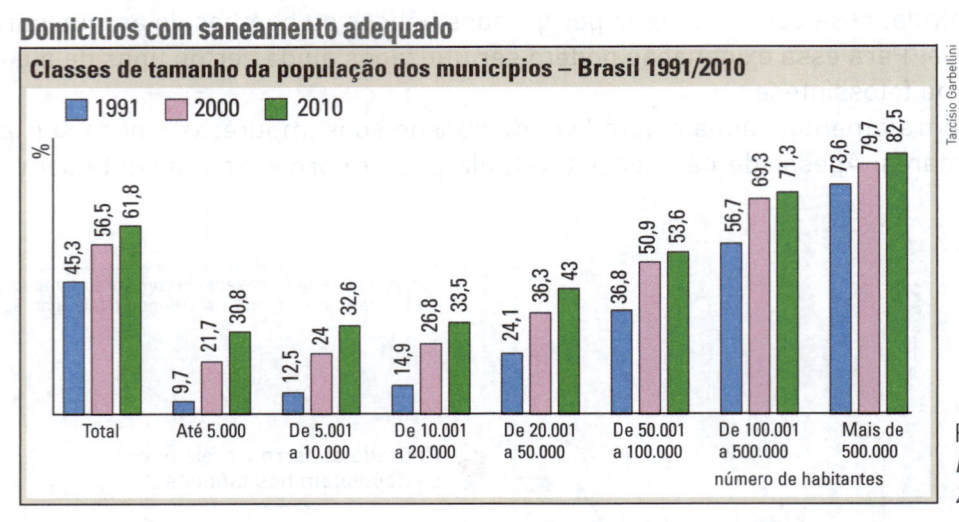

Fonte: IBGE. *Censo Demográfico 1991, 2000 e 2010.*

Analise a tabela a seguir:

Número de óbitos infantis (menores de 1 ano) por 1 000 nascidos vivos, Brasil, 2000-2011

Região	2000	2001	2002	2003	2004	2005	2006	2007	2008	2009	2010	2011
Brasil	26,1	24,9	23,4	22,5	21,5	20,4	19,6	18,6	17,7	16,8	16,0	15,3
Norte	32,8	32,1	29,7	29,3	27,8	27,1	26,8	25,3	23,1	22,3	21,0	19,9
Nordeste	35,9	33,4	30,8	29,3	27,8	25,9	24,8	23,2	21,8	20,3	19,1	18,0
Sudeste	20,1	19,2	18,3	17,5	16,8	16,0	15,3	14,8	14,3	13,9	13,4	13,0
Sul	16,9	16,5	16,1	15,6	14,9	14,1	13,4	13,0	12,5	12,0	11,6	11,3
Centro-Oeste	22,3	21,4	20,6	20,3	19,7	19,3	18,5	17,7	17,1	16,4	15,9	15,5

Fonte: Ministério da Saúde. Taxa de mortalidade infantil. *IDB Brasil 2012.* Disponível em: <http://tabnet.datasus.gov.br/cgi/idb2012/c01b.htm>. Acesso em: jun. 2018.

1. Qual o indicador que a tabela fornece? Refere-se a que período?
2. O que é possível concluir em relação a esse indicador no Brasil durante o período?
3. Que região brasileira apresentou os piores índices no início? E os melhores?
4. Que sugestões você daria para diminuir o número de ocorrências medidas por esse indicador? Pesquise se for necessário.

Os indicadores de saúde são de extrema importância, pois mostram onde estão os problemas que atingem a população. O uso dos dados de forma combinada é ainda mais poderoso, pois pode elucidar a possível causa de um problema. Por exemplo, se um município que sofre com a mortalidade infantil (causada principalmente por infecções bacterianas e verminoses relacionadas à má qualidade da água) apresenta índices de saneamento básico e de postos de saúde baixos, isso é um indicativo do que pode estar ocorrendo e onde o governo deve agir.

Como os dados são coletados continuamente, pode-se avaliar se os investimentos em determinadas áreas e locais estão sendo efetivos. Usando o mesmo exemplo acima, se o governo começar a investir na instalação de postos de saúde e de saneamento básico naquele município e ocorrer uma diminuição da mortalidade infantil, conclui-se que o planejamento foi correto e continua-se com a ação positiva.

O Sistema Único de Saúde - SUS

Em 1988 foi promulgada a Constituição da República Federativa do Brasil e, por meio dela, foi instituído o Sistema Único de Saúde (SUS), sob um conceito de saúde mais amplo e com foco na prevenção, com o objetivo de oferecer acesso integral, universal e gratuito a serviços de saúde.

O SUS é considerado um dos maiores sistemas de saúde públicos no mundo, beneficiando cerca de 180 milhões de brasileiros. São oferecidos desde procedimentos ambulatoriais mais simples até atendimentos de alta complexidade, como transplantes de órgãos.

Além das consultas, exames e internações, o SUS promove campanhas de vacinação e ações de prevenção de vigilância sanitária, como fiscalização de alimentos e registro de medicamentos. Contudo, a falta de recursos ainda representa um grande desafio para melhorar o funcionamento desse sistema.

 **Ampliar**

O que é o SUS, de Jairnilson Silva Paim (Fiocruz/ Faperj).

E-book interativo sobre a luta pelo direito à saúde e pela consolidação do Sistema Único de Saúde (SUS). Disponível em: <www.livrosinterativoseditora.fiocruz.br/sus/>. Acesso em: 26 jul. 2018.

O SUS e a saúde indígena

Com o histórico de opressão e diminuição de sua população desde a chegada dos portugueses, os povos indígenas no Brasil têm atualmente uma população com cerca de 890 mil indivíduos, divididos em 305 etnias e com uma riqueza de 274 línguas faladas (IBGE, 2010). Eles estão distribuídos em todos os estados da nação.

 **Ampliar**

Índios no Brasil.

Série de programas produzida pela TV Escola de acordo com o olhar de quatro adolescentes que visitam aldeias pelo país. Disponível em: <https://tvescola.org.br/tve/videoteca/serie/indios-no-brasil>. Acesso em: 31 jul. 2018.

Os povos indígenas apresentam cultura e saberes próprios em todas as áreas do conhecimento, incluindo a saúde. Tendo em vista o atendimento eficaz da saúde dos indígenas e com respeito às diferenças culturais, foram estabelecidos os Distritos Sanitários Especiais Indígenas (DSEIs). Veja seus objetivos.

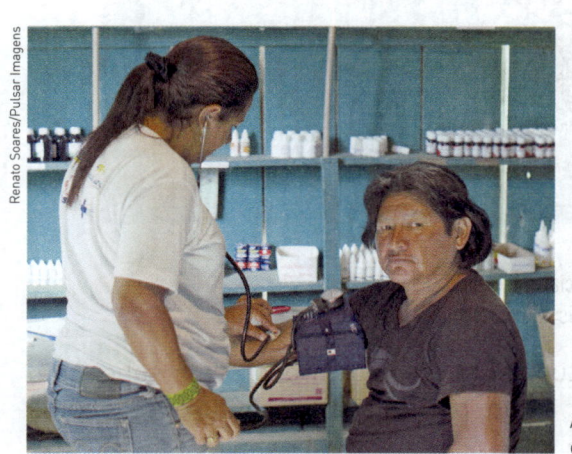
Renato Soares/Pulsar Imagens

Atendimento no posto de saúde kayapó da Aldeia Moikarakô. São Felix do Xingu (PA), 2015.

Qual o objetivo da política nacional de atenção à saúde dos povos indígenas?

O propósito dessa Política consiste em [...] garantir aos povos indígenas o acesso à atenção integral à saúde, de acordo com os princípios e diretrizes do Sistema Único de Saúde, contemplando a diversidade social, cultural, geográfica, histórica e política de modo a favorecer a superação dos fatores que tornam essa população mais vulnerável aos agravos à saúde de maior magnitude e transcendência entre os brasileiros, reconhecendo a eficácia de sua medicina e o direito desses povos à sua cultura [...].

Para o alcance desse propósito, são estabelecidas diretrizes que devem orientar a definição de instrumentos de planejamento, implementação, avaliação e controle das ações de atenção à saúde dos povos indígenas [...].

Fundação Nacional do Índio. *Saúde*. Disponível em: <www.funai.gov.br/index.php/saude>. Acesso em: 23 jul. 2018.

No Brasil, foram instituídos 34 Distritos Sanitários Especiais Indígenas (DSEI), distribuídos estrategicamente com base em critérios geográficos, demográficos e culturais. Além dos DSEIs, a estrutura de atendimento conta com postos de saúde e Casas de Saúde Indígena (Casai).

Nos polos-base são realizadas atividades como coleta de material para alguns tipos de exame, campanhas de vacinação mais rotineiras, conscientização e informações de doenças, entre outras.

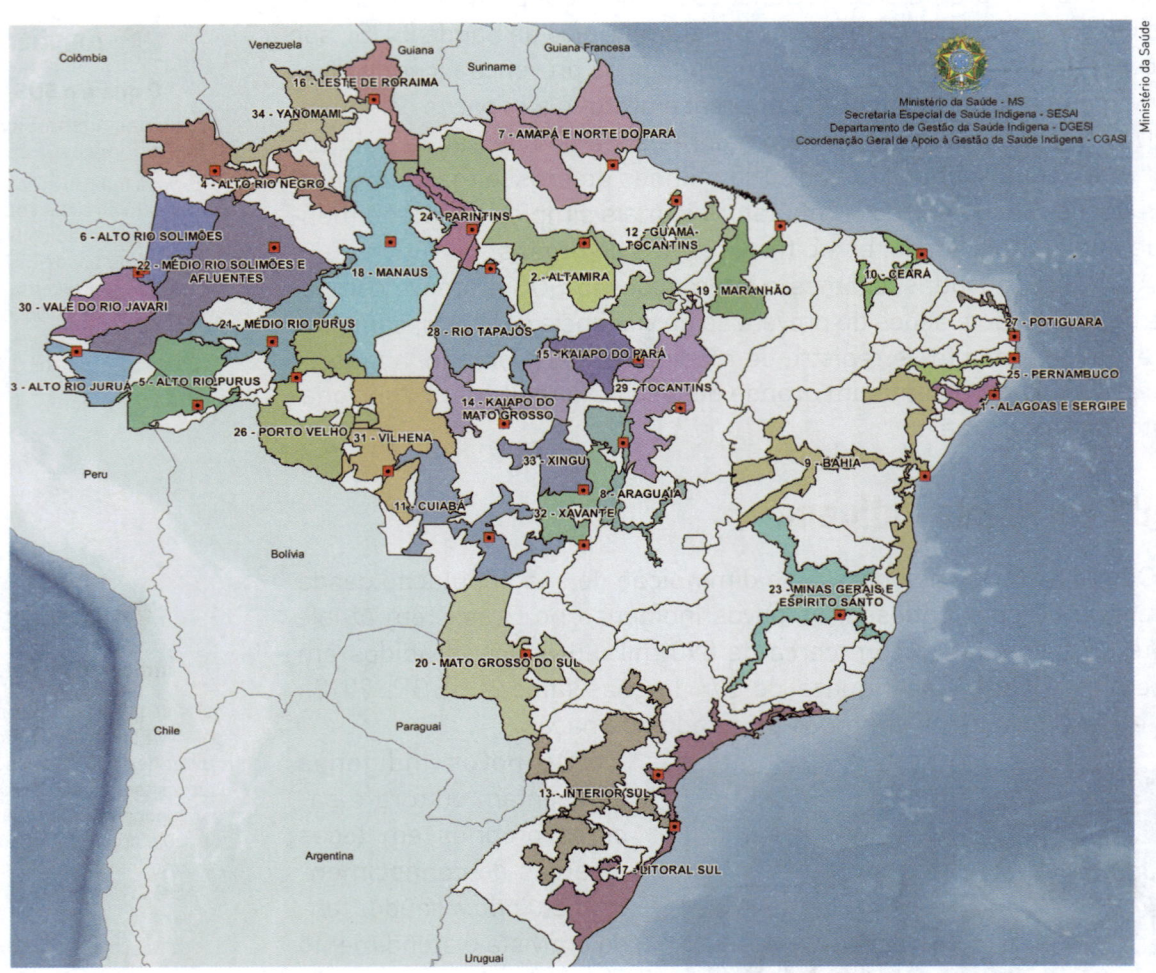

Localização dos DSEIs no Brasil.

Fonte: Ministério da Saúde. Mapa de localização dos Distritos Sanitários Especiais Indígenas. Disponível em: <http://portalms.saude.gov.br/saude-indigena/saneamento-e-edificacoes/dseis>. Acesso em: 23 jul. 2018.

Há algum DSEI no município em que você mora ou estuda? Em caso positivo, procure saber com a ajuda do professor a possibilidade de visitar e entrevistar algum profissional de saúde que trabalhe ali para se informar mais sobre as atividades realizadas.

Viver

Você sabe o que são quilombolas?

[...] Quilombolas são os atuais habitantes de comunidades negras rurais formadas por descendentes de africanos escravizados, que vivem, na sua maioria, da agricultura de subsistência em terras doadas, compradas ou ocupadas há bastante tempo.

São grupos sociais cuja identidade étnica – ou seja, ancestralidade comum, formas de organização política e social, elementos linguísticos, religiosos e culturais – os distingue do restante da sociedade. A identidade étnica é um processo de autoidentificação que não se resume apenas a elementos materiais ou traços biológicos, como a cor da pele, por exemplo. São comunidades que desenvolveram processos de resistência para manter e reproduzir seu modo de vida característico em um determinado lugar.

Comunidade quilombola em Cabo Frio (RJ), 2015.

Não são comunidades necessariamente isoladas ou compostas por um tipo de população homogênea. As comunidades quilombolas foram constituídas por processos diversos, incluindo, além das fugas para ocupação de terras livres, heranças, doações, recebimento de terras como pagamento de serviços prestados ao Estado, compra ou a permanência em terras que eram ocupadas e cultivadas em grandes propriedades.

[...]

Até hoje não há certeza sobre o número de comunidades quilombolas existentes no Brasil, mas estima-se que há, pelo menos, três mil em todo o território nacional, localizadas nos estados do Amazonas, Alagoas, Amapá, Bahia, Ceará, Espírito Santo, Goiás, Maranhão, Mato Grosso, Mato Grosso do Sul, Minas Gerais, Pará, Paraíba, Pernambuco, Paraná, Piauí, Rio de Janeiro, Rio Grande do Norte, Rio Grande do Sul, Rondônia, Santa Catarina, São Paulo, Sergipe e Tocantins.

Os estados brasileiros que possuem a maior quantidade de comunidades quilombolas são a Bahia, o Maranhão, Minas Gerais e o Pará.

[...]

A partir da Constituição Federal de 1988, devido à mobilização do movimento negro no País, a questão quilombola passou a fazer parte das políticas públicas brasileiras. O Artigo 68, do Ato das Disposições Constitucionais Transitórias (ADCT) diz que: Aos remanescentes das comunidades dos quilombos que estejam ocupando suas terras é reconhecida a propriedade definitiva, devendo o Estado emitir-lhes os títulos respectivos.

A Declaração de Durban, África do Sul, elaborada na III Conferência Mundial de Combate ao Racismo, Discriminação Racial, Xenofobia e Intolerância Correlata realizada em 2001, reconheceu que os afrodescendentes das Américas são vítimas de racismo e discriminação racial, levantando questões dos direitos dessa população às suas terras ancestrais. A Declaração foi a base para a criação, no Brasil, da Política Nacional de Promoção da Igualdade Racial, instituída pelo Decreto 4886/2003, com programas de políticas públicas voltadas para a igualdade racial e ao combate à discriminação étnica, entre os quais se encontra o Programa Brasil Quilombola (PBQ), que atua no apoio às comunidades quilombolas, por meio de ações de regularização da posse da terra, infraestrutura e serviços, desenvolvimento econômico e social, controle e participação social.

[...]

Estudos realizados recentemente sobre a situação das comunidades quilombolas apontam para diversos problemas de infraestrutura e qualidade de vida, como habitações precárias, construídas de palha ou de pau a pique; escassez de água potável e instalações sanitárias inadequadas; acesso difícil às escolas, construídas em locais distantes das residências dos alunos; meios de transporte ineficientes e escassos; inexistência de postos de saúde na maioria das comunidades, com pouco atendimento disponível, às vezes só possível a quilômetros de distância. Além disso, há outro grande problema apontado, que é: a discriminação com que são tratados os habitantes das comunidades quilombolas.

De acordo com o Censo Escolar de 2007, o Brasil tem aproximadamente 151 mil alunos matriculados em 1 253 escolas localizadas em comunidades quilombolas, estando quase 75% delas concentradas na região Nordeste. A maioria dos professores não tem capacitação adequada e são em número insuficiente para atender à demanda. Poucas comunidades têm unidade educacional com o Ensino Fundamental completo.

Lúcia Gaspar. *Quilombolas*. Fundação Joaquim Nabuco, 22 jul. 2011. Disponível em: <http://basilio.fundaj.gov.br/pesquisaescolar./index.php?option=com_content&id=857%3Aquilombolas>. Acesso em: 17 jul. 2018.

Posto de saúde em comunidade quilombola. Eldorado (SP), 2013.

1. Procure no dicionário o significado das palavras do texto que você desconhece.

2. Você faz parte ou conhece alguma comunidade quilombola? Pesquise a existência e a localização dessas comunidades em seu estado, além de outras informações (número de pessoas, aspectos culturais, meio de vida, relação com outras comunidades locais etc.).

3. Há algum posto de saúde que atenda a essas comunidades? Está localizado próximo delas?

4. Por que é importante conhecer os hábitos e o modo de vida da comunidade para promover a saúde de seus membros?

Tecnologia digital a serviço da saúde

As produções na Ciência e Tecnologia vêm mudando (em maior ou menor medida em função da desigualdade socioeconômica) o nosso cotidiano em nossas casas, nas escolas, no lazer, no trabalho e na saúde. A experiência de ir ao médico, procurar um posto de saúde e até mesmo as formas de tratamento e acompanhamento das doenças estão em transformação por causa de tecnologias variadas, que incluem desde o modo de coletar uma amostra de sangue até a realização de cirurgias com robôs controlados por câmeras.

O uso de tecnologia no dia a dia na área de saúde é uma realidade.

Antes de falar com o paciente, o médico já pode acessar os dados que tenham sido coletados e estejam disponíveis em relatórios e imagens, o que permite um diagnóstico mais rápido e preciso. Com o armazenamento digital dos dados, o médico pode acessar o histórico do paciente para buscar relações entre os sintomas atuais e os eventos anteriores, comparando-os com casos semelhantes pelo cruzamento de informações de outros pacientes.

Em nosso país, o Prontuário Eletrônico do Cidadão (PEC) passou a ser obrigatório desde 2011, mas algumas Unidades Básicas de Saúde (UBS) ainda não conseguiram implementar o sistema.

Entre as vantagens dos prontuários e dos sistemas eletrônicos integrados, podemos citar: segurança do paciente (o médico fica sabendo se o paciente é alérgico, por exemplo); controle de epidemias (graças ao cruzamento eficaz de dados); otimização de tempo e recursos (o sistema identifica onde há vagas e pode direcionar o paciente para uma unidade mais próxima da casa dele); e sustentabilidade (diminui o uso de pastas, papéis e locais para armazenar arquivos). O desperdício de medicamentos também pode ser reduzido com o fracionamento para cada paciente, de acordo com suas necessidades.

Estudos indicam que essa produção de informações na área da saúde ainda não é satisfatória.

Além do PEC, outros sistemas são utilizados na saúde, como o Departamento de Informática do Sistema Único de Saúde do Brasil (Datasus) e o sistema público disponibilizado pelo Ministério da Saúde (Sisreg) para apoiar estados e municípios.

Veja um exemplo de como funciona o Sisreg no município de Caçador, em Santa Catarina:

Ampliar

Datasus
<http://datasus.saude.gov.br>.
Site com informações sobre os sistemas informáticos utilizados pelo Sistema Único de Saúde.

Nos casos de urgência e emergência não é necessária a autorização do Sisreg, pois se caracteriza como necessidade de atendimento imediato, diferente de quando o paciente faz o encaminhamento pelo posto [...]. Em caso de autorização para exames especializados, quem realiza a autorização é o Estado. Quando há a necessidade de tomografia ou ressonância, por exemplo, precisa encaminhamento para estar apto e quem regula é a Secretaria Estadual de Saúde. O hospital disponibiliza o serviço, mas é necessário que isso seja autorizado pelo Sisreg Estadual [...]. Os pacientes são atendidos conforme ordem cronológica em que foram inseridos no Sisreg. [...] Todo paciente, através do número de cartão nacional do SUS, pode entrar no *site* da lista de espera do SUS e consultar a posição na fila do procedimento.

Hospital Maicé: entenda como funciona o Sisreg, 20 mar. 2018. Hospital Maicé. Disponível em: <www.hospitalmaice.com.br/noticias/47-hospital-maice-entenda-como-funciona-o-sisreg>. Acesso em: 23 jul. 2018.

• Você ou algum familiar já foi atendido em serviços de saúde que utilizam recursos tecnológicos? Em caso positivo, compartilhe com a turma como foi essa experiência. A pessoa atendida percebeu alguma vantagem no atendimento recebido? Por quê?

Impactos do uso de tecnologias na saúde e na qualidade de vida da sociedade

A tecnologia está presente no cotidiano de diversas maneiras e seu uso traz benefícios para a sociedade. Mas o uso excessivo de tecnologias pode trazer também alguns impactos negativos. Leia as reportagens a seguir.

Era dos aplicativos

Hoje, existem aplicativos para todos os tipos de interesses, necessidades e finalidades. [...] Um aplicativo de serviço pode fornecer informações sobre a previsão do tempo; um aplicativo de informação pode oferecer guias de lojas e telefones úteis; um aplicativo de comunicação pode conectar pessoas; e um aplicativo de entretenimento pode garantir diversão a qualquer hora. [...]

A princípio, os aplicativos eram ferramentas que incluíam apenas correio eletrônico, calendário, contatos, mercado de ações e informações meteorológi-

Pessoas usando celular durante a refeição. Esse uso em excesso pode prejudicar a saúde.

cas, mas, com o aperfeiçoamento dos *smartphones*, eles passaram a abranger as mais diversas áreas e tornaram-se praticamente indispensáveis na vida dos usuários hoje em dia.

Era dos aplicativos? Veja como esses *softwares* tornaram-se indispensáveis. Ig. Disponível em: <www.ig.com.br/tudo-sobre/aplicativo>. Acesso em: 8 jul. 2018.

Dependência de *smartphones* pode causar estresse psicológico

Aperto no peito, crise de ansiedade, angústia repentina e estresse? Cuidado, isso pode ter a ver com o barulho do seu celular, ou melhor, com a falta dele. Um novo estudo mostrou que algumas pessoas são tão dependentes de seus *smartphones* que quando não recebem mensagens de textos ou e-mails são capazes de apresentar sintomas intensos de ansiedade e abstinência. [...]

Como já houve relatos de que pessoas muito conectadas aos seus aparelhos são capazes até de ouvir as notificações sonoras do celular mesmo quando elas não existem, pesquisadores [...] estão convencidos que esse tipo de dependência é responsável por efeitos negativos na saúde mental.

Dependência de *smartphones* pode causar estresse psicológico. *Revista Galileu*. Disponível em: <http://revistagalileu.globo.com/Revista/Common/0,,ERT289115-17770,00.html>. Acesso em: 8 jul. 2018.

Como pudemos ver nas reportagens, o uso da tecnologia está diretamente relacionado à qualidade de vida das pessoas, de diferentes maneiras.

1 A segunda reportagem fala sobre "pessoas muito conectadas" aos seus *smartphones*. Além dos problemas psicológicos, como o estresse e dependência, citados na reportagem, você acha que há outros problemas que uma pessoa "constantemente conectada" pode enfrentar no dia a dia? Discuta com os colegas.

2 Com base nessa discussão, proponha soluções para que haja maior benefício do que malefícios no uso de tecnologias no seu cotidiano.

Conviver ■■□

A importância da vacinação

Campanhas de vacinação, pesquisas de novas vacinas e medicamentos, além de outros esforços, foram essenciais para reduzir a ocorrência de muitas doenças transmissíveis. Duas delas já foram erradicadas ou estão em fase de erradicação: a varíola e a poliomielite.

A varíola levou muitos brasileiros à morte. Seus sintomas são febre alta e manchas e feridas avermelhadas na pele. A vacina contra a varíola foi desenvolvida em 1798 e possibilitou a redução gradual de casos da doença em todo o mundo. A última morte por varíola no Brasil ocorreu em 1971, mas a doença só foi mundialmente erradicada em 1980.

No Brasil, o último caso de poliomielite, também conhecida como paralisia infantil, ocorreu em 1989. A doença causa enfraquecimento muscular e paralisia de membros. Como a pólio persiste em outros continentes, ainda existe o risco de importação do vírus, tornando a vacinação essencial a todos.

Já o sarampo chegou a matar mais de 3 000 pessoas no Brasil em 1980, mas a vacinação obteve ótimos resultados na prevenção de novos casos, reduzindo os óbitos para menos de 500 em 1990.

Muitas doenças transmissíveis ainda preocupam a população, e sua eliminação requer esforços das autoridades públicas, dos pesquisadores e da sociedade como um todo. A prevenção e o controle são fundamentais para interromper a cadeia de transmissão de doenças persistentes.

Para acompanhar a evolução da vacinação em todo o país, o Ministério da Saúde adotou uma estratégia de monitoramento chamada vacinômetro. É um placar com dados quantitativos sobre a vacinação, como: total de pessoas vacinadas por estado e cidade, percentual de população vacinada, doses aplicadas e muito mais.

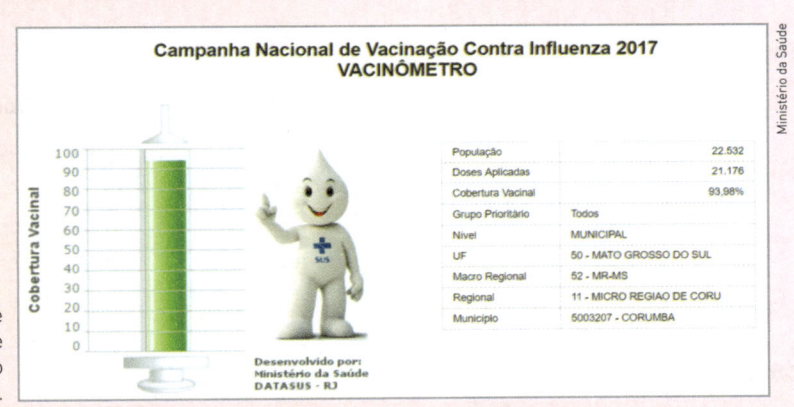

Vacinômetro da cidade de Corumbá (MS) referente à campanha de vacinação contra gripe de 2017.

Ministério da Saúde

1. Forme um grupo com alguns colegas e, com a ajuda do professor, consulte no vacinômetro os dados do município/estado em que vocês moram. Para isso, acesse o *link*: <http://sipni. datasus.gov.br/si-pni-web/faces/relatorio/consolidado/coberturaVacinalCampanhaInfluenza.jsf>.

2. Depois, juntos, pesquisem em outras fontes mais informações sobre vacinação.

3. Com os outros grupos e a ajuda do professor:
   - organizem um mural com os materiais obtidos;
   - elaborem uma cartilha com linguagem acessível para transmitir à comunidade escolar as informações pesquisadas;
   - convidem profissionais que trabalham na área da saúde para uma palestra ou debate na escola.

Calendário de vacinação

Além das vacinas que devem estar disponíveis o ano inteiro nos postos de saúde regionais do sistema público e privado, o Ministério da Saúde promove regularmente campanhas específicas de vacinação como parte das estratégias para acabar ou diminuir o número de casos de várias doenças no Brasil.

É importante conhecer as vacinas disponíveis para maior proteção. Além disso, é preciso ter acompanhamento médico periódico.

Veja a seguir o Calendário Nacional de Vacinação do ano de 2018.

Atente-se para o fato de que todas as vacinas dependem do histórico vacinal de cada pessoa, com exceção das vacinas anti-HPV, meningocócica e dTpa.

Adolescente

Vacina	Idade	Doses	Doenças evitadas
HPV quadrivalente	9 a 14 anos (meninas)	2 doses	infecções pelo papilomavírus humano (HPV) 6, 11, 16 e 18
	11 a 14 anos (meninos)		
vacina meningocócica C (conjugada)	11 a 14 anos	reforço ou dose única	doenças invasivas causadas por *Neisseria meningitidis* do sorogrupo C
hepatite B	11 a 19 anos	3 doses	hepatite B
dupla adulto (dT)		reforço a cada 10 anos	difteria e tétano
tríplice viral (SCR)		2 doses	sarampo, caxumba e rubéola
febre amarela		dose única	febre amarela

Adulto

Vacina	Idade	Doses	Doenças evitadas
tríplice viral (SCR)	20 a 29 anos	2 doses	sarampo, caxumba e rubéola
	30 a 49 anos	dose única	
hepatite B	20 a 59 anos	3 doses	hepatite B
dupla adulto (dT)		reforço a cada 10 anos	difteria e tétano
febre amarela		dose única	febre amarela

Idoso

Vacina	Idade	Doses	Doenças evitadas
hepatite B	60 anos ou mais	3 doses	hepatite B
dupla adulto (dT)		reforço a cada 10 anos	difteria e tétano
febre amarela		dose única	febre amarela

Gestante

Vacina	Idade	Doses	Doenças evitadas
hepatite B	gestante	3 doses	hepatite B
dupla adulto (dT)		3 doses	difteria e tétano
dTpa		1 dose em cada gestação, a partir da 20ª semana	difteria, tétano e coqueluche

Fonte: Ministério da Saúde. Disponível em: <http://portalarquivos2.saude.gov.br/images/pdf/2018/julho/11/Calendario-de-Vacinacao-2018.pdf>. Acesso em: 23 out. 2018.

Da força bruta à conscientização

Embora atualmente as autoridades procurem conscientizar a população para a necessidade de imunização, ao longo da história houve momentos nos quais a relação entre cientistas, autoridades e sociedade foi turbulenta.

A varíola é uma doença viral muito letal. Os primeiros registros da doença datam de mais 3 500 anos atrás, na China e Índia. A doença se espalhou pela Ásia e Europa. No século XVIII, calcula-se que morriam cerca de 400 000 pessoas por ano na Europa.

Os indígenas americanos não possuíam nenhuma defesa contra a doença. Com a chegada dos europeus na América, a varíola acabou por dizimar muitas populações nativas, sendo uma das responsáveis pelo colapso dos impérios Inca e Asteca.

Durante alguns séculos, a varíola foi a principal causa de morte nas vilas e cidades brasileiras, atingindo principalmente os índios e os escravos.

Em 1903, Oswaldo Cruz, diretor-geral de Saúde Pública, prometeu que combateria as epidemias do Rio de Janeiro. Na época, a cidade tinha péssimas condições sanitárias. Contra a varíola, ele adotou uma medida radical: criou uma lei que tornava a vacina obrigatória. Os profissionais da saúde passaram a vacinar as pessoas à força. Essa atitude autoritária levou à eclosão de uma rebelião: a Revolta da Vacina.

Coleção Joaquim Vidal, Rio de Janeiro.

O Brasil foi o último país das Américas a erradicar a varíola. Em 1972, foi registrado o último caso da doença no país. A varíola foi considerada erradicada pela OMS em 1980.

Atualmente, o vírus causador dessa doença só existe para pesquisa, em dois laboratórios governamentais sob controle constante de especialistas em biossegurança: um nos EUA e outro na Rússia.

Charge da Revolta da Vacina publicada na revista *O Malho*, 1904.

1. Discuta com os colegas as prováveis causas da Revolta da Vacina. Que providências poderiam ter sido tomadas pelo governo para evitá-la?  em grupo

2. Em grupo com os colegas, façam o que se pede.
   a) Pesquisem por que não há mais vacinação contra a varíola.
   b) Comparem a lei que tornava a vacina obrigatória com as campanhas de vacinação realizadas atualmente. Quais são as diferenças? Qual é a atitude da comunidade em que vocês vivem durante as campanhas? O que pode ser feito na escola para colaborar com a educação em saúde da comunidade?

3. É preciso ficar atento às campanhas e às datas previstas na Carteira de Vacinação. Em geral, cada criança ganha uma carteira quando recebe as primeiras vacinas, logo após nascer. Peça a seus pais ou responsáveis para verificar se sua vacinação está em dia. Em caso negativo, deve-se procurar um posto de saúde para saber o que precisa ser feito.

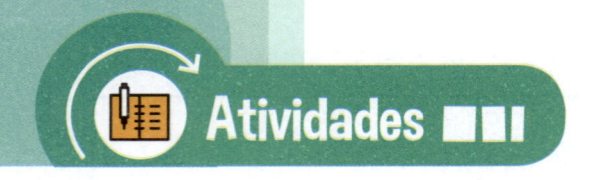 **Atividades** ■■■  no caderno

1. Considerando que o saneamento básico compreende, entre outros serviços, o abastecimento de água potável e o tratamento do esgoto sanitário, justifique a seguinte afirmativa:

"Estudos comprovam que para cada 1 real investido em saneamento básico se economizam aproximadamente 4 reais com assistência médica".

2. Qual é a importância da vacinação para a saúde pública e para a erradicação de doenças? Cite exemplo de uma doença já erradicada devido à vacinação.

3. O gráfico a seguir mostra as taxas de Doenças Relacionadas a Saneamento Ambiental Inadequado (DRSAI) nas diferentes regiões do Brasil, de 2003 a 2013. O saneamento ambiental inadequado está associado a fatores de risco, como consumo de água contaminada, falta de tratamento de esgoto, contaminação por resíduos sólidos, condições precárias de moradia etc.

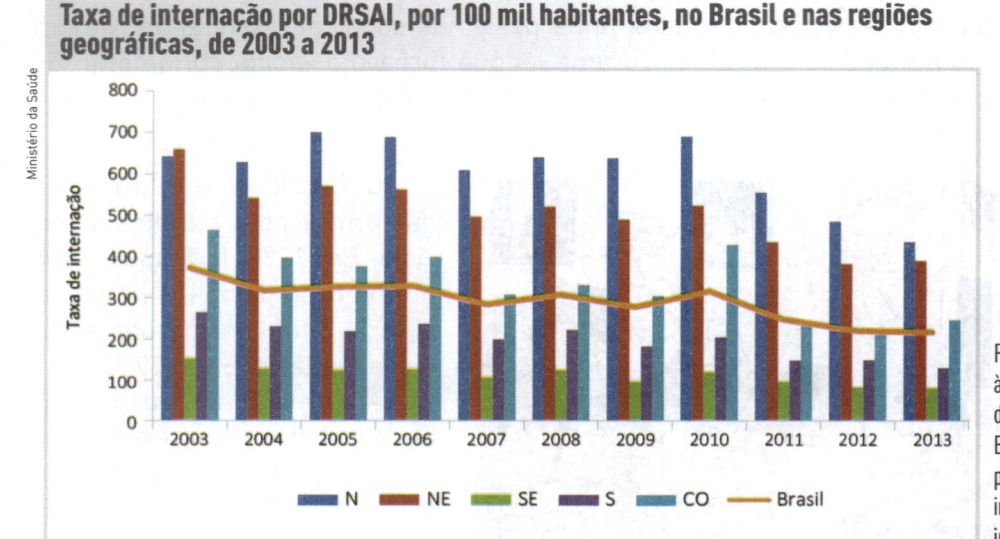

Taxa de internação por DRSAI, por 100 mil habitantes, no Brasil e nas regiões geográficas, de 2003 a 2013

Ministério da Saúde

Fonte: SIH/MS.

Fonte: Indicadores relacionados à água para consumo humano e doenças de veiculação hídrica no Brasil. Disponível em: <http://portalarquivos2.saude.gov.br/images/pdf/2015/marco/12/analise-indicadores-agua-10mar15-web.pdf>. Acesso em: 26 jul. 2018.

De acordo com os dados do gráfico:

a) Qual das regiões brasileiras é a mais afetada pela falta de saneamento básico adequado?

b) Qual das regiões sofre menos com o saneamento inadequado?

c) De modo geral, houve aumento ou redução das Doenças Relacionadas ao Saneamento Ambiental Inadequado (DRSAI) no período analisado?

d) Que fatores são importantes para reduzir as taxas de DRSAI?

4. Por que se observa com frequência uma relação entre pobreza, degradação ambiental e agravos à saúde?

5. Qual é a importância da implementação do SUS?

6. Qual é a solução mais adequada para resolver o problema de saneamento básico da água utilizada pelas residências, pelas escolas e pelos hospitais numa cidade?

7. Durante o tratamento de esgoto, parte do produto a ser tratado é utilizado no funcionamento de biodigestores. Como funciona o biodigestor e qual é a vantagem desse equipamento?

8. Por que a falta de tratamento de esgoto constitui um problema sério para a população?

9 Os gráficos a seguir comparam os estados brasileiros quanto à distribuição de água e à coleta de esgoto.

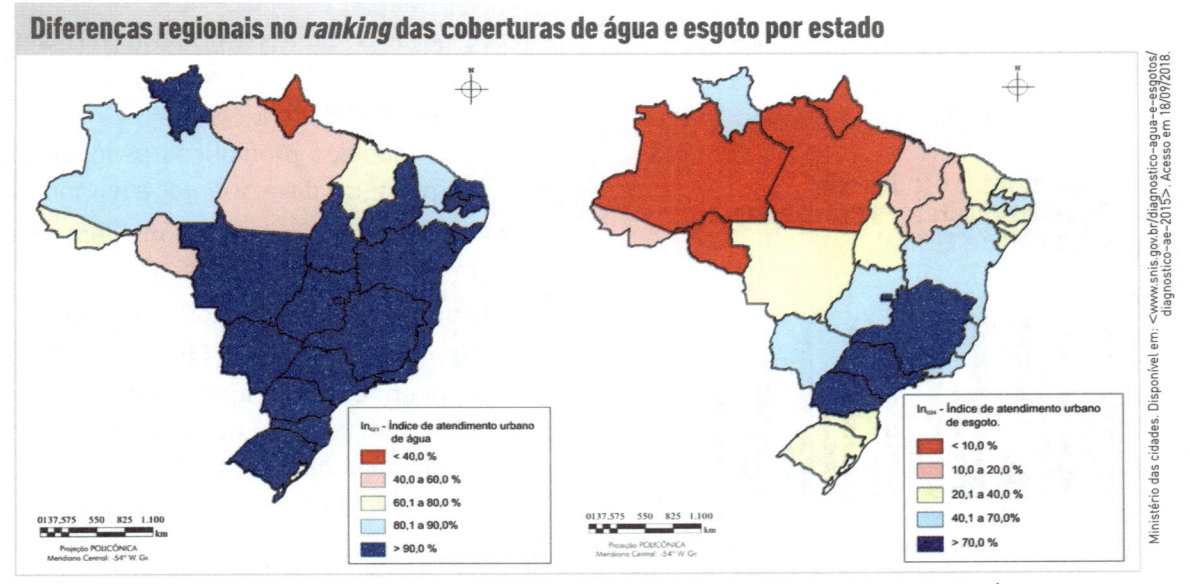

Diferenças regionais no *ranking* das coberturas de água e esgoto por estado

In_ags - Índice de atendimento urbano de água
- < 40,0 %
- 40,0 a 60,0 %
- 60,1 a 80,0 %
- 80,1 a 90,0%
- > 90,0 %

In_esg - Índice de atendimento urbano de esgoto.
- < 10,0 %
- 10,0 a 20,0 %
- 20,1 a 40,0 %
- 40,1 a 70,0%
- > 70,0 %

Fonte: Sistema Nacional de Informações sobre Saneamento - SNIS. Disponível em: <www.snis.gov.br/diagnostico-agua-e-esgotos/diagnostico-ae-2015>. Acesso em: 4 nov. 2018.

a) Pela análise dos gráficos, quais estados têm melhor serviço de saneamento básico? Por quê?

b) Quais estados têm saneamento básico mais precário?

10 A taxa de mortalidade infantil consiste no número de mortes de crianças no primeiro ano de vida em relação ao número de nascidos vivos durante um ano. Está diretamente ligada às condições socioeconômicas de uma população, pois estas refletem o acesso à saúde e a qualidade de vida.

O gráfico a seguir mostra as taxas de mortalidade infantil nas regiões brasileiras, entre os anos de 2000 a 2011.

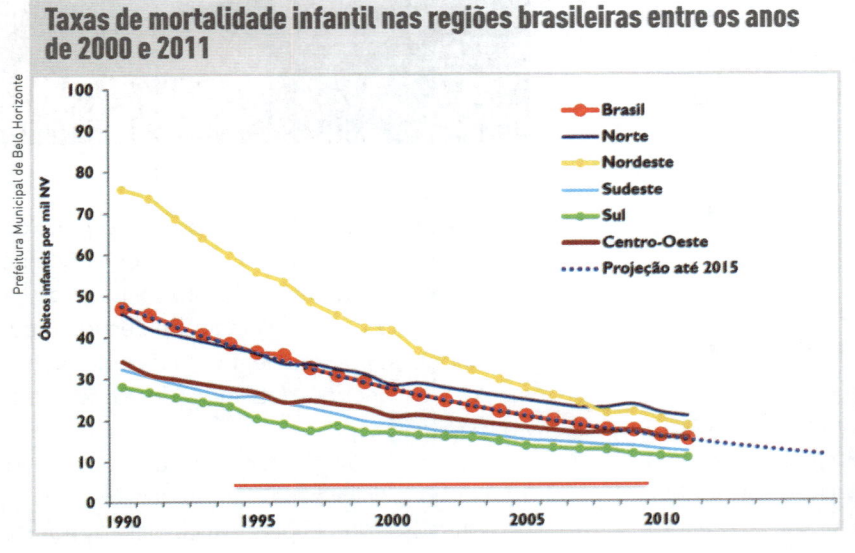

Taxas de mortalidade infantil nas regiões brasileiras entre os anos de 2000 e 2011

Óbitos infantis por mil NV

- Brasil
- Norte
- Nordeste
- Sudeste
- Sul
- Centro-Oeste
- ····· Projeção até 2015

Fonte: ResearchGate. Disponível em: <www.researchgate.net/figure/Figura-13-Taxa-de-mortalidade-infantil-no-Brasil-por-regioes-2000-2011_fig5_306959771>. Acesso em: 2 ago. 2018.

a) De acordo com o gráfico, que regiões brasileiras tiveram a maior taxa de mortalidade infantil nesse período?

b) Em que região houve a maior redução na taxa de mortalidade no período analisado?

1 Observe o gráfico a seguir, com indicadores da taxa de internações por diarreia no Brasil, de 2003 a 2013.

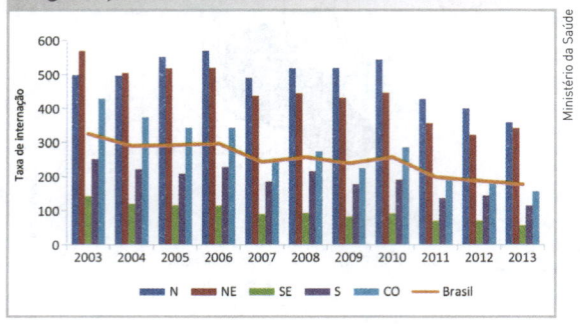

**Taxa de internação por diarreia*,
por 100 mil habitantes, no Brasil e nas
regiões, de 2003 a 2013**

Ministério da Saúde

Fonte: Ministério da Saúde. *Análise de indicadores relacionados à água para consumo humano e doenças de veiculação hídrica no Brasil, ano 2013, utilizando a metodologia da matriz de indicadores da organização Mundial da Saúde (OMS).* Brasília, 2015. Disponível em: <http://portalarquivos2.saude.gov.br/images/pdf/2015/marco/12/analise-indicadores-agua-10mar15-web.pdf>. Acesso em: 26 jul. 2018.

a) Que relação é possível estabelecer entre o número de internações por diarreia e a cobertura de saneamento básico?

b) De acordo com as informações do gráfico, que região brasileira teve melhoria mais significativa nesse período? Explique.

c) Imagine que você é uma autoridade de saúde e deverá gerenciar verbas para resolver esse problema, indicado pelo gráfico. A que regiões você destinaria mais investimento? Explique sua resposta.

2 Leia a notícia a seguir.

Vigilância Epidemiológica de Gurupi realiza busca ativa do barbeiro e orienta moradores

Dando continuidade às ações de prevenção da Secretaria Municipal de Saúde de Gurupi, a equipe da Vigilância Epidemiológica iniciou esta semana o trabalho de buscativa do inseto barbeiro, transmissor da doença de Chagas.

Heliana Oliveira. *Vigilância Epidemiológica de Gurupi realiza busca ativa do Barbeiro e orienta moradores.* 21 jun. 2018. Disponível em: <http://surgiu.com.br/2018/06/21/vigilancia-epidemiologica-de-gurupi-realiza-buscativa-do-barbeiro-e-orienta-moradores/>. Acesso em: 26 jul. 2018.

a) O barbeiro é o transmissor (vetor) da doença de Chagas. Qual é o agente etiológico dessa doença?

b) Que medidas profiláticas a vigilância epidemiológica deve orientar aos moradores?

c) A doença de Chagas é considerada endêmica. O que significa isso?

d) Por que a Vigilância Epidemiológica é o setor responsável por esse tipo de trabalho?

e) A doença de Chagas também pode ser transmitida pela ingestão de açaí ou de caldo de cana. Como isso acontece? Qual é a medida profilática nesse caso?

3 Leia a notícia a seguir.

Controle da dengue deve continuar com tempo frio

Ascom/PMF

Armadilha para captura do vetor da dengue.

Mesmo com a chegada do frio, a população deve manter o alerta e as ações para combater os criadouros do mosquito transmissor da dengue. O alerta é da Vigilância Epidemiológica de Florianópolis, que mantém as ações de monitoramento e eliminação dos focos do *Aedes aegypti* na Capital. [...]

"Desde o fim do ano passado estamos trabalhando no monitoramento e no controle dos focos do transmissor da dengue, principalmente nos locais onde há focos do mosquito, mas é imprescindível que a população entre nessa luta conosco para eliminar os criadouros de larvas do *Aedes aegypti*", afirma o secretário de Saúde, Daniel Moutinho Junior.

As equipes da Vigilância em Saúde do município fizeram o mapeamento de todos os pontos da Capital onde devem ser colocadas as armadilhas utilizadas para a descoberta de novos focos do mosquito [...].

Controle da dengue deve continuar com tempo frio. Prefeitura de Florianópolis. Disponível em: <www.pmf.sc.gov.br/mobile/index.php?pagina=notpagina&noti=14719>. Acesso em: 23 jul. 2018.

a) Além de transmitir a dengue, o mosquito *Aedes aegypti* também é vetor de outras doenças causadas por vírus. Que doenças são essas?

b) Que medidas são importantes na profilaxia da dengue?

c) Por que é importante a Vigilância Epidemiológica manter as ações de monitoramento e identificação dos focos do *Aedes aegypti*?

4 Quando nosso organismo é atacado por elementos estranhos (antígenos), espera-se que o sistema imunológico reaja produzindo anticorpos específicos. Veja um esquema que representa esse mecanismo de ação:

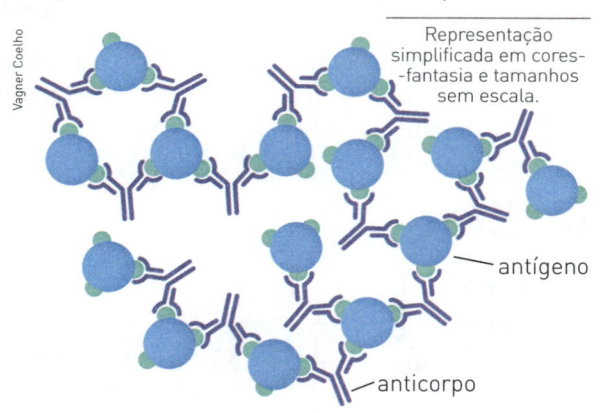

Representação simplificada em cores-fantasia e tamanhos sem escala.

antígeno

anticorpo

Contudo, às vezes, o ataque é tão rápido e intenso que pode levar a pessoa à morte. A vacinação tem papel preventivo, possibilitando ao organismo preparar sua defesa com antecedência. Mas, se existe suspeita de mal já instalado, como risco de tétano em uma ferida, não adianta administrar só a vacina.

a) Que tipo de organismo é causador do tétano?

b) Explique por que, nesse caso, não é eficiente aplicar a vacina.

c) Compare essa situação com o que acontece em casos de picadas de cobras venenosas.

5 Leia a notícia a seguir.

Em uma semana, aumentou para 300 os casos suspeitos de sarampo em jovens adultos de 20 a 29 anos em Manaus. [...]

"O aumento de casos entre jovens adultos mostra a necessidade de que esse público procure uma Unidade de Saúde para se imunizar contra a doença", afirma o secretário municipal de saúde [...]

Acrítica, 20 jun. 2018. Disponível em: <www.acritica.com/channels/manaus/news/suspeitas-de-sarampo-em-adultos-aumenta-para-300-casos-em-manaus>. Acesso em: 23 jul. 2018.

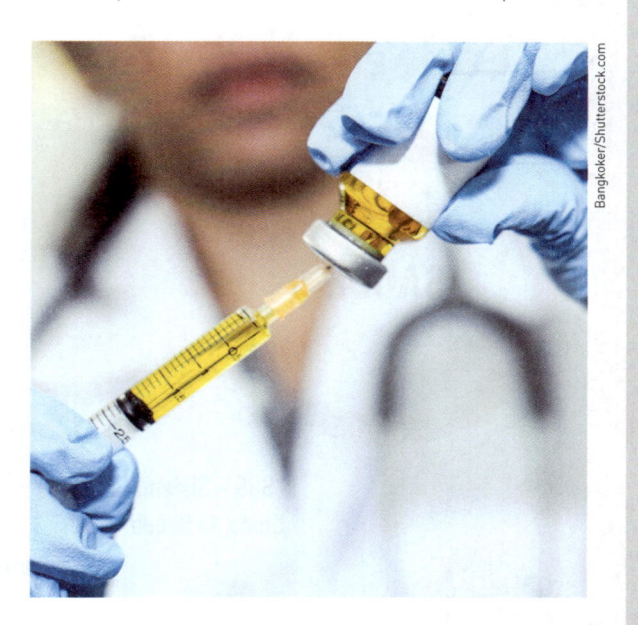

a) A notícia também informa: "O aumento de casos entre jovens adultos mostra a necessidade de que esse público procure uma Unidade de Saúde para se imunizar contra a doença". A que importante medida profilática se refere essa orientação?

b) Qual é o agente etiológico do sarampo?

c) Como ocorre a transmissão do sarampo?

d) Você já estudou o risco de notícias falsas e boatos acerca da saúde. Existem boatos, por exemplo, sobre vacinação. Explique por que esse tipo de boato representa perigo e dificulta o controle e a erradicação de doenças.

Visualização

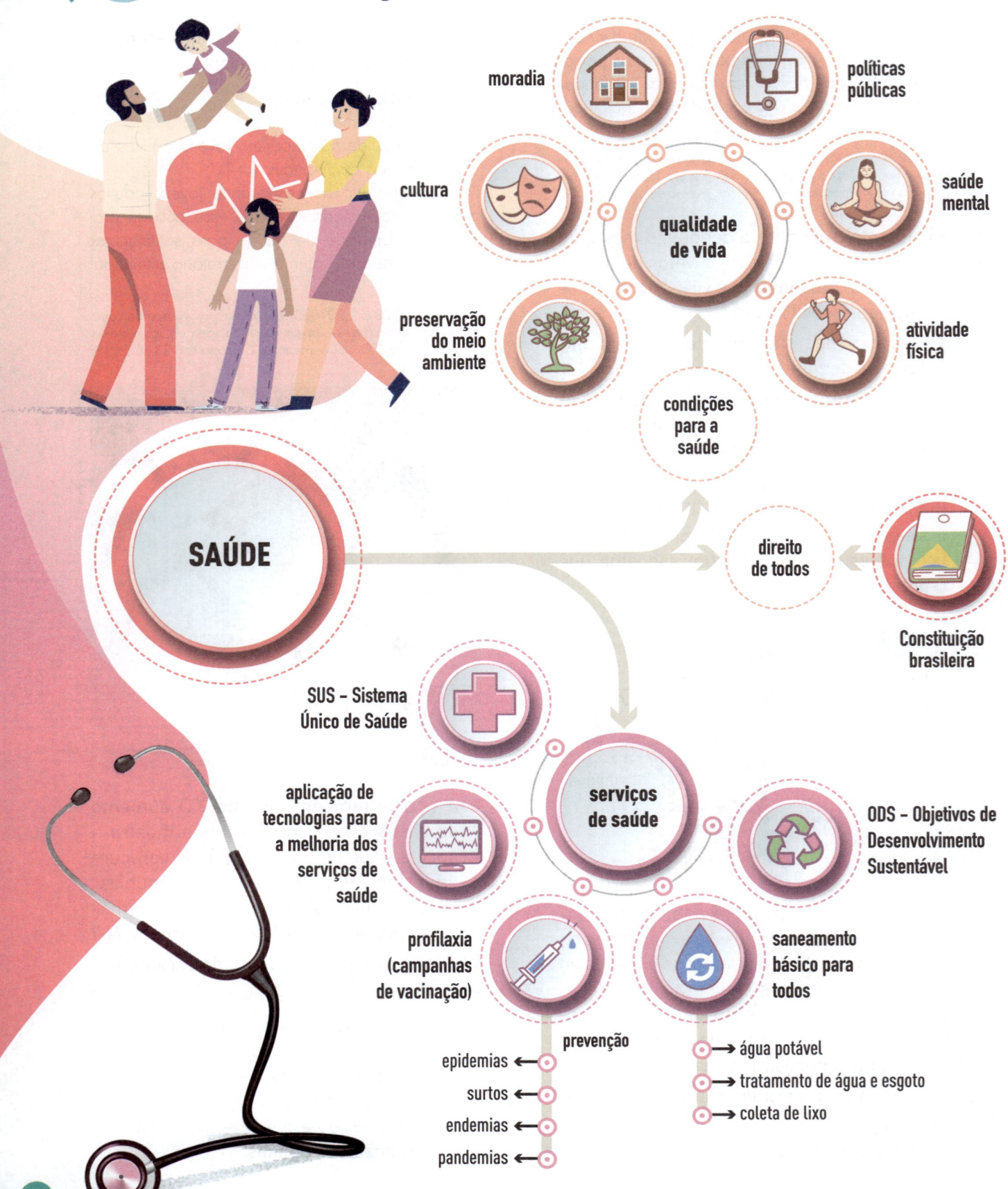

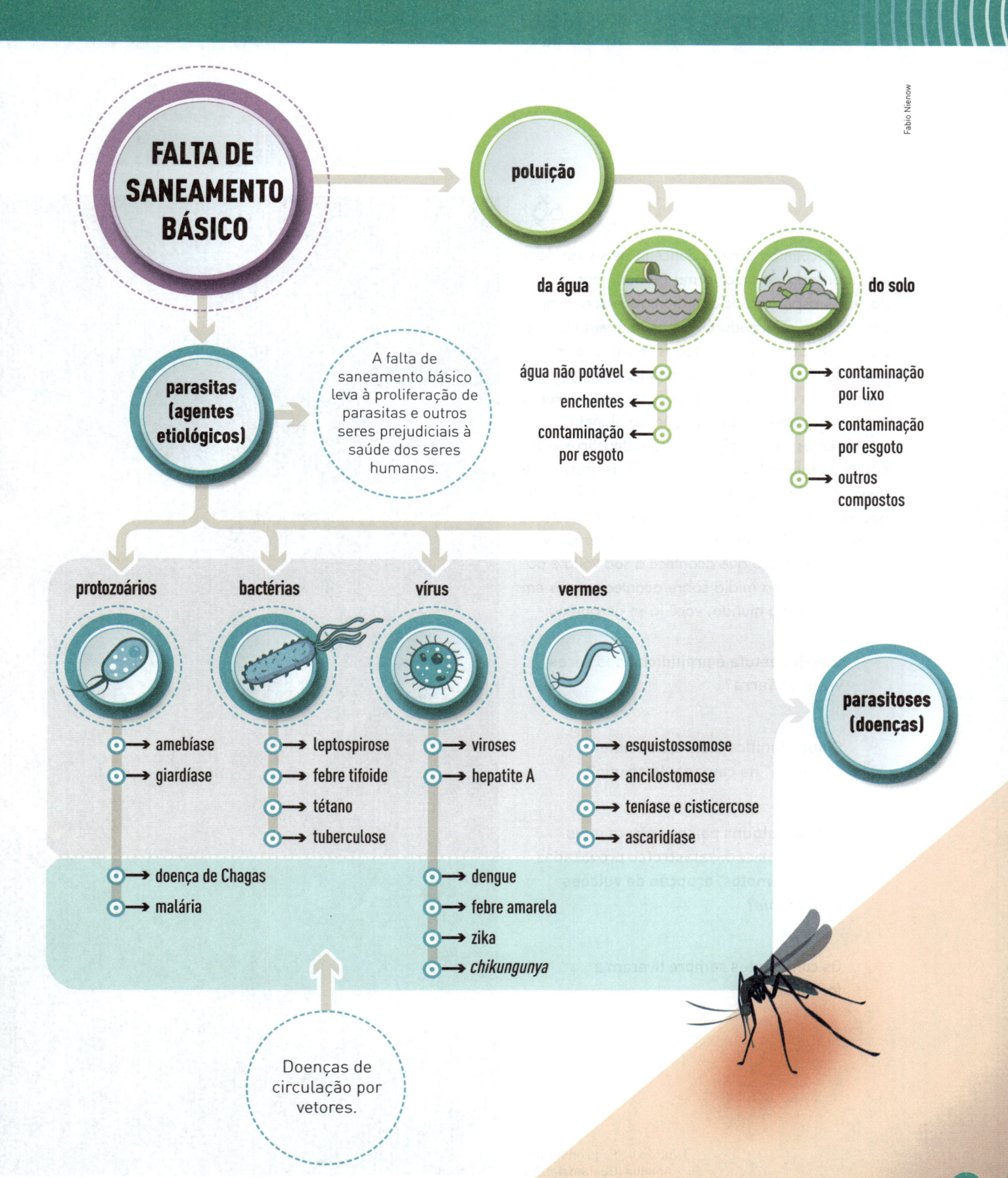

FALTA DE SANEAMENTO BÁSICO

poluição

da água

do solo

A falta de saneamento básico leva à proliferação de parasitas e outros seres prejudiciais à saúde dos seres humanos.

parasitas (agentes etiológicos)

água não potável
enchentes
contaminação por esgoto

contaminação por lixo
contaminação por esgoto
outros compostos

protozoários
- amebíase
- giardíase
- doença de Chagas
- malária

bactérias
- leptospirose
- febre tifoide
- tétano
- tuberculose

vírus
- viroses
- hepatite A
- dengue
- febre amarela
- zika
- *chikungunya*

vermes
- esquistossomose
- ancilostomose
- teníase e cisticercose
- ascaridíase

parasitoses (doenças)

Doenças de circulação por vetores.

Fabio Nienow

UNIDADE

> **Antever**

Já discutimos como o conceito de saúde deve ser abordado de uma forma global, considerando-se os aspectos socioambientais e sua dimensão coletiva e individual. Vimos também como a qualidade de vida – em todas as suas formas – está relacionada a ecossistemas equilibrados e à importância de adotarmos condutas sustentáveis e mais responsáveis na ocupação do planeta.

Veremos agora algumas características e fenômenos referentes ao ar e solo terrestres. Você perceberá como a presença e a ação humana podem interferir nesses componentes da biosfera, afetando a vida humana e a de outros seres vivos.

Observando o que acontece à sua volta e ouvindo notícias na mídia sobre acontecimentos em outras partes do mundo, você já se perguntou:

1 O efeito estufa é prejudicial aos seres vivos da Terra?

2 O que significa dizer que existem "buracos" na camada de ozônio?

3 Por que alguns países sofrem mais que outros com catástrofes provocadas por terremotos, erupção de vulcões e *tsunamis*?

4 Os continentes sempre tiveram a forma atual?

O Vulcão de Fogo em erupção. Antigua (Guatemala), 2016.

O ar e o solo terrestre

A Terra envolta em gases

O ar

Se você já empinou pipa alguma vez, sabe que é preciso estar em um lugar bem aberto, como num campo ou na orla de uma praia, longe de fios elétricos, casas e automóveis. Além disso, é essencial que haja vento, senão, toda vez que você tentar empiná-la, ela cairá no chão.

Uma boa pipa, capaz de manter-se bastante tempo nas alturas, deve ser feita de papel fino, ter formato adequado e ser bem leve. Quem costuma empinar sabe que, se realizar os movimentos adequados, a resistência do ar atuará sobre a pipa, compensando o seu peso e possibilitando que o próprio ar a eleve para bem alto. Essa força de resistência do ar pode mantê-la no céu durante toda a brincadeira.

- O que é o ar e onde ele está presente?
- Em que situações de seu dia a dia você pode perceber a existência do ar?

AscentXmedia/Stockphoto.com

O ar oferece uma resistência que mantém a pipa em suspensão.

Você pode ver ou pegar o ar?

Olhe à sua volta e perceba que o ar não pode ser visto nem tocado; no entanto, com nosso movimento, sentimos que ele está ao nosso redor. E, apesar de não lembrarmos da sua existência, não viveríamos sem ele.

Apesar de vermos na natureza a água e o solo e não vermos o ar, ele também é um componente ambiental. Nós, os outros animais, as plantas e a maioria dos seres vivos precisamos do ar para viver. Além de saber como podemos percebê-lo, vamos estudar neste capítulo o que é o ar e onde ele está presente.

Balões flutuando na atmosfera na Tailândia.

Observar

As imagens desta página não estão representadas na mesma proporção.

Cheio ou vazio?

Não podemos ver o ar nem mesmo pegá-lo. Ele é invisível, incolor (não tem cor) e inodoro (não tem cheiro). Mas existe, tem peso e ocupa lugar no espaço.

Estamos tão acostumados com ele que nem nos damos conta de sua existência. Costumamos dizer que "o copo está vazio, o armário está vazio etc.", mas será que eles estão mesmo vazios?

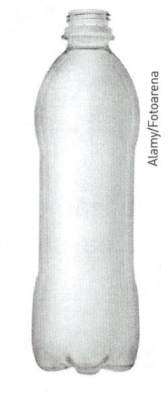
Será que a garrafa está mesmo vazia?

Material:

- uma garrafa do tipo PET;
- um recipiente com água.

Procedimentos

1. Observe a garrafa aberta e responda no caderno: o que há dentro dela?
2. Anote o que você acha que ocorrerá se a garrafa for mergulhada num recipiente com água.
3. Mergulhe lentamente a boca da garrafa dentro do recipiente com água, de forma levemente inclinada.
4. Observe o que ocorre.

Agora responda.

1 O que você observou? Por que isso ocorreu?

Compare com sua anotação e veja se ocorreu o que você esperava.

Composição do ar

Na natureza, a matéria está presente nos estados sólido, líquido e gasoso. O ar é uma mistura que se apresenta, em sua maior parte, no estado gasoso.

As misturas são compostas de duas ou mais substâncias. O ar é uma mistura de gases, entre eles o gás oxigênio. A maioria dos seres vivos utiliza o gás oxigênio do ar na sua respiração. Mesmo os organismos aquáticos, como os peixes, respiram esse gás dissolvido na água.

Vamos estudá-los separadamente.

Gás nitrogênio (N_2)

É o gás presente em maior quantidade no ar. Essa substância é fundamental para a vida na Terra. O elemento nitrogênio faz parte da composição de diversas moléculas presentes em todos os organismos vivos.

Os animais não podem obter esse gás diretamente do ar; somente algumas bactérias são capazes de utilizar o gás nitrogênio, transformando-o em sais que são absorvidos pelas plantas. Os animais assimilam o nitrogênio somente por meio dos alimentos.

Nestor Bandrivskyy/Shutterstock.com

Muitos alimentos podem ser conservados por atmosfera modificada, uma técnica que extrai o gás oxigênio e mantém, principalmente, o gás nitrogênio dentro da embalagem.

As imagens desta página não estão representadas na mesma proporção.

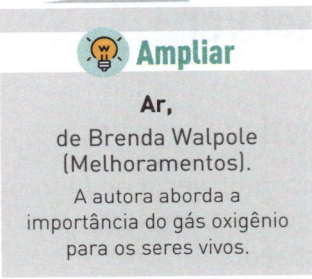

💡 Ampliar

Ar,
de Brenda Walpole (Melhoramentos).

A autora aborda a importância do gás oxigênio para os seres vivos.

Não utilizamos o nitrogênio do ar em nosso organismo. Quando respiramos, a quantidade desse gás que passa pelos nossos pulmões é toda devolvida ao meio ambiente, sem sofrer qualquer modificação.

Gás oxigênio (O_2)

É um gás de fundamental importância para os processos vitais dos seres vivos em nosso planeta, utilizado na respiração da maioria deles.

As algas e as plantas também absorvem oxigênio na respiração, mas, pela fotossíntese, liberam esse gás, possibilitando a sua renovação contínua no ambiente.

A maior parte do gás oxigênio inspirado é utilizada pelos seres vivos em reações químicas, que levam à produção da energia que mantém seus sistemas vitais.

mariamalaya/Shutterstock.com

As plantas absorvem gás oxigênio durante a respiração e também liberam esse gás durante a fotossíntese.

Gás carbônico (CO_2)

Também chamado de dióxido de carbono, esse gás está presente na composição do ar em proporção muito pequena, mas é imprescindível para a vida no planeta. Ele é utilizado pelas plantas, algas e alguns tipos de bactérias no processo de fotossíntese.

Na respiração, os seres vivos liberam gás carbônico para o ambiente.

Outros processos que liberam gás carbônico são a **combustão** – que é, basicamente, a queima de materiais como madeira, gasolina e álcool –, e a **decomposição** da matéria orgânica. Dessa forma, é fácil deduzir que esse gás faz parte da mistura de gases que compõem o ar.

Entretanto, como veremos mais tarde, o gás carbônico favorece a retenção de calor na atmosfera, e o seu atual excesso (que, segundo cientistas, é causado principalmente pela ação do ser humano) pode ser uma das causas do aquecimento global que vem provocando sérias consequências ambientais.

A madeira que queima em uma fogueira participa de um processo de combustão, que libera CO_2.

O tomate sofre uma decomposição devido ao mofo que cresce sobre ele. Esse processo também libera CO_2.

As imagens desta página não estão representadas na mesma proporção.

No gráfico ao lado você pode observar a composição dos gases que inalamos e exalamos na respiração.

Compare o ar inspirado (colunas **verdes**) com o ar expirado (colunas **amarelas**) e veja que a quantidade de gás oxigênio diminui na expiração; contudo, ele não é totalmente consumido pelo nosso organismo. A quantidade de gás carbônico que na inspiração é muito baixa, é maior no gás expirado; e a quantidade de gás nitrogênio não se altera.

O esquema está representado com cores-fantasia e as dimensões dos elementos não seguem a proporção real.

ZOOM

O gás carbônico é uma substância que pode ser representada desta forma: CO_2 – ela se relaciona com os materiais que o formam. É provável que você e os colegas já tenham encontrado representações parecidas com essa, como: H_2O e O_2. Se viram, onde foi? Sabem o que elas representam?

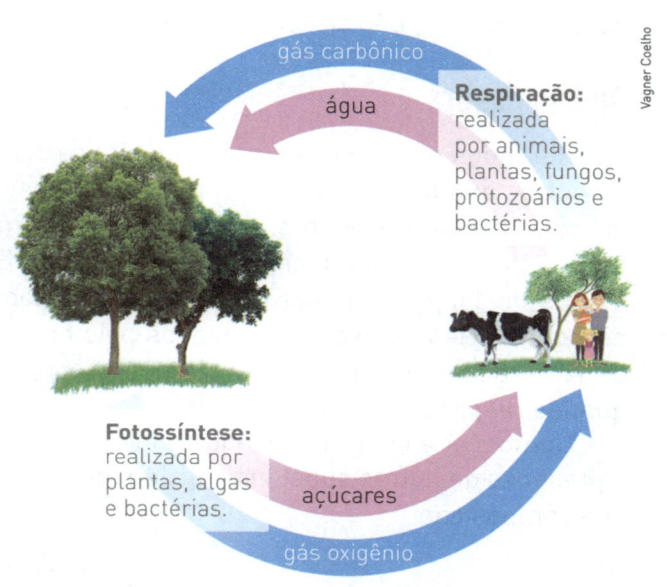

Respiração: realizada por animais, plantas, fungos, protozoários e bactérias.

Fotossíntese: realizada por plantas, algas e bactérias.

gás carbônico

água

açúcares

gás oxigênio

Esquema simplificado comparando a troca de gases na respiração e fotossíntese.

Porcentagem dos gases no ar inspirado e no ar expirado

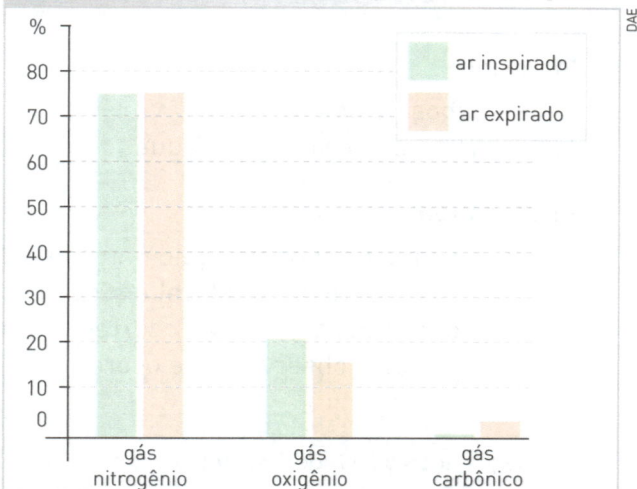

- ar inspirado
- ar expirado

Fonte: Arthur G. Guyton e John E. Hall. *Textbook of medical physiology.* Filadélfia: Elsevier Saunders, 2006. p. 493.

A quantidade de gás carbônico inspirada é tão pequena que mal pode ser vista.

Vapor de água (H₂O)

Quando a roupa seca no varal, a água que estava presente nela evapora, passando para o estado gasoso e misturando-se com os demais componentes do ar.

Assim como o gás carbônico, o vapor de água é importante para manter a temperatura do planeta, pois ambos colaboram na retenção de calor.

O vapor de água presente no ar também se condensa, ou seja, passa para o estado líquido, na forma de minúsculas gotículas. Ao fazer isso, pode formar as nuvens, que, por sua vez, dão origem às chuvas.

Conforme a água presente na forma líquida vai evaporando, a roupa vai ficando seca.

Outros gases

Além dos gases nitrogênio, oxigênio, carbônico e vapor de água, há outros que também fazem parte da composição do ar, como o hidrogênio e os gases nobres, assim chamados em razão da dificuldade de seus átomos combinarem-se com outros. Eles correspondem a menos de 1% da composição do ar. Assim como ocorre com o gás nitrogênio, eles não são aproveitados pelo organismo dos seres vivos na respiração; entram e saem de nosso corpo em igual quantidade quando respiramos.

Como o ar é inodoro, quando sentimos cheiros, estes nos revelam a presença de outras substâncias, além dos gases que fazem parte da sua composição.

O gás hélio é um exemplo de gás nobre, presente em quantidade muito pequena na atmosfera terrestre. Em alguns depósitos naturais, ele é encontrado em quantidade suficiente para a exploração comercial – por exemplo, o enchimento de balões festivos e de dirigíveis usados em publicidade.

Observar

Obtendo água em estado líquido

Material:
- cubos de gelo;
- um copo de vidro com água.

Procedimentos
1. Coloque os cubos de gelo num copo de vidro com água.
2. Deixe o copo em um local em que possa ser aquecido pelos raios de sol.
3. O que você acha que vai ocorrer dentro e fora do copo? Registre suas hipóteses por escrito.
4. Aguarde e observe o que ocorre.

A seguir, faça as atividades abaixo.

no caderno

1. Esquematize com um desenho e com legendas, as etapas que ocorreram desde o início.

2. Retome as hipóteses que você levantou inicialmente. Elas se confirmaram? Escreva o que ocorreu e discuta com os colegas.

Experimentar

Verificando a presença de poeira no ar

Já estudamos que o ar é uma mistura. Nele, além de gases e vapor de água, será que existem outros componentes, como a poeira, por exemplo? O que você considera como poeira?

Material:

- filtros de papel (usados para preparar café);
- palitos longos de madeira (do tipo usado em churrascos);
- grampeador.

> Atente para sua segurança e dos colegas ao manipular os palitos e o grampeador, e peça ajuda ao professor caso tenha dificuldade.

Procedimentos

1. Prenda o filtro de papel no palito de churrasco usando um grampeador.
2. Leve o filtro para casa e prenda-o numa janela, de preferência virada para rua – o mesmo pode ser feito em locais variados na escola (no pátio, na sala de aula, próximo à rua, no refeitório etc.).
3. Traga o filtro de volta para a sala de aula, após uma ou duas semanas, na data estipulada pelo professor e compare-o com os filtros trazidos pelos colegas.

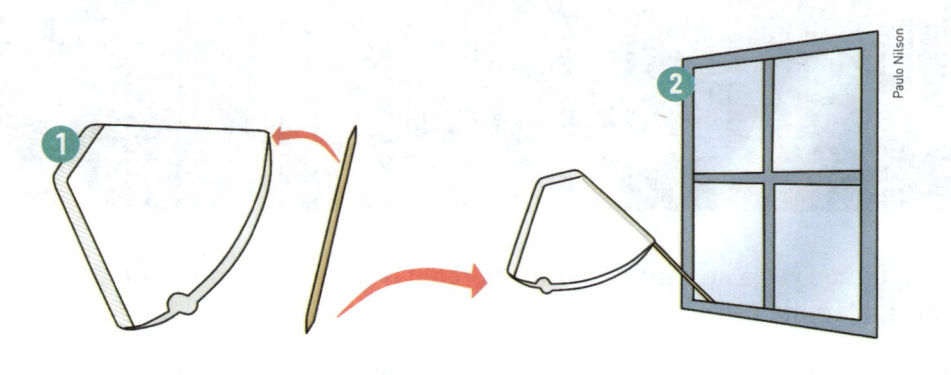

Paulo Nilson

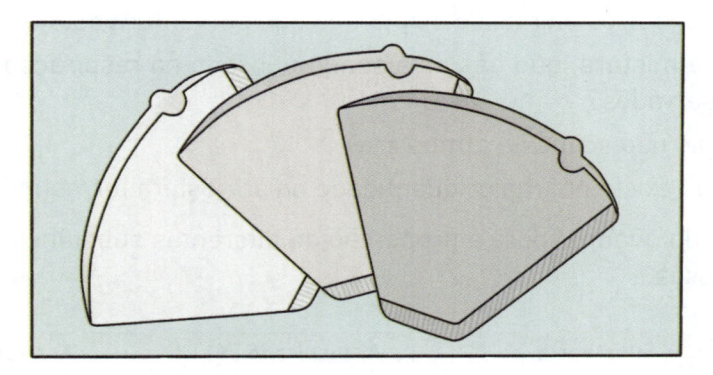

Representação simplificada em cores-fantasia e tamanhos sem escala.

1. Em grupo, procurem identificar quais as ruas ou os bairros com ar mais empoeirado. As partículas parecem ser do mesmo tipo? Observem a cor dos filtros, por exemplo.

2. Debatam se nesses locais há grande movimentação de veículos, atividade industrial, áreas verdes etc., relacionando esses aspectos com o que foi observado nos filtros.

3. Registrem suas conclusões.

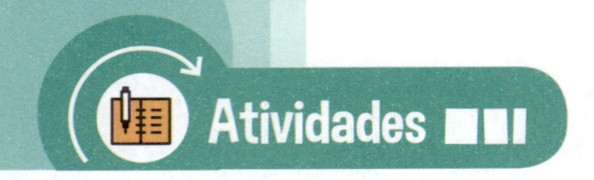

1 Podemos afirmar que uma caixa de papelão sem nenhum objeto dentro está de fato vazia? Por quê?

2 Observe a imagem abaixo.

Mihailo2701/iStockphoto.com

Não conseguimos ver o ar, mas podemos perceber sua presença em situações do cotidiano. Cite outras duas, além da retratada na imagem.

3 Pare por um momento. Concentre-se nos seus movimentos respiratórios. Observe também os colegas, familiares, outros animais e as plantas que porventura estejam próximos.

a) Sendo o ar uma mistura, que gás está sendo utilizado na respiração por você e pelos outros seres vivos observados?

b) Por que esse gás não acaba na atmosfera?

c) Esse gás é o que existe em maior quantidade na atmosfera terrestre? Justifique.

4 Analise os dados do quadro sobre a proporção de diferentes substâncias no ar inspirado e expirado por uma pessoa:

Substância	Ar inspirado (%)	Ar expirado (%)
A	0,04	4,0
B	79,7	79,7
C	20,26	16,3

a) Qual dessas substâncias corresponde ao gás nitrogênio? Justifique.

b) Quais seriam as substâncias correspondentes ao gás oxigênio e ao gás carbônico respectivamente? Justifique.

5 Ao encher um copo ou outro recipiente com água de torneira, o que podemos observar? Que relação tem isso com o ar?

6 A tarefa escolar de Ciências de Rita era organizar um jogo com cartas com o tema "Composição do ar". Para fazer metade das cartas, ela separou os tópicos a seguir.

a) Gás oxigênio;

b) Gás nitrogênio;

c) Gás carbônico;

d) Vapor de água.

Para compor as cartas restantes, que correspondem a esses tópicos, ela listou as afirmativas, a seguir.

1. Absorvido pelos animais somente por meio da alimentação.

2. Liberado na fotossíntese e absorvido na respiração.

3. Após a condensação, forma as nuvens.

4. Produzido nas combustões.

Associe as afirmativas aos tópicos propostos por Rita, com base no que estudamos neste capítulo.

7 Na composição do ar, que gás existe em maior quantidade? O que ocorre com esse gás em nossa respiração?

8 Explique o que ocorre com o gás carbônico do ar na respiração e na fotossíntese, comparando as duas situações.

9 O vapor de água e o gás carbônico desempenham um mesmo papel na atmosfera. Explique esse papel.

10 Por que os gases nobres são assim chamados?

11 As nuvens são vapor de água? Explique.

12 Observe no gráfico a composição dos gases que inalamos e exalamos na respiração. Compare o ar inspirado com o ar expirado. Como varia a quantidade de gás oxigênio, gás carbônico e nitrogênio no ar que entra e sai do organismo?

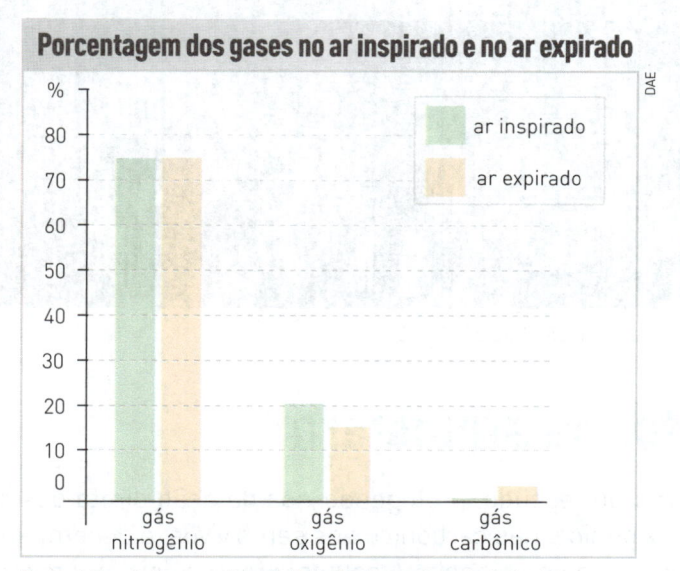

Porcentagem dos gases no ar inspirado e no ar expirado

Fonte: Arthur G. Guyton e John E. Hall. *Textbook of medical physiology.* Filadélfia: Elsevier Saunders, 2006. p. 493.

O papel da atmosfera

A fotografia a seguir mostra um dia em que a qualidade do ar esteve especialmente crítica para os moradores do município de São Paulo. Nesse dia, os hospitais dessa grande metrópole provavelmente atenderam a muitos casos de complicações respiratórias.

O fenômeno retratado é denominado **inversão térmica**, do qual falaremos adiante. Embora seja um fenômeno natural, provocado por condições meteorológicas, suas consequências para a saúde podem ser agravadas em razão dos poluentes lançados na atmosfera, produtos da própria ação humana.

zoom

- O que é poluição do ar?
- Que efeitos a poluição do ar causa sobre o ambiente? E sobre a nossa vida e a de outros seres?

Lalo de Almeida/Folhapress

Camada de poluição encobrindo a cidade de São Paulo (SP), 2014.

O papel protetor da atmosfera

A atmosfera atua como um escudo, protegendo-nos da ação direta dos raios de sol. Além disso, retém calor, fornece gás oxigênio e gás carbônico aos seres vivos, e desempenha outros papéis importantes para a manutenção da vida no planeta. A seguir veremos dois fenômenos naturais relacionados à atmosfera que são fundamentais para a proteção da Terra: a camada de ozônio e o efeito estufa.

A camada de ozônio

O ozônio (O_3) é um gás encontrado predominantemente em uma região da estratosfera que, por ter uma alta concentração desse gás, passou a ser chamada de camada de ozônio. Essa camada atua como uma capa protetora para os seres vivos, pois filtra os raios ultravioleta do Sol.

Em 1982, detectou-se, pela primeira vez, a brusca diminuição de parte do ozônio dessa camada em áreas sobre a Antártica. Várias medições sucessivas verificaram que a camada de ozônio estava ficando cada vez mais **rarefeita** nessa região.

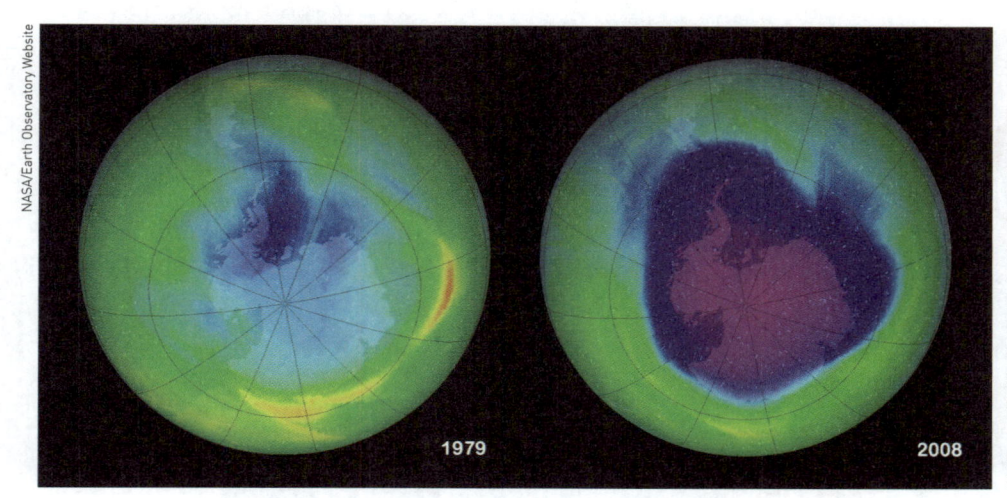

As imagens desta página não estão representadas na mesma proporção.

Evolução do buraco na camada de ozônio entre 1979 e 2008. Cores mais quentes (amarelo a vermelho) representam maiores quantidades de ozônio, enquanto cores mais frias (azul a roxo) representam quantidades menores. A quantidade de ozônio na estratosfera reduziu-se muito sobre áreas como a Antártica. Observe que nessa região a mancha azulada tornou-se maior com o tempo, indicando a redução na quantidade de ozônio.

Os cientistas apontaram os gases clorofluorcarbonetos (CFCs), usados em aparelhos de refrigeração (geladeira e aparelho de ar condicionado) e em **aerossóis**, como os responsáveis pelo fenômeno. Como o próprio nome indica, os CFCs são compostos de cloro, flúor e carbono. Quando chegam à estratosfera, eles são "quebrados" pelos raios ultravioleta provenientes principalmente do Sol. O cloro então reage quimicamente com o ozônio, que deixa de existir e dá origem ao gás oxigênio. Isso faz com que surjam regiões onde a concentração de ozônio é muito baixa, os chamados "buracos" na camada de ozônio.

A diminuição do uso de CFCs já ocorre em vários países; mas, como esses compostos são muito estáveis, eles ainda permanecem na atmosfera muitos anos depois de liberados.

A diminuição dos níveis de ozônio nessa camada aumenta o risco de câncer de pele porque uma quantidade maior de radiação solar consegue atravessar a atmosfera e atingir a superfície terrestre. A exposição prolongada aos raios ultravioleta também pode aumentar a incidência de enfermidades nos olhos, como catarata, e reduzir nossas defesas imunológicas. No ambiente, a radiação ultravioleta em excesso altera a taxa de crescimento de plantas e do **fitoplâncton** nos oceanos, o que afeta a produção de oxigênio por fotossíntese e, por consequência, todos os seres vivos, por meio das cadeias alimentares.

A redução no uso de CFCs em produtos como os aerossóis é uma importante medida no combate à diminuição da camada de ozônio.

Glossário

Aerossol: produto composto de partículas muito pequenas de líquidos ou sólidos que podem se espalhar facilmente no ar. É usado em embalagens spray de desodorantes, fixadores de cabelo, tintas, inseticidas, medicamentos, entre outros.

Fitoplâncton: conjunto de algas microscópicas que habitam os ambientes aquáticos.

Rarefeito: em menor concentração.

Efeito estufa

Graças ao efeito estufa, a temperatura da Terra se mantém, em média, em torno de 15 °C, o que é favorável à vida no planeta. Sem o aquecimento provocado por ele, nosso planeta seria muito frio.

O nome "efeito estufa" foi proposto buscando-se comparar o fenômeno atmosférico ao que ocorre dentro de uma estufa de vidro. Nesta, o vidro permite que a radiação solar entre na estufa, mas impede a passagem de parte da radiação para fora. Veja o esquema a seguir para entender o que ocorre em uma estufa de vidro.

Representação simplificada em cores-fantasia e tamanhos sem escala.

luz do Sol

luz refletida para fora da estufa

calor retido no ambiente

Luiz Lentini

Esquema simplificado que representa o que ocorre em uma estufa de vidro.

Luis Moura

3 Os gases estufa retêm parte da energia solar, que é refletida de volta para a superfície.

1 A luz solar atravessa a atmosfera terrestre.

2 Parte da energia solar é refletida pelas nuvens e pela superfície.

Esquema simplificado que representa o efeito estufa na Terra.

A proporção entre as dimensões dos astros representados, a distância entre eles e as cores utilizadas não correspondem aos dados reais.

Compare, agora, o esquema acima, com o que ocorre na atmosfera representada no esquema ao lado.

Como já vimos, o efeito estufa é natural e benéfico por manter a temperatura da Terra e, em consequência, favorecer a sobrevivência dos seres vivos. O gás carbônico é lançado na atmosfera de maneira natural pela respiração e decomposição, por exemplo.

No entanto, verifica-se que, desde o surgimento das primeiras indústrias, no século XVIII, a quantidade de gás carbônico liberado para a atmosfera tem aumentado. Isso provoca o agravamento do efeito estufa. Cientistas e ambientalistas alertam que esse fenômeno é a principal causa do aquecimento global.

É importante saber que:

- O gás carbônico e outros gases permitem a passagem da luz do Sol, mas retêm o calor gerado por ela.
- O uso de combustíveis fósseis, as queimadas, a derrubada de florestas em todo o mundo, a grande quantidade de rebanhos de gado e de outros animais (que liberam gases produzidos na digestão) são alguns dos fatores que aumentam a quantidade de gases que agravam o efeito estufa na atmosfera, como o gás carbônico, o metano e o monóxido de carbono.
- Por meio da fotossíntese, as algas e as plantas – que também liberam pequenas quantidades de gás carbônico pela respiração – captam parte do gás carbônico do ar.

Modelar

Simulando o efeito estufa

Atenção!
Faça a atividade com supervisão do professor. Caso use uma luminária, tenha cuidado para não encostar a mão na lâmpada.

Material:
- dois copos com água;
- uma caixa de sapatos;
- filme plástico (do tipo usado para embalar alimentos);
- papel-alumínio (do tipo usado para embalar alimentos);
- uma luminária (ou um espaço com incidência direta de luz solar);
- termômetro.

Preparação dos materiais da atividade.

Procedimentos
1. Forre o interior da caixa com o papel-alumínio.
2. Coloque um dos copos com água dentro dela e tampe-a com o filme plástico.
3. Coloque o segundo copo e a caixa sob a luz de uma luminária ou sob a luz do Sol.
4. O que deve ocorrer com a água nos copos? Haverá alguma diferença na temperatura? Por quê? Registre suas hipóteses.
5. Após dez minutos, abra um pequeno orifício no plástico que tampa a caixa e introduza rapidamente um termômetro. Após meio minuto aproximadamente, meça a temperatura.

Responda:

1. Qual dos dois copos está com a água mais quente? Como você explica esse resultado?
2. Pensando no efeito estufa na atmosfera terrestre, o que a caixa de sapatos representa?
3. O que, em nosso planeta, é representado pelo filme plástico do modelo?
4. O que ocorreria se colocássemos mais camadas de filme plástico envolvendo a caixa?

A poluição do ar

O nível de poluição atmosférica depende da quantidade de substâncias poluentes presentes no ar. Podemos definir poluente atmosférico como qualquer substância que, pela sua concentração, pode tornar o ar impróprio ou nocivo à saúde humana e aos demais seres vivos, ou ainda ser prejudicial à segurança e às atividades normais da comunidade.

Além do desequilíbrio de ecossistemas e agravos à vida dos seres vivos em geral, as alterações na qualidade do ar representam verdadeiros desafios à saúde pública. Um levantamento da Organização Mundial da Saúde (OMS), divulgado em maio de 2018, revelou que a poluição do ar em ambientes externos tem relação direta com a morte de mais de 50 mil pessoas por ano no Brasil. No planeta, o relatório estima que as vítimas cheguem a sete milhões de pessoas anualmente. O estudo da OMS abordou especificamente os problemas causados pela exposição a material particulado. Trata-se de um tipo de poeira fina, liberada por diversas fontes, desde as de uso doméstico até as industriais.

Segundo a OMS, as principais fontes de poluição do ar com material particulado incluem o uso ineficiente de energia por parte das famílias, da indústria, dos setores de agricultura e transporte e de usinas termoelétricas a carvão. Em algumas regiões do mundo, areia e poeira do deserto, queima de lixo e desmatamento são fontes adicionais de poluição do ar. A qualidade do ar também pode ser influenciada por fatores naturais, como os meteorológicos e alterações sazonais (nas diferentes estações do ano).

A relação com a desigualdade social

As imagens desta página não estão representadas na mesma proporção.

As informações do relatório da OMS destacam um dos vários aspectos perversos da desigualdade socioeconômica no mundo. Enquanto parte dos habitantes da Terra tem acesso a tecnologias de última geração que facilitam suas vidas e são menos poluentes, outra parte sofre os efeitos da poluição em suas próprias residências. A OMS afirma que mais de 40% da população mundial não tem acesso a eletrodomésticos ou à iluminação elétrica; dessa forma, muitas famílias têm de recorrer ao uso de fogões a lenha ou a carvão para cozinhar e aquecer os ambientes da casa, e a lamparinas com querosene. Em 2016, a poluição doméstica foi responsável por cerca de 3,8 milhões de mortes.

Fogão à lenha.

Fogão elétrico.

Lamparina à querosene.

Lâmpadas de LED.

Gases poluentes

Podemos classificar os poluentes em dois tipos básicos:

- Poluentes primários - os que são liberados diretamente por uma fonte de emissão. Exemplos: compostos à base de enxofre liberados de uma usina que utilize carvão.
- Poluentes secundários – são os que se formam na atmosfera como resultado de reação química entre poluentes primários e/ou componentes naturais do ar. Exemplos: ácido sulfúrico na chuva ácida, resultante da reação química de poluentes que contêm enxofre com o vapor de água, presente naturalmente na atmosfera.

Constata-se que vários tipos de poluentes podem ser emitidos pelo escapamento de veículos, usinas de energia, pecuária, agricultura, entre outras fontes. Quando há emissão excessiva de monóxido de carbono, gás carbônico e gases ricos em enxofre e nitrogênio, a composição do ar que respiramos é alterada, e isso pode provocar sérios danos à nossa saúde. Segundo a OMS, só em 2016, cerca de 4,2 milhões de pessoas morreram por câncer de pulmão, doenças cardíacas e acidente vascular cerebral (AVC) causados pela poluição. Também são poluentes os gases clorofluorcarbonetos (CFCs), dos quais falamos anteriormente.

zoom

O gás ozônio pode ser poluente?

Vale lembrar que, enquanto tem papel protetor na estratosfera (entre 15 e 50 km de altitude), na troposfera (camada próxima à superfície da Terra), o ozônio pode ser considerado um poluente. Ele não é emitido diretamente, mas formado de outros poluentes atmosféricos na presença de radiação solar. Esses poluentes são emitidos principalmente na queima de combustíveis fósseis, criação de rebanhos e na agricultura. O ozônio nessas condições pode causar danos à saúde, como o agravamento de problemas respiratórios.

Saúde em foco ■■■

Efeitos da poluição sobre a saúde

Veja no quadro a seguir os efeitos de alguns gases poluentes sobre a saúde humana.

Poluentes	Fontes	Efeitos sobre a saúde humana
Monóxido de carbono (CO)	Queima incompleta de materiais fósseis como o petróleo e o carvão, principalmente nas indústrias metalúrgicas, nas refinarias de petróleo e nos motores de combustão.	Dificuldade respiratória e até mesmo asfixia.
Dióxido de enxofre (SO_2)	Centrais termoelétricas, fábricas, veículos automotivos, usinas.	Ação irritante nas vias respiratórias, provocando tosse e sufocação. Contribui para o agravamento da asma e da bronquite crônica.
Dióxido de nitrogênio (NO_2)	Motores de combustão, aviões, fornos, incineradores, certos fertilizantes, queimadas e instalações industriais.	Redução da capacidade do sangue de transportar gás oxigênio e das defesas do organismo contra as infecções. Pode ainda provocar problemas respiratórios.

1 Várias doenças podem ser causadas ou agravadas por poluentes do ar.  em grupo

a) Pesquisem algumas dessas doenças e identifiquem o principal poluente causador dessas doenças pesquisadas.

b) Façam um resumo dessas informações e divulguem para a comunidade do entorno da escola. Pode ser na forma de uma cartilha ilustrada, por exemplo. Procurem utilizar uma linguagem acessível.

O papel das queimadas na poluição do ar

Já abordamos o impacto ambiental das queimadas sobre a vida nos ecossistemas e nas alterações climáticas. Em relação à poluição do ar, é interessante ainda destacar o efeito que essa prática provoca nas regiões vizinhas, inclusive em outros países.

Desmatamento da Amazônia aumenta poluição em países da América do Sul

Os estados amazônicos do Pará, Rondônia, Amazonas e Acre têm "exportado" a fumaça produzida pelo desmatamento por fogo para Bolívia, Peru e Paraguai e contribuído para aumentar os níveis de poluição atmosférica nesses países vizinhos. Ao lado do Mato Grosso, esses quatro estados também registram o maior número de focos de queimadas na América do Sul.

A constatação é de um estudo feito por pesquisadores do Instituto Nacional de Pesquisas Espaciais (INPE) que utilizou o supercomputador Tupã, instalado na instituição com recursos da FAPESP e do Ministério da Ciência, Tecnologia e Inovação (MCTI).

[...] "A maior produção de fumaça resultante da queima de floresta na América do Sul é brasileira. O Brasil realmente exporta fumaça de queimadas e contamina os demais países da região", disse Saulo Ribeiro de Freitas, pesquisador do INPE, à Agência FAPESP.

De acordo com Freitas, as queimadas florestais ocorrem em escala global. Na América do Sul, contudo, podem ser registrados mais de 5 mil focos de queimadas em um único dia.

Durante um mês, o acúmulo de vários focos de queimadas gera plumas de fumaça. Ao serem transportadas por massas de ar produzidas na Região Norte e no centro do Brasil, essas plumas de fumaça chegam à região sul da América do Sul e podem cobrir áreas de até 5 milhões de quilômetros quadrados, como se observou em imagens de satélite. [...]

Elton Alisson. *Agência FAPESP*, 29 jul. 2014. Disponível em: <http://agencia.fapesp.br/desmatamento-da-amazonia-aumenta-poluicao-em-paises-da-america-do-sul/19501>. Acesso em: 17 jul. 2018.

Marcos Amend/Pulsar Imagens

Incêndio que atingiu vegetação de cerrado na região do Jalapão. Observe a quantidade de fumaça produzida e liberada para a atmosfera. Ponte Alta (TO), 2018.

Inversão térmica

Os efeitos da poluição podem ser agravados por fenômenos meteorológicos como a inversão térmica. Em condições normais na troposfera, o ar próximo da superfície é mais quente que o das camadas mais altas, e sua tendência é subir (esquema 1). Em seu lugar, entra o ar frio, que desce das camadas superiores. Durante a inversão térmica, uma camada de ar quente se sobrepõe a uma camada de ar frio (esquema 2), formando uma espécie de "tampa" que impede a subida do ar próximo da superfície.

Se a temperatura do ar da camada inferior for bastante baixa, a umidade se condensa, formando um nevoeiro. Nas cidades industrializadas e com muita poluição, esse ar frio que não consegue se espalhar contém poluentes que podem fazer mal à saúde das pessoas.

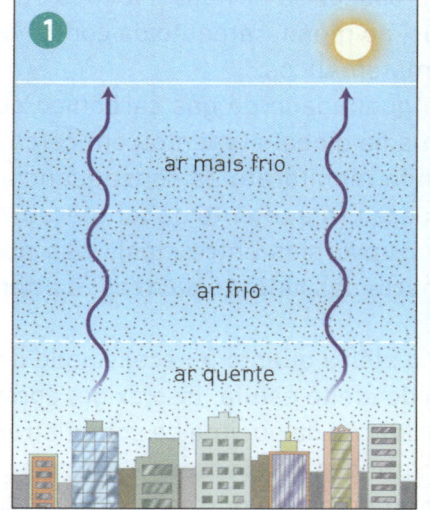
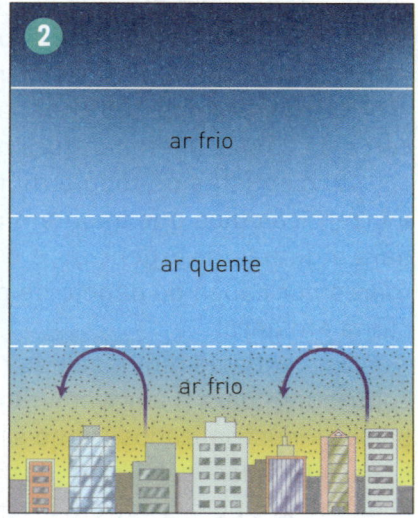

O esquema 1 mostra os poluentes se dissipando na atmosfera. No esquema 2, há retenção de poluentes no ar próximo à superfície, em consequência da inversão térmica.

O esquema está representado com cores-fantasia e as dimensões dos elementos não seguem a proporção real.

Chuva ácida

Em primeiro lugar, é bom esclarecer que, na verdade, toda chuva é ácida, já que o CO_2 da atmosfera reage com a água formando um ácido; contudo, ele não provoca danos ao ambiente e seres vivos.

Tratamos aqui da chuva que carrega ácidos fortes, resultantes da reação da água com certos poluentes liberados por indústrias, queima de carvão e derivados do petróleo, como gasolina e óleo diesel. Por meio da chuva, esses ácidos se espalham sobre a superfície da Terra, afetando o solo, a água, as plantas e outros seres vivos, corroendo prédios e monumentos e provocando vários efeitos danosos.

Monumentos históricos, como essa escultura portuguesa em homenagem a D. João III, vêm sendo danificados pela chuva ácida.

Aquecimento global

A maior parte dos cientistas não tem dúvidas de que, nos próximos anos, enfrentaremos uma elevação da temperatura da atmosfera, consequência do aumento da emissão de gases, principalmente CO_2 (gás carbônico), pelas atividades humanas. Essa hipótese baseia-se em observações da temperatura global do ar nos últimos 150 anos, no monitoramento da concentração de CO_2 e em simulações com modelos matemáticos.

Nesses últimos 150 anos, a quantidade de gás carbônico aumentou em cerca de 25%, e a temperatura média global aumentou em cerca de 0,5 °C.

Os cientistas de todo o mundo monitoram as consequências do agravamento do efeito estufa e fazem cálculos que apontam para um aumento da temperatura média do planeta (embora ainda haja algumas divergências e controvérsias entre eles). Isso pode provocar a subida do nível dos mares por causa do degelo de parte das **calotas polares**; a alteração dos regimes das chuvas e do clima em geral.

Os cientistas têm insistido no alerta quanto à necessidade de reduzir a liberação dos gases que contribuem para o agravamento do efeito estufa. Isso exige, porém, algumas medidas por parte dos países industrializados, como a redução da queima de combustíveis fósseis (por exemplo, o petróleo). Essas medidas esbarram nos grandes interesses econômicos, pois envolvem investimentos em outras formas de energia, gastos com adaptações em instalações industriais e veículos, mudanças no estilo de vida da população, entre outras ações.

É fundamental que cidadãos de todo o mundo procurem se organizar para pressionar os governantes a assumirem posições favoráveis à vida no planeta.

> ## Glossário
>
> **Calota polar:** região localizada no ponto extremo dos hemisférios da Terra (polos Norte e Sul), coberta de gelo.

zoom

De que maneira é possível diminuir a poluição?

A utilização de fontes alternativas de energia pode ajudar? Como?

Manifestação na Cidade do México reivindicando maior comprometimento do governo com as questões das mudanças climáticas. A frase escrita no balão diz: "O tempo está acabando: salvem o clima!", em 28 de agosto de 2009.

Reuters/Fotoarena

A utilização de fontes alternativas de energia, como a solar, pode diminuir a emissão de gases poluentes na atmosfera.

Smileus/Shutterstock.com

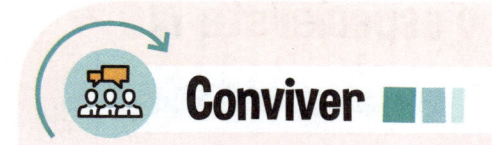

Conviver

Corrida contra o aquecimento

Acordo de Paris sobre as alterações climáticas

O Acordo de Paris é um acordo mundial sobre as alterações climáticas alcançado em 12 de dezembro de 2015, em Paris. O acordo apresenta um plano de ação destinado a limitar o aquecimento global a um valor "bem abaixo" dos 2 °C, e abrange o período a partir de 2020.

Principais elementos do novo Acordo de Paris:

Objetivo a longo prazo: os governos acordaram em manter o aumento da temperatura média mundial bem abaixo dos 2 °C em relação aos níveis pré-industriais e em envidar esforços para limitar o aumento a 1,5 °C.

Contributos: antes e durante a conferência de Paris, os países apresentaram planos de ação nacionais abrangentes no domínio das alterações climáticas para reduzirem as suas emissões.

Ambição: os governos acordaram em comunicar de cinco em cinco anos os seus contributos para estabelecer metas mais ambiciosas.

Transparência: aceitaram também apresentar relatórios aos outros governos e ao público sobre o seu desempenho na consecução das suas metas, para assegurar a transparência e a supervisão.

Solidariedade: a UE e outros países desenvolvidos continuarão a prestar financiamento à luta contra as alterações climáticas para ajudar os países em desenvolvimento a reduzirem as emissões e a criarem resiliência aos impactos das alterações climáticas.

Conselho da UE. Disponível em: <www.consilium.europa.eu/pt/policies/climate-change/timeline>. Acesso em: 18 jul. 2018.

Organização das Nações Unidas

Reúnam-se em grupo e realizem a atividade a seguir.  em grupo

1 Acordos internacionais entre países, como o Acordo de Paris, preveem a diminuição progressiva da emissão de gases que agravam o efeito estufa.

- a) Pesquisem sobre esse acordo e outras iniciativas nesse sentido.

- b) Comparem a posição dos países, entre eles os Estados Unidos (historicamente resistentes em se comprometer com a redução da emissão de gases poluentes), em relação a tais acordos e discutam a importância de um maior compromisso e adesão, principalmente por parte de nações fortemente industrializadas.

- c) Registrem suas ideias e compartilhem com a turma.

- d) Pesquisem notícias sobre o efeito estufa, divulgadas em jornais e revistas. Com essas notícias, construam um mural sobre desequilíbrios ambientais observados no Brasil e no resto do planeta.

Com a palavra, o especialista

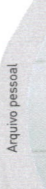

Quem é

Eduardo Ananias

O que faz

Ambientalista. Desenvolve pesquisas sobre alternativas de geração de energia limpa.

1. Qual é a relação do trabalho de um ambientalista com a qualidade do ar?

O lema do ambientalismo é "pensar globalmente e agir localmente", portanto, a relação do trabalho de um ambientalista com a qualidade do ar está diretamente ligada com a adoção de uma rotina que ajude a melhorar a qualidade do ar em sua própria casa, comunidade ou cidade, contribuindo também para atitudes maiores depois, como o incentivo para criação de leis em defesa do meio ambiente e a realização de ações que visam à conscientização dos perigos associados a este tipo de poluição, educando a população e incentivando atitudes que auxiliem na diminuição deste tipo de problema.

2. O que são poluentes do ar e quais os principais responsáveis pela sua geração?

A poluição do ar é qualquer forma de matéria ou energia que possa tornar o ar impróprio à saúde ou inconveniente ao bem-estar público, causando também danos à fauna e à flora. As indústrias, a geração de energia, os veículos automotores e as queimadas são, entre as atividades humanas, as maiores causas da poluição do ar, introduzindo substâncias poluentes na atmosfera, muitas delas tóxicas à saúde humana.

3. Que efeitos a poluição do ar causa sobre o ambiente e a saúde dos seres vivos?

Diversos estudos demonstram a relação entre a exposição aos poluentes do ar e os efeitos causados por problemas respiratórios (asma, bronquite, enfisema pulmonar e câncer de pulmão) e problemas no coração. As populações mais vulneráveis são as crianças, os idosos e as pessoas que já apresentam doenças respiratórias.

A poluição atmosférica traz prejuízos não somente à saúde e à qualidade de vida das pessoas, mas também acarretam maiores gastos do governo, devido ao aumento do número de atendimentos e internações hospitalares, além do uso de medicamentos. A poluição do ar pode também afetar as construções, e a qualidade do solo e das águas (por causa das chuvas ácidas), além de afetar plantas e animais.

4. Alguma atividade profissional que você realiza está diretamente relacionada com a poluição atmosférica?

Atualmente trabalho a maior parte do tempo com Saneamento Básico, setor que contribui diretamente para a redução do aquecimento global. O aumento da coleta e tratamento de esgoto reduz a emissão de gases causadores do efeito estufa que são gerados pelo lançamento de esgoto sem tratamento nos rios e lagos.

Além disso, o tratamento de água e esgoto utiliza muita energia elétrica, muitas vezes, proveniente de usinas termoelétricas, que queimam combustível fóssil para gerar energia, emitindo gases de efeito estufa. Atualmente, meu setor de trabalho realiza pesquisas para adoção de formas alternativas e mais limpas para gerar a energia necessária para o tratamento como a instalação de pequenas centrais hidrelétricas (PCH's) nas represas e utilização do biogás gerado nas estações de tratamento de esgoto. Também realizamos o plantio de árvores nas matas ciliares que utilizam o gás carbônico para realizar a fotossíntese, reduzindo a concentração deste gás na atmosfera.

5. O que podemos fazer no dia a dia para combater o aquecimento global?

Diversas atividades podem ser realizadas em nossa rotina que contribuem para redução do aquecimento global, por que evitam a geração de gases estufa. Os principais exemplos são: Caminhar ou andar de bicicleta quando puder. Reciclar o lixo. Plantar árvores e outras plantas onde puder. Evitar o uso de canudos e copos descartáveis. Não desperdiçar alimentos.

Viver ■■■

Bicicletas como alternativa: a importância das ciclovias

Uma medida para melhorar o deslocamento de pessoas e reduzir a poluição nas cidades é a criação de ciclovias, realizadas com o planejamento adequado para garantir a segurança e evitar acidentes. Essa é uma tendência em vários países no mundo. Especialistas têm ressaltado a importância do investimento nesse tipo de transporte alternativo, com facilidades para pedestres e ciclistas. A população dessas cidades é beneficiada com maior qualidade de vida, tanto no que diz respeito à saúde quanto ao ambiente, além de economizar no gasto com transporte.

No gráfico a seguir, podemos comparar o nível de incentivo ao transporte cicloviário no Brasil.

Ciclista pedala em ciclovia em São Paulo (SP), 2017.

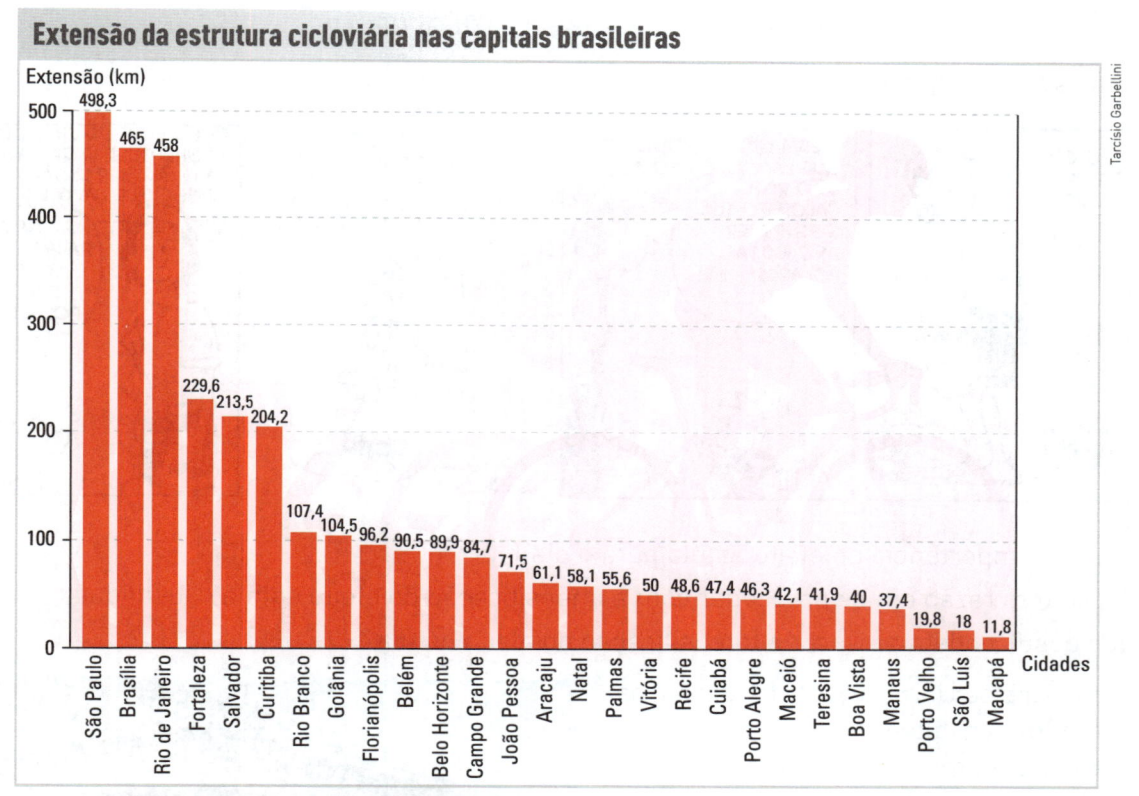

Extensão da estrutura cicloviária nas capitais brasileiras

Extensão (km)

Cidade	Extensão (km)
São Paulo	498,3
Brasília	465
Rio de Janeiro	458
Fortaleza	229,6
Salvador	213,5
Curitiba	204,2
Rio Branco	107,4
Goiânia	104,5
Florianópolis	96,2
Belém	90,5
Belo Horizonte	89,9
Campo Grande	84,7
João Pessoa	71,5
Aracaju	61,1
Natal	58,1
Palmas	55,6
Vitória	50
Recife	48,6
Cuiabá	47,4
Porto Alegre	46,3
Maceió	42,1
Teresina	41,9
Boa Vista	40
Manaus	37,4
Porto Velho	19,8
São Luís	18
Macapá	11,8

Fonte: <https://g1.globo.com/economia/noticia/2018/08/28/malha-cicloviaria-das-capitais-cresce-133-em-4-anos-e-ja-passa-de-3-mil-quilometros.ghtml>. Acesso em: 27 set. 2018.

Agora respondam.

em grupo 👥

1. Há ciclovias no seu bairro ou em sua cidade?

2. Como é a adesão dos moradores locais a essa forma de transporte?

3. Debata com os colegas sobre os fatores que podem motivar ou desmotivar a escolha da bicicleta como meio de transporte.

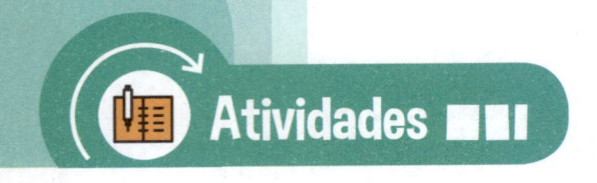

1 Na cidade de São Paulo, como medida para diminuir a poluição do ar e aumentar a fluidez do tráfego, há uma lei municipal que estabelece o rodízio de carros. De acordo com o final da numeração da placa, o carro não pode rodar no centro expandido da cidade nos horários mais movimentados em determinado dia da semana. Por exemplo, se a placa do carro tiver final 8, o veículo não poderá rodar às quintas-feiras das 7h às 10h e das 17h às 20h.

Com base no que você estudou, discuta com os colegas:

a) O que significa poluição do ar? Cite dois exemplos de poluentes atmosféricos.

b) Qual é a consequência para o planeta da emissão de poluentes pelos automóveis?

c) Essa lei paulistana é eficiente, ou seja, resolve (ou ameniza) o problema?

d) Que outras sugestões vocês teriam para solucionar (ou amenizar) esse problema?

e) Não deixe de anotar o resumo das conclusões a que vocês chegaram sobre a referida medida. Se possível, elaborem coletivamente uma carta com as sugestões e enviem à prefeitura de sua cidade, se a poluição do ar também for um problema local.

2 Que importância tem para o ambiente a redução do uso de CFCs?

3 Analise a tira em quadrinhos:

Calvin & Hobbes, Bill Watterson © 1987 Watterson / Dist. by Andrews McMeel Syndication

© 1987 Universal Press Syndicate

a) Qual é a importância do efeito estufa para o planeta?

b) Calvin tem razão em se preocupar com a intensificação do efeito estufa? Justifique.

c) Que gases podem provocar a intensificação do efeito estufa?

4 Especialistas da Universidade de Atenas, na Grécia, têm constatado que a deterioração de famosas obras-primas feitas de mármore há milhares de anos tem sido, nas últimas décadas, superior à acumulada em dezenas de séculos. Uma das causas dessa deterioração é a poluição atmosférica, em especial pela formação de chuvas ecologicamente ácidas.

a) Como se formam essas chuvas?

b) Quais são seus efeitos sobre o ambiente natural? E sobre esses monumentos?

scaliger/iStockphoto.com

Acrópole de Atenas, denificada pela chuva ácida.

5 Ao ler reportagens sobre o tema, por vezes notamos certa confusão: efeito estufa é a mesma coisa que aquecimento global? Justifique.

6 A respeito do fenômeno da inversão térmica, responda.

a) Esse fenômeno é provocado pela poluição? Justifique.

b) Como a inversão térmica pode prejudicar a nossa saúde?

7 Observe o esquema. Ele representa o que vem ocorrendo em uma das camadas da atmosfera onde existe grande quantidade do gás ozônio, que tem importante papel na filtração de raios ultravioleta do Sol.

a) A que camada atmosférica se refere essa descrição?

b) Que fenômeno, esquematizado na imagem, vem ocorrendo na atmosfera?

c) O que pode ser feito por países e por cada pessoa para não agravar esse fenômeno?

O esquema está representado com cores-fantasia e as dimensões dos elementos não seguem a proporção real.

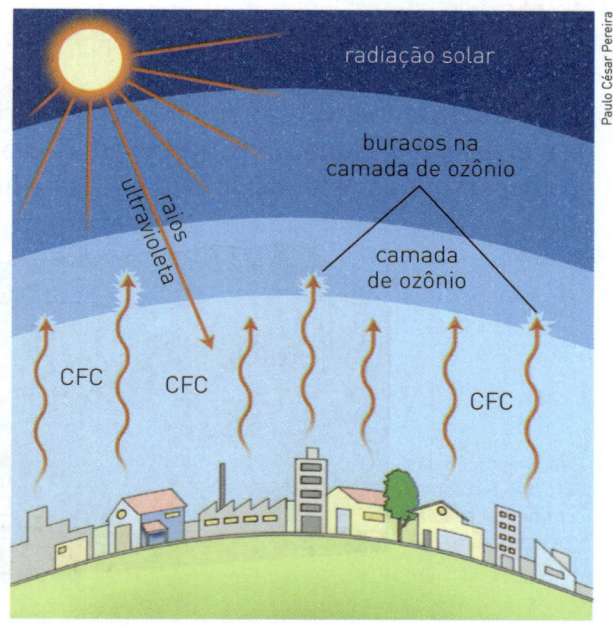

Esquema simplificado da ação de moléculas de CFC na atmosfera terrestre.

8 A maioria dos gases atmosféricos é invisível. A cor preta da fumaça que observamos é constituída, principalmente, de material particulado. Relacione o estilo de vida nas regiões urbanas à quantidade de material particulado presente na atmosfera.

9 O dióxido de enxofre é um gás que resulta da queima de gasolina e do óleo diesel. Ao se misturar com água, o dióxido de enxofre se transforma em ácido (o ácido sulfúrico). Descreva um importante fenômeno atmosférico em que essa reação ocorre espontaneamente, e seus impactos para a sociedade e para a natureza.

10 A seguir, vemos uma charge produzida como crítica ao comportamento humano frente aos riscos da redução da camada de ozônio.

a) Esse gás tem importante papel protetor, mas também pode ser considerado um poluente. Explique por quê.

b) Crie você também uma charge sobre um tema relacionado à poluição atmosférica. Compartilhe sua produção com os colegas e organizem um mural com ajuda do professor.

Dinâmica da crosta terrestre

A **crosta terrestre** é a camada mais superficial do nosso planeta. É o nosso chão, ou seja, a parte do planeta sobre a qual andamos, vivemos, plantamos e construímos nossas casas. Nos continentes, sua espessura pode ter de 30 a 70 km; já no fundo dos oceanos, varia entre 5 e 10 km.

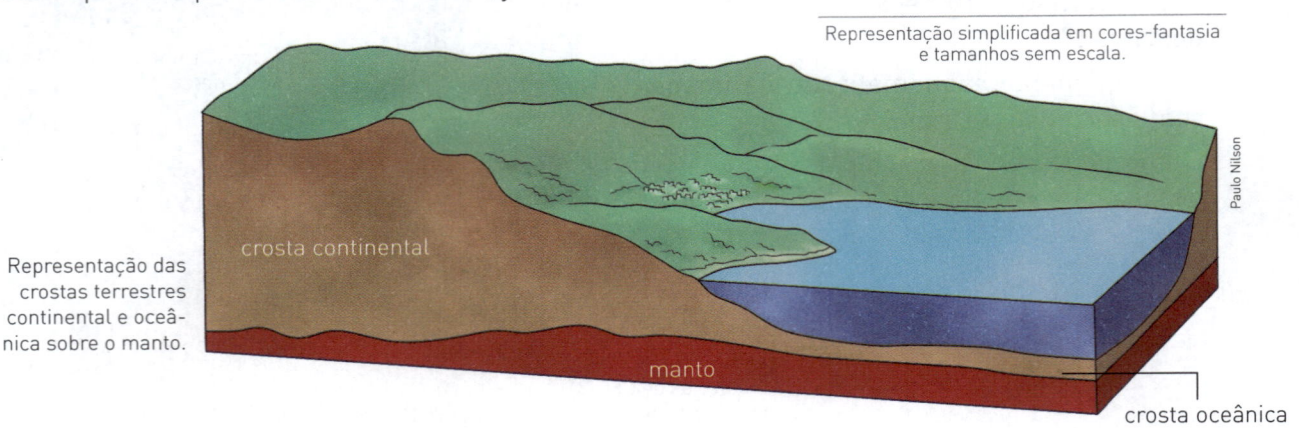

Representação simplificada em cores-fantasia e tamanhos sem escala.

Representação das crostas terrestres continental e oceânica sobre o manto.

crosta continental

manto

crosta oceânica

Paulo Nilson

Até o século XX, a maior parte dos cientistas considerava que os continentes e o fundo oceânico eram estruturas permanentes e fixas desde a formação do planeta Terra.

A mudança na compreensão da dinâmica da Terra e das forças que resultaram no que existe hoje em sua superfície provocou intensos debates na comunidade científica, semelhantes aos que Charles Darwin causou com sua teoria da evolução das espécies, no século XIX, ou quando Nicolau Copérnico, no século XVI, afirmou que a Terra não era o centro do Universo.

Conforme os continentes foram sendo ocupados e colonizados, e os mapas foram ficando mais fiéis à realidade, alguns estudiosos perceberam que havia um encaixe quase perfeito entre as costas dos continentes, em particular entre a África e a América do Sul, tal qual peças de um quebra-cabeça.

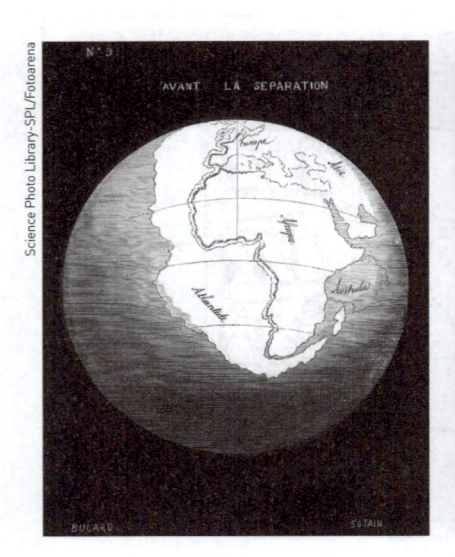

Science Photo Library-SPL/Fotoarena

Contudo, foi Alfred Wegener (1880-1930), um meteorologista alemão, o primeiro a investigar de forma mais sistemática a ideia da **deriva continental** (ou seja, a movimentação dos continentes), apoiado, entre outras evidências, em registros fósseis.

Ilustrações feitas pelo geógrafo francês Antonio Snider-Pellegrini, em 1858, representando a separação entre a América e a África.

Posição dos continentes ao longo dos períodos geológicos

A seguir, está representada a posição dos continentes durante alguns **períodos geológicos**: o Permiano, o Triássico, o Jurássico, o Cretáceo e o Quaternário (que é o período atual).

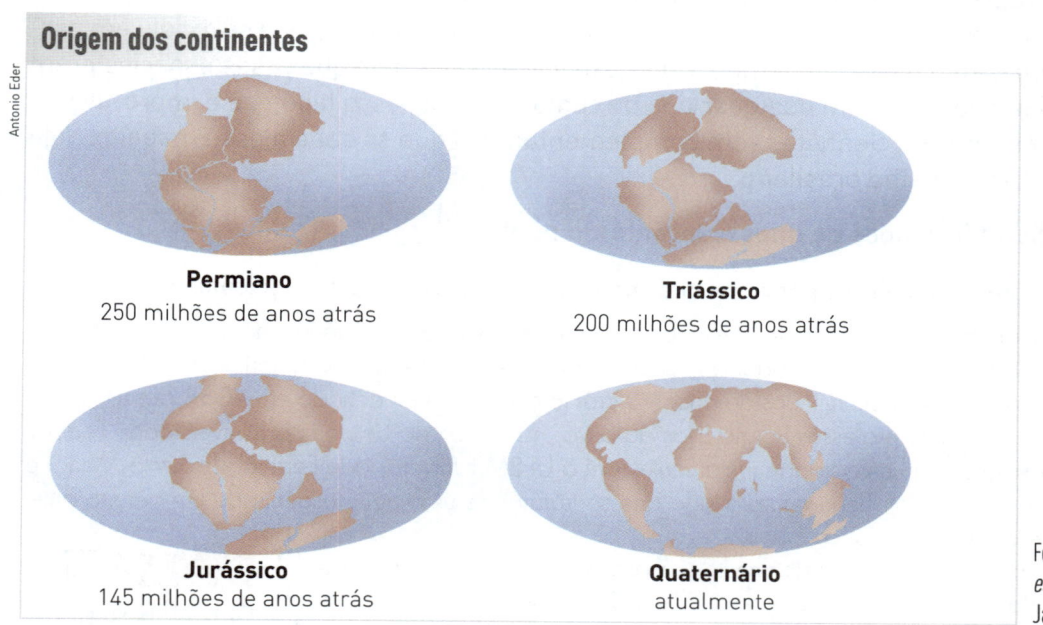

Origem dos continentes

Permiano
250 milhões de anos atrás

Triássico
200 milhões de anos atrás

Jurássico
145 milhões de anos atrás

Quaternário
atualmente

Glossário

Período geológico: cada uma das divisões de todo o tempo decorrido desde o surgimento do planeta Terra até os dias de hoje. Um período pode durar mais de cem milhões de anos.

Fonte: *Atlas geográfico escolar*. 7. ed. Rio de Janeiro: IBGE, 2016. p. 12.

Ilustração representando como os continentes se deslocaram e ainda se deslocam pela superfície do globo terrestre sobre o manto. Devido ao deslocamento das placas tectônicas, a posição atual dos continentes ou porções de continentes não é a mesma do passado e será diferente no futuro.

Ainda hoje, é possível notar indícios do período em que os continentes atuais estavam unidos. Lembre-se, por exemplo, do "encaixe" entre a costa da América do Sul e a da África, visto na página anterior.

Outras evidências além do "encaixe" das formas dos continentes reforçam a teoria da deriva continental. A composição similar de rochas em cadeias de montanhas em continentes atualmente separados indica uma continuidade no passado. Veja nas imagens exemplos relacionando formações rochosas da América do Sul com as da África e as da América do Norte com as da Europa.

Representação simplificada em cores-fantasia e tamanhos sem escala.

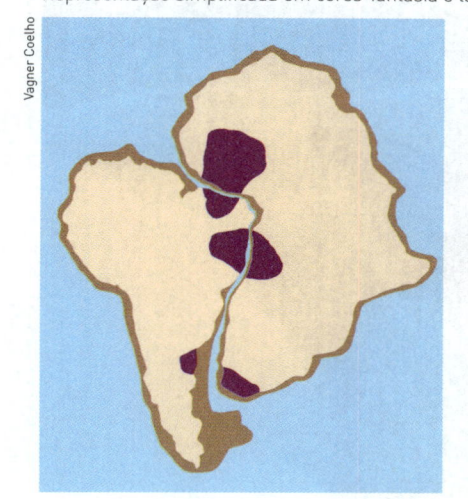

Representação de áreas na América do Sul e na África com a mesma formação de rochas e solos, indicando sua continuidade no passado.

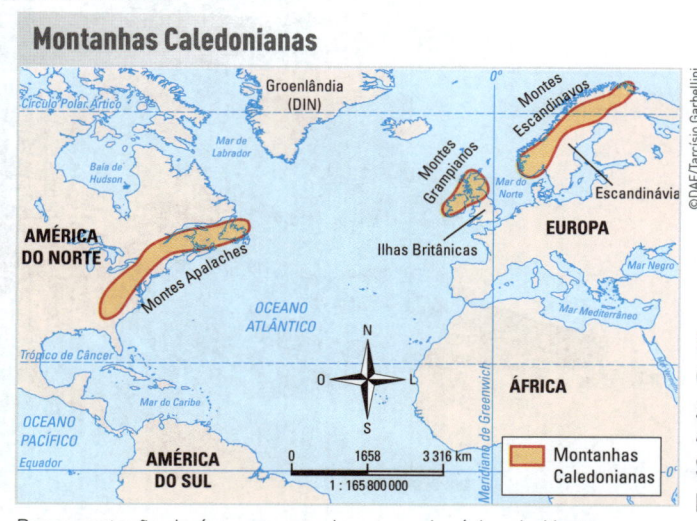

Montanhas Caledonianas

Fonte: Vera Caldini e Leda Ísola. *Atlas geográfico Saraiva*. 4. ed. São Paulo: Saraiva, 2013. p. 115, 167, 168.

Representação de áreas montanhosas na América do Norte e na Europa com a mesma formação rochosa, indicando sua continuidade no passado.

Há também evidências da paleontologia, o estudo dos seres que viveram na Terra no passado. Fósseis de organismos das mesmas espécies foram encontrados em lugares que hoje estão a milhares de quilômetros de distância entre si. Por exemplo, os fósseis de um mesmo tipo de samambaia foram encontrados na América do Sul, África do Sul, Antártica, Índia e Austrália, assim como fósseis dos mesmos tipos de répteis foram encontrados na África do Sul, Índia e Antártica.

Isso indica que esses exemplares da fauna e da flora viviam em uma só área, que se dividiu em partes que se distanciaram com o passar do tempo. Outra explicação seria a de que essas espécies eram tolerantes e conseguiam sobreviver em qualquer tipo de clima; contudo, essa hipótese é improvável.

A cada dia, novos estudos de cientistas vêm complementando o que se sabe a esse respeito. Veja a seguir o exemplo de um trabalho brasileiro.

Fóssil de anfíbio de 260 milhões de anos é encontrado no RS

Fóssil pertence a um grupo de anfíbios primitivos que tinha a forma semelhante a uma salamandra

O fóssil de um anfíbio pré-histórico foi descoberto na cidade de São Gabriel, na região central do Rio Grande do Sul. O animal era um predador que poderia atingir até 3 metros de comprimento e teria vivido na região há aproximadamente 260 milhões de anos. O crânio do anfíbio foi achado em 2008 por um grupo de pesquisadores liderado pelo professor Sérgio Dias da Silva, na época da Unipampa (Universidade Federal do Pampa). Após pesquisas da universidade juntamente com a UFSM (Universidade Federal de Santa Maria) e USP (Universidade de São Paulo), ficou comprovado que se tratava de uma nova espécie de um gênero anteriormente encontrado apenas na Rússia.

[...] O fóssil foi encontrado em um afloramento rochoso de idade permiana, o que equivale a um intervalo de aproximadamente entre 252 a 270 milhões anos atrás.

A existência de um mesmo gênero no Permiano do Brasil e da Rússia reforça a ideia de que, nessa idade, havia um "**corredor biológico**" que possibilitava o intercâmbio de espécies no supercontinente Pangeia.

O estudo foi publicado no periódico científico *Journal of Systematic Palaeontology*, um dos mais importantes da área. Segundo Cristian Pacheco, um dos autores do artigo, é possível afirmar que se tratava de um indivíduo adulto.

A nova espécie foi batizada de *Konzhukovia sangabrielensis* em homenagem ao município de São Gabriel.

UOL Notícias, 11 abr. 2016. Disponível em: <https://noticias.uol.com.br/ciencia/ultimas-noticias/redacao/2016/04/11/fossil-de-anfibio-de-260-milhoes-de-anos-e-encontrado-no-rs.htm>. Acesso em: 22 set. 2018.

> **Glossário**
>
> **Corredor biológico:** área que conecta duas regiões com características semelhantes, permitindo o deslocamento e a dispersão da fauna e da flora entre elas. O termo pode se referir a diferentes escalas de espaço e de tempo.

Representação simplificada em cores-fantasia e tamanhos sem escala.

Jorge Guarte

Provável aparência do *Konzhukovia sangabrielensis*, que pertencia a um grupo de anfíbios primitivos; ele tinha a forma semelhante a uma salamandra e pode ter dado origem aos anfíbios atuais.

Modelar

Simulação de formação de um fóssil por moldagem

Material:

- aproximadamente meio quilo de argila para modelar;
- 1 litro de água;
- meio quilo de gesso comum;
- osso de galinha ou concha de molusco, previamente limpo e seco;
- uma tigela;
- espátula ou colher de pau;
- um tubo de cola branca.

Atenção!
Não despeje água com gesso na pia. O gesso causa diversos impactos ao ambiente e, portanto, deve ser destinado a locais que o reciclam.

Procedimentos

1. Divida a argila em duas partes.
2. Pressione o osso limpo e seco sobre uma das partes de argila, para que seus detalhes sejam registrados (a argila atua como um molde).
3. Cubra-a com o outro pedaço de argila, tal qual um sanduíche, e pressione para também registrar os detalhes estruturais do osso.
4. Com cuidado, separe as duas metades dos moldes de argila e espere até endurecer.
5. Retire o osso do molde.
6. Coloque um litro de água na tigela e despeje, aos poucos, o gesso. Misture bem com a espátula ou colher de pau, como se fosse uma massa de bolo.
7. Despeje essa mistura nas duas metades do molde de argila.
8. Após cerca de 30 minutos, o gesso já deverá ter endurecido. Remova, então, as duas peças de gesso e cole-as com cola branca, formando uma réplica do osso.

Como resultado, serão obtidos dois tipos de fósseis muito encontrados na natureza, o **molde interno** (que fizemos com o gesso) e o **molde externo** (que fizemos com a argila).

Amonite com fossilização externa. Os amonites eram animais marinhos; a parte preservada corresponde à sua concha.

Amonite com fossilização interna.

Jesse Kraft/Dreamstime.com

Waxart/Dreamstime.com

Agora responda:

no caderno

1 A atividade acima corresponde a uma simulação, e não a uma fossilização verdadeira. De que forma, então, ocorre a fossilização na natureza?

De olho no legado ■■

Wegener e a Pangeia

[...] A ideia de que a Terra se move sob nossos pés, exposta em 1912 pelo geofísico e meteorologista alemão Alfred Lothar Wegener (1880-1930), incomodou a comunidade científica. Os historiadores da ciência interpretam o trabalho de Wegener como um desdobramento da revolução do italiano Galileu Galilei (1564-1642), que destronou a Terra do centro do Universo, sustentou que ela se move e, ao estudar as quatro grandes luas de Júpiter, afirmou ainda que as estrelas não estavam fixas na esfera celeste, mas também se moviam.

Galileu foi enquadrado como herege e Wegener, acusado de charlatanismo. No livro *A origem dos continentes e oceanos* (1915), Wegener propôs que o encaixe da costa brasileira e da África Ocidental, como peças de um enorme quebra-cabeça, não era coincidência: antes, num tempo geológico ainda sem seres humanos, o que hoje são os territórios separados do Brasil e da África faziam parte de um continente único (que ele chamou Pangea, a "terra total"), envolto por um só oceano (Pantalassa, o "mar total"). Como Galileu, o alemão estava certo. [...]

Ulisses Capozoli. Este relevo se move. *Pesquisa FAPESP.*
Disponível em: <http://revistapesquisa.fapesp.br/2000/10/01/este-relevo-se-move>. Acesso em: 26 set. 2018.

Agora, responda às questões a seguir.

 em grupo

1. Pesquisem outros casos de cientistas cujas ideias e teorias geraram controvérsias e causaram polêmica. Quais foram validadas ou complementadas depois?

2. Procurem informações que os ajudem a entender o contexto da época em que esses cientistas viveram e apresentaram seus trabalhos.

3. Organizem com os colegas, sob orientação do professor, um mural com imagens e a síntese das ideias dos cientistas que encontrarem na pesquisa.

Na busca de evidências para sua teoria, Wegener também constatou que havia áreas na Terra cujos climas atuais não coincidiam com os que tinham no passado. Ele encontrou vestígios de glaciações em áreas do planeta que atualmente são quentes, como a Índia e Austrália.

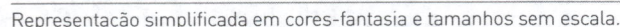

Representação simplificada em cores-fantasia e tamanhos sem escala.

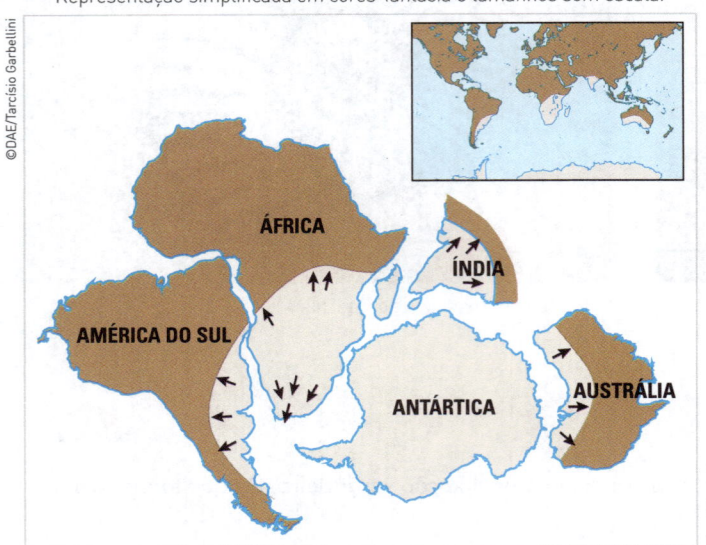

Apesar de considerada válida por grande parte dos cientistas, a teoria da deriva continental de Wegener não conseguia explicar como os continentes podem se mover ao longo de distâncias tão grandes. Só nos anos 1960, com as pesquisas do geofísico inglês Frederick John Vine e colegas, que analisaram em computadores os dados colhidos no fundo do oceano Índico, as ideias de Wegener evoluíram para a teoria da tectônica de placas.

Representação das evidências glaciais da deriva continental.
Fonte: Wilson Teixeira et al. *Decifrando a Terra.* 2. ed. São Paulo: Companhia Editora Nacional, 2009. p. 81.

O movimento das placas tectônicas

Vamos recordar a estrutura da Terra?

Abaixo da crosta terrestre, que tem de 30 a 70 km de espessura nos continentes, fica o manto, que possui quase 3 000 km de espessura. Ele é formado por material semelhante ao da crosta terrestre,

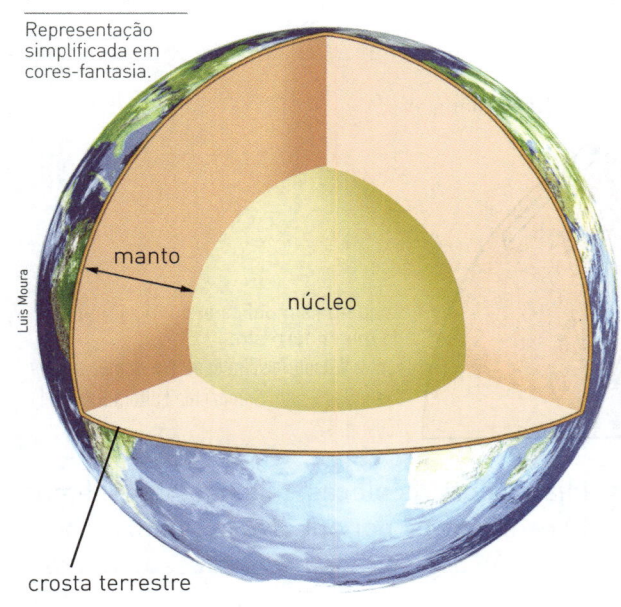

Representação simplificada em cores-fantasia.

Luís Moura

manto

núcleo

crosta terrestre

Neste esquema representativo da estrutura da Terra, podemos perceber a crosta como uma fina camada que forma a superfície e que é composta de rochas duras, e essas rochas são cobertas por solo, água ou ar.

porém submetido a uma pressão intensa e a uma temperatura elevada (entre 1 000 °C e 3 000 °C), o que faz com que seja sólido, mas se comporte, no tempo geológico, como um fluido muito viscoso. A parte mais externa do manto, junto com a crosta terrestre, forma a **litosfera** (termo que vem da junção das palavras gregas *lithos*, que significa "pedra", e *sphaira*, "esfera", ou seja, "esfera de pedra").

O núcleo localiza-se na parte mais central da Terra, abaixo do manto. É formado basicamente de ferro e níquel, com temperaturas acima de 4 000 °C e pressões muito elevadas. Sua porção mais externa é fluida, e a parte mais interna é sólida.

A litosfera (camada sólida externa da Terra) está dividida em gigantescos blocos de rochas que se encaixam, como peças de um quebra-cabeça. Essas "peças" são denominadas **placas tectônicas** ou placas litosféricas. A parte superior dessas placas é a chamada crosta terrestre.

Mapa-múndi – Placas tectônicas

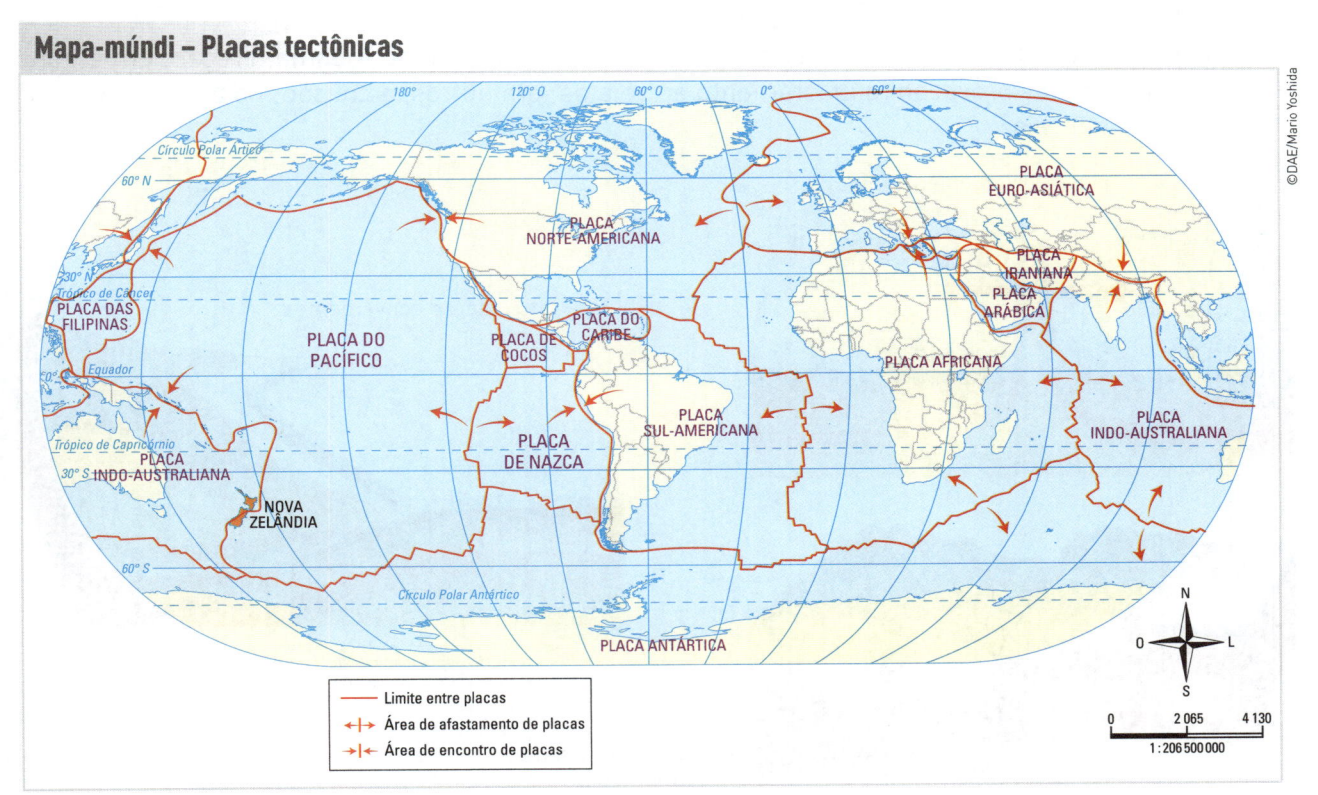

©DAE/Mario Yoshida

Limite entre placas
Área de afastamento de placas
Área de encontro de placas

0   2 065   4 130
1 : 206 500 000

Os limites das principais placas tectônicas não coincidem com os limites dos continentes e oceanos que se localizam sobre elas.

Fonte: *Atlas histórico escolar: Ensino Fundamental do 6º ao 9º ano*. Rio de Janeiro: IBGE, 2010.

Como vimos, o núcleo é a parte mais quente da estrutura da Terra. O calor que vem do núcleo esquenta o manto, que, pelas diferenças de temperatura, se movimenta: as partes mais quentes se movimentam em direção à superfície e as menos quentes se movem em direção ao núcleo, criando correntes que movimentam muito lentamente as placas tectônicas. Ao se movimentarem, algumas placas se aproximam, outras se afastam.

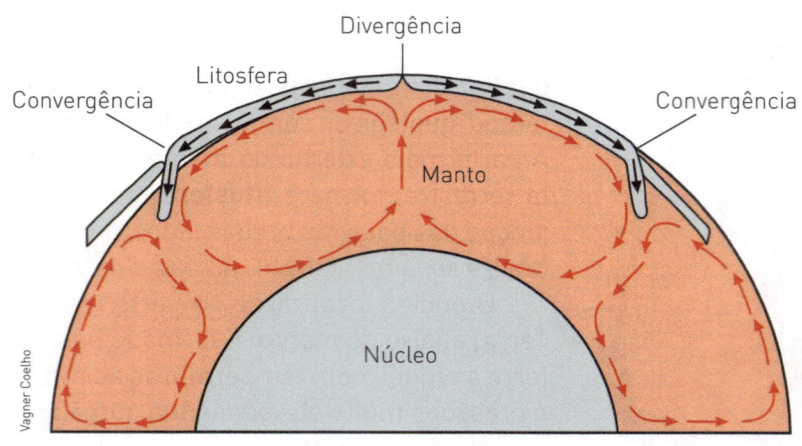

Esquema simplificado da movimentação do manto terrestre.
Fonte: Wilson Teixeira et al. *Decifrando a Terra*. 2. ed. São Paulo: Companhia Editora Nacional, 2009. p. 97.

Embora os continentes, assim como os oceanos, estejam sobre as placas, nós não percebemos seus movimentos, pois eles são de apenas cerca de 2 a 10 centímetros por ano! No entanto, embora lento, o movimento das placas tectônicas tem alterado a posição dos continentes e mudado muito o nosso planeta.

Os movimentos das placas tectônicas foram comprovados por diversas pesquisas geofísicas. A teoria que afirma que a litosfera é constituída de placas que se movimentam interagindo entre si é denominada **teoria da tectônica de placas**, ou tectônica global. Essa teoria explica os mecanismos internos da Terra que provocam esses movimentos.

As placas tectônicas estão se movimentando, mas nem sempre na mesma direção; em alguns casos, os movimentos provocam o afastamento entre elas; em outros, a colisão; há ainda movimentos puramente laterais.

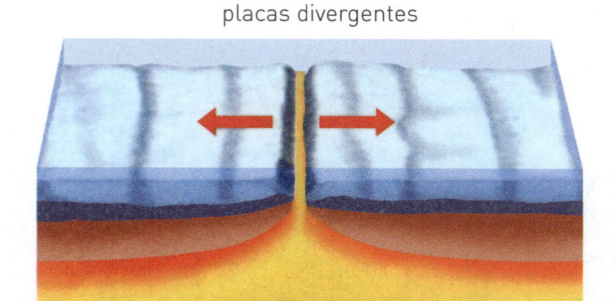

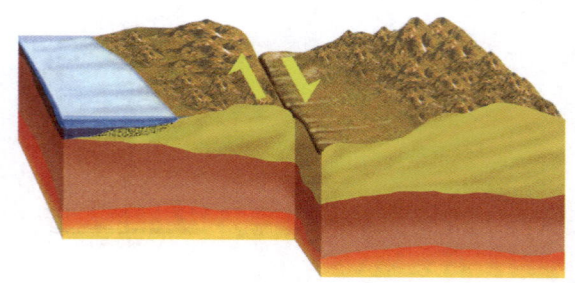

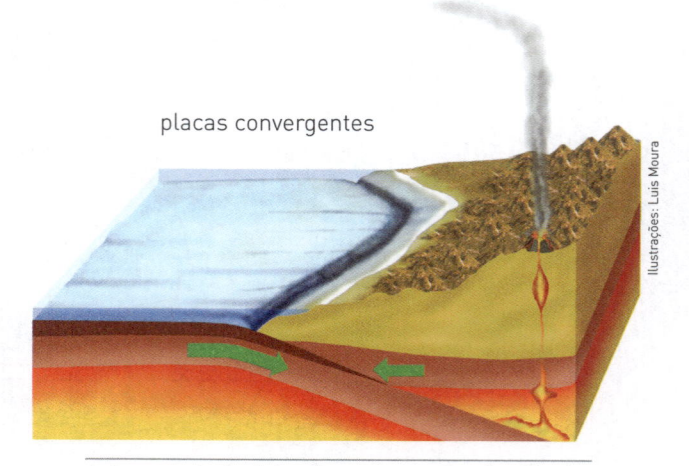

As imagens desta página são representações simplificadas em cores-fantasia e tamanhos sem escala.

Esquema simplificado dos movimentos das placas tectônicas.
Fonte: Wilson Teixeira et al. *Decifrando a Terra*. 2. ed. São Paulo: Companhia Editora Nacional, 2009. p. 87.

Esses movimentos são os maiores responsáveis pela ocorrência de terremotos, *tsunamis* e vulcões. As bordas das placas são os principais locais em que esses fenômenos ocorrem. A costa oeste das Américas e as ilhas que formam o Japão e as Filipinas, por exemplo, se localizam sobre as extremidades de placas, o que explica a ocorrência frequente de terremotos e erupções vulcânicas nesses locais.

Planisfério: zonas de terremoto

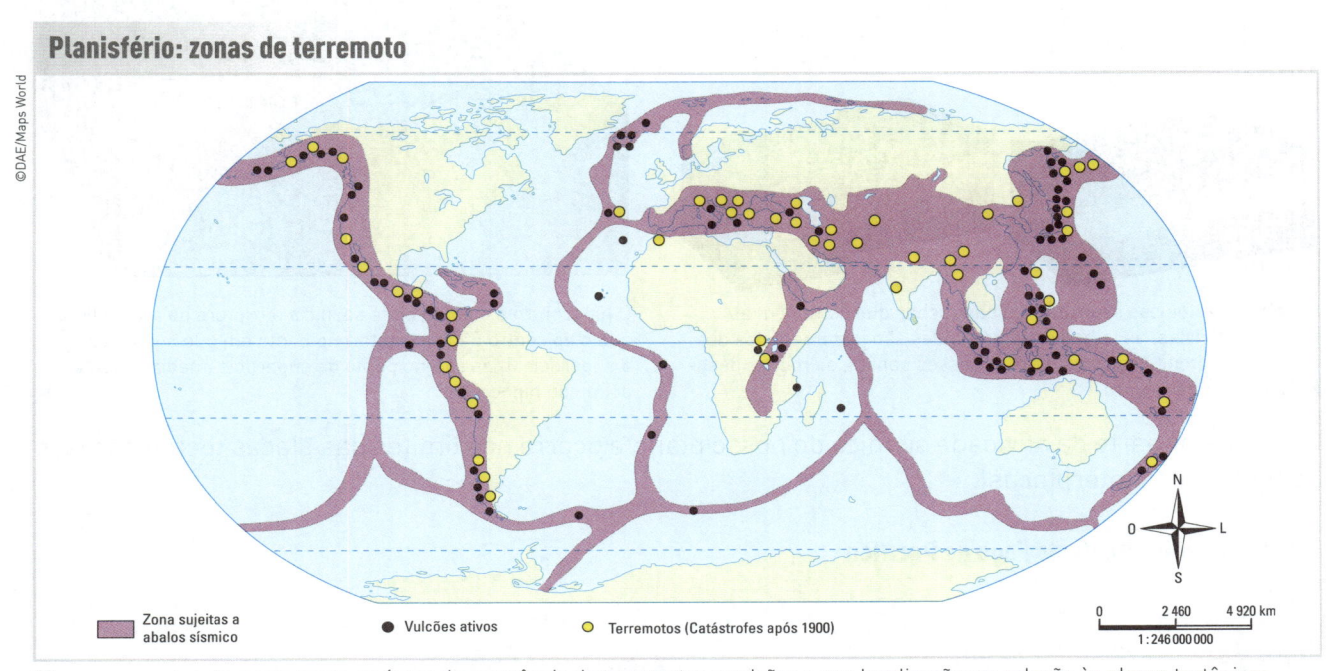

©DAE/Maps World

Observe com atenção neste mapa as áreas de ocorrência de terremotos e vulcões e sua localização em relação às placas tectônicas.
Fonte: Escala Educacional. *Atlas escolar geográfico*. São Paulo: Escala Educacional, 2008.

Isso também explica por que não temos muitos desses fenômenos no Brasil, uma vez que nosso território está localizado na parte central de uma dessas placas.

O Brasil está situado no centro da Placa Sul-Americana, que se choca com a Placa de Nazca na região da Cordilheira dos Andes, fora do nosso território. Por essa razão, normalmente, só registramos em nosso país sismos de magnitudes baixas a moderadas. Podem ocorrer terremotos no território brasileiro, causados por movimentações locais de pequenas falhas geológicas. Essas falhas estão presentes em todo o território nacional e, quando ocorrem movimentações, podem gerar terremotos de pequena magnitude; contudo, a maioria deles é imperceptível na superfície terrestre.

Terremotos

Denominamos terremotos ou sismos as vibrações na litosfera provocadas, geralmente, pela movimentação de placas tectônicas. Esse movimento é de apenas alguns centímetros por ano, mas, como as placas são massas colossais, ocorre uma grande compressão quando se encostam. Pode ocorrer então uma quebra ou ruptura na rocha, chamada falha geológica, cuja consequência imediata é um terremoto, que varia em magnitude e intensidade.

O ponto no interior da crosta onde se inicia a ruptura e a consequente liberação da tensão acumulada chama-se **hipocentro** (ou foco). Quando falamos do epicentro de um terremoto, estamos nos referindo ao ponto da superfície terrestre imediatamente acima do hipocentro.

As consequências em termos de danos e destruição geralmente estão relacionadas à intensidade do sismo, à proximidade do epicentro e, no caso de áreas habitadas, também à resistência das construções e ao treinamento da população.

Observe os esquemas a seguir.

ANTES DO TERREMOTO

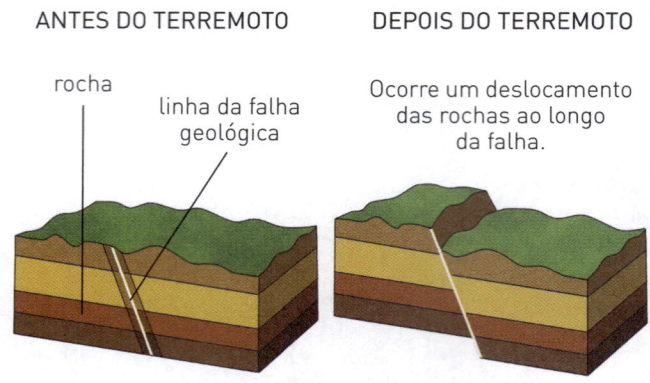

rocha

linha da falha geológica

DEPOIS DO TERREMOTO

Ocorre um deslocamento das rochas ao longo da falha.

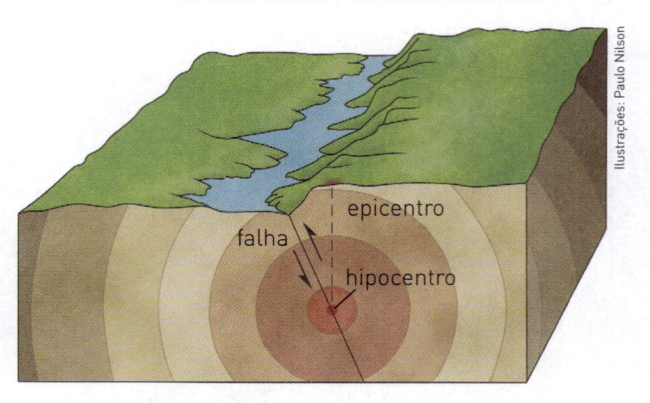

epicentro

falha

hipocentro

As falhas geológicas são rupturas nas rochas que compõem as placas tectônicas; as falhas mais profundas são justamente as que marcam os limites entre as placas. Nesses pontos, as rochas deslizam uma sobre a outra.

O hipocentro é o ponto onde se inicia a ruptura da rocha. Note que o epicentro não se localiza no ponto em que a falha chega à superfície, mas sim no ponto da superfície imediatamente acima do hipocentro.

A maior parte da atividade sísmica do nosso planeta ocorre nos limites das placas tectônicas (são os terremotos interplacas).

Mapa-múndi: Círculo de Fogo do Pacífico

Fonte: Vera Caldini e Leda Ísola. *Atlas geográfico Saraiva*. 4. ed. São Paulo: Saraiva, 2013. p. 169.

Na região conhecida por Cinturão de Fogo do Pacífico, por exemplo, é comum ocorrerem terremotos acompanhados de vulcanismo.

Sismógrafo

Sismologia é o estudo do interior terrestre (ou de outro corpo do Sistema Solar) por meio da detecção e análise das ondas geradas por abalos sísmicos.

O sismógrafo é um aparelho que registra as ondas sísmicas, e permite analisar suas características. Por meio delas, é possível obter informações sobre o abalo sísmico registrado.

Com diversos sismógrafos registrando um abalo, é possível determinar sua magnitude (o que dá uma ideia da energia liberada) e o local da sua ocorrência (foco e epicentro). Os sismógrafos atuais permitem o registro digital e o armazenamento e a transmissão das informações sem a necessidade de registro em papel.

Existem vários tipos de sismógrafos: os que registram os movimentos horizontais do solo, os que registram os movimentos verticais etc. O gráfico obtido num sismógrafo, por meio do qual se pode observar características das ondas sísmicas, se chama sismograma.

A análise das ondas sísmicas permite determinar as características do meio por onde elas se propagam, da mesma forma que ocorre com um ultrassom ou uma tomografia.

Conhecer as causas dos terremotos e como se propagam as ondas permite realizar análises que fornecem importantes informações para prevenir ou mitigar os efeitos dos terremotos.

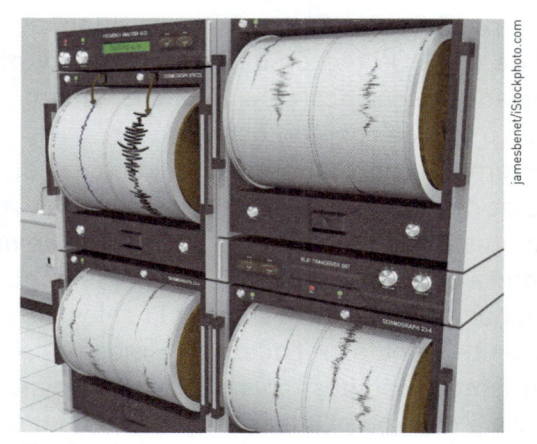
Sismógrafo.

zoom

A imagem a seguir, *Terremoto de Basileia*, é uma obra de Karl Jauslin, ilustrador e pintor suíço que viveu entre 1842 e 1904. Por meio de sua arte no século XIX, Jauslin registrou parte da história e dos eventos que ocorreram em seu país.

Karl Jauslin, *Terremoto da Basileia*, sem data. Aquarela, dimensão desconhecida.

Pesquise na internet, em livros ou atlas o mapa da Europa e localize a Suíça. Compare-o com o mapa-múndi das placas tectônicas.

a) Em que placa tectônica se localiza a Suíça? O que você conclui em relação à possibilidade de ocorrência de terremotos?

b) A região da Basileia, onde ocorreu, em 1356, o terremoto retratado por Jauslin, encontra-se no centro de um fosso aberto há cerca de trinta milhões de anos devido a uma ruptura no continente eurasiano. Que relação existe entre uma ruptura na placa tectônica e a ocorrência de um terremoto?

c) Com base em diversos estudos de pesquisadores europeus, estima-se que o terremoto da Basileia teve magnitude entre 6 e 7: Como é designado um terremoto como esse? O que caracteriza esse tipo de tremor?

 **Ampliar**

Museu de Geociências da UnB

Instituto de Geociências – Universidade de Brasília – Campus Universitário Darcy Ribeiro Brasília – DF Para mais informações: <http://mw.eco.br/ig/exte/museu/index.htm>. Acesso em: 25 out. 2018.

Museu de Geociências da USP

Rua do Lago, 562. Cidade Universitária, São Paulo - SP Para mais informações: <www.igc.usp.br/index.php?id=museu>. Acesso em: 25 out. 2018.

Museu de História Natural e Jardim Botânico da UFMG

Rua Gustavo da Silveira, 1035. Santa Inês, Belo Horizonte – MG Para mais informações: <www.ufmg.br/mhnjb/acervo-museu/geologia>. Acesso em: 25 out. 2018.

Museu de Minerais e Rochas da UFPE

Universidade Federal de Pernambuco – Centro de Tecnologia e Geociências – Departamento de Geologia Avenida da Arquitetura, s/n. Cidade Universitária, Recife – PE Para mais informações: <www.ufpe.br/mmr>. Acesso em: 25 out. 2018.

Serviço Geológico do Brasil – Museu de Geologia – CPRM

Rua Banco da Província, 105. Santa Teresa, Porto Alegre – RS Para mais informações: <www.cprm.gov.br/publique/Sobre-a-CPRM/Nossos-Museus/Museu-de-Geologia-179>. Acesso em: 25 out. 2018.

Como os terremotos são medidos?

A capacidade de destruição de um terremoto e a quantidade de energia envolvida estão relacionadas à magnitude dele. Os efeitos de um terremoto, porém, dependem de diversos fatores, como a profundidade em que ocorre, a distância entre o epicentro e os locais atingidos, as condições do terreno e o tipo de construções.

A magnitude dos terremotos, normalmente medida pela escala Richter, pode ser também avaliada por outras escalas mais apropriadas para sismos muito energéticos. Uma escala muito usada atualmente é a que utiliza uma grandeza chamada de **momento sísmico**. Ela dá uma ideia do tamanho da ruptura que gerou o abalo e é representada por M_w. Assim como a escala Richter, a M_w está relacionada com a energia liberada pelos terremotos.

Ambas são teoricamente infinidas e podem, até mesmo, ser negativas. Elas, porém, são limitadas a aproximadamente 10 pontos, pois não existe uma estrutura geológica conhecida que armazene tanta energia capaz de causar um terremoto que supere essa marca. O maior terremoto já registrado até hoje foi de magnitude 9,6 e ocorreu no Chile, em 1960.

Escala Richter

A escala de Richter foi desenvolvida em 1935 pelos sismólogos Charles Francis Richter e Beno Gutenberg, ambos membros do California Institute of Technology (Caltech), que estudavam sismos no Sul da Califórnia.

A escala representa a energia sísmica liberada durante um terremoto e se baseia em registros sismográficos. [...]

Escala Mercalli

A escala Richter e a M_w não permitem avaliar a intensidade sísmica em um local determinado e em particular em zonas urbanas, já que elas medem a intensidade absoluta do terremoto.

Para medir os efeitos de um terremoto é usada a escala de Mercalli, criada em 1902 pelo sismólogo italiano Giusseppe Mercalli.

Essa escala não se baseia em registros sismográficos, mas nos efeitos ou danos produzidos nas estruturas e percebidos pelas pessoas nas imediações do abalo. Para um mesmo sismo a classificação é diferente, pois depende dos efeitos registrados.

A escala de Mercalli tem importância apenas qualitativa e não deve ser interpretada em termos absolutos, uma vez que depende de observação humana. Por exemplo, um sismo com 7,0 graus na escala M_w ocorrido em um deserto inabitado pode ser classificado como 1 na escala de Mercalli, já que não produz danos.

Por outro lado, um sismo amplitude sísmica de 5,0 graus ocorrido em uma zona urbana com construções débeis pode causar efeitos devastadores, podendo atingir nível 12 na escala.

Apolo11.com. Disponível em: <www.apolo11.com/perguntas_e_respostas_sobre_terremotos.php?faq=3>. Acesso em: 22 set. 2018.

Charles Francis Richter (1900-1985). Sismólogo estadunidense.

Giusseppe Mercalli (1850-1914). Vulcanólogo e sismólogo italiano.

O quadro a seguir mostra os graus de intensidade de um terremoto de acordo com a escala de Mercalli modificada.

Grau	Descrição dos efeitos
I	Não sentido. Leves efeitos de ondas de período longo de terremotos grandes e distantes.
II	Sentido por poucas pessoas paradas, em andares superiores de prédios ou outros locais favoráveis.
III	Sentido dentro de casa. Alguns objetos pendurados oscilam. Vibração parecida à da passagem de um caminhão leve. Pode não ser reconhecido como abalo sísmico.
IV	Objetos suspensos oscilam. Vibração parecida à da passagem de um caminhão pesado. Janelas, louças e portas fazem barulho. Paredes e estruturas de madeira rangem.
V	Sentido fora de casa; direção estimada. Pessoas acordam. Liquido em recipiente é perturbado. Objetos pequenos e instáveis são deslocados. Portas oscilam, fecham e abrem.
VI	Sentido por todos. Muitos se assustam e saem às ruas. Pessoas andam sem firmeza. Janelas e louças quebram. Objetos e livros caem de prateleiras. Rachaduras em reboco fraco e construções de má qualidade.
VII	Difícil manter-se em pé. Objetos suspensos vibram. Móveis quebram. Danos em construção de má qualidade e algumas trincas em construções normais. Queda de reboco, telhas e ladrilhos ou tijolos mal assentados. Ondas em piscinas. Pequenos escorregamentos de barrancos arenosos.
VIII	Danos em construções normais com colapso parcial. Alguns danos em construções reforçadas. Queda de estuque e alguns muros de alvenaria. Queda de chaminés, monumentos, torres e caixas-d'água. Galhos quebram-se das árvores. Trincas no chão.
IX	Pânico geral. Construções comuns bastante danificadas, às vezes com colapso total. Danos em construções reforçadas. Tubulação subterrânea quebrada. Rachaduras visíveis no solo.
X	Maioria das construções é destruída, até suas fundações. Danos sérios a barragens e diques. Grandes escorregamentos de terra. Água é jogada nas margens de rios e canais. Trilhos de trem são levemente entortados.
XI	Trilhos são bastante entortados. Tubulações subterrâneas são completamente destruídas.
XII	Destruição quase total. Grandes blocos de rocha são deslocados. Linhas de visada e níveis topográficos são alterados. Objetos são atirados ao ar.

Fonte: Wilson Teixeira et al. *Decifrando a Terra*. 2. ed. São Paulo: Companhia Editora Nacional, 2009. p. 90.

Agora faça as atividades a seguir. em grupo

1. Os países onde os sismos ocorrem com maior frequência oferecem mais informações sobre esses eventos. Localize alguns desses países no mapa-múndi e justifique o porquê dessa ocorrência, com base no que você estudou das placas tectônicas.

2. Pesquise notícias sobre sismos nesses países e quais são as tecnologias utilizadas para detecção de terremotos e as condutas adotadas pelo governo e pela população. Compartilhe o resultado da pesquisa e discuta-o com os colegas.

Vulcões

A palavra **vulcão** tem sua origem na mitologia romana: Vulcano era o deus do fogo.

Esse termo é usado para um tipo de estrutura geológica em terra ou no mar por onde o magma pode extravasar para a superfície. Além do magma, também saem pelo vulcão vários gases, cinzas e outros materiais.

O surgimento dos vulcões está relacionado normalmente com o movimento das placas tectônicas. Muitas vezes, eles se formam em pontos em que as placas tectônicas se chocam. Mas também existem vulcões que ficam no meio das placas, ou seja, fora da região de choques. Esse tipo de vulcão aparece quando ocorre alguma fissura na crosta terrestre por onde a lava consegue passar. É o que ocorre, por exemplo, nas ilhas do Havaí.

Magma é o material fundido composto por rochas, gases e vapor de´água, submetidos a alta pressão e temperatura. Ao ser liberado na superfície, os gases e vapor de água escapam e sobra a rocha fundida, que chamamos de lava. A solidificação da lava dá origem às rochas magmáticas (ou ígneas), como o basalto e o granito, dependendo se ocorre na superfície ou

Representação simplificada em cores-fantasia e tamanhos sem escala.

Luis Moura

chaminé

câmara magmática

Representação simplificada de vulcão.

ainda no interior da Terra, do tempo de resfriamento e da composição do magma. Essas rochas têm diversos usos, como na fabricação de pisos e pias.

Cerca de 10% da população mundial vive perto de vulcões ativos ou potencialmente ativos. Durante as erupções, blocos de rocha ou lava consolidada são lançados no entorno dos vulcões, e podem atingir quem está no local. Além disso, mortes podem ocorrer por queimaduras provocadas pela lava, ou por intoxicação e asfixia causadas pela nuvem de gases e poeira. Prédios e outras construções podem ser abalados ou destruídos pelos terremotos que acompanham as erupções, caso esses sejam de grande intensidade.

Apesar dos riscos e da destruição, as áreas vulcânicas têm também algumas vantagens. Algumas delas são a fertilidade do solo, o potencial de produção de energia elétrica em centrais geotérmicas, a atratividade turística e a possibilidade de exploração de minérios.

Além disso, os vulcões são importantes fontes de observação e estudo científico sobre o que ocorre no interior da Terra. O magma expelido nas erupções pode fornecer novas informações sobre como os minerais são formados e até mesmo sobre onde encontrar recursos minerais de interesse econômico.

Fabricio Alonzo/Anadolu Agency/Getty Images

Destruição provocada pela erupção do Vulcão de Fogo, na Guatemala, em 3 de junho de 2018.

Geologia em foco ■■■

Vulcões ativos, dormentes e extintos

[...] Normalmente considera-se **ativo** o vulcão que está em erupção ou que mostra sinais de instabilidade, com pequenos abalos ou emissões de gás significativas. Alguns autores consideram ativo qualquer vulcão que se saiba já ter um dia entrado em erupção. Exemplo de vulcões ativos são o Etna (Itália), o Pinatubo (Filipinas) e o Monte Santa Helena (EUA).

Vulcão **dormente** é aquele que não se encontra atualmente em atividade, mas que poderá mostrar sinais de perturbação e entrar de novo em erupção (razão pela qual é monitorado por centros sismológicos). O vulcão Licancabur no deserto de Atacama (Chile), é um exemplo, embora não se tenha registro de sua última erupção.

As imagens desta página não estão representadas na mesma proporção.

Erupção do Vulcão de Fogo na Guatemala, em 1º de fevereiro de 2018.

Caldeira de Yellowstone, nos Estados Unidos, 2017.

Vulcão Licancabur, no deserto de Atacama (Chile), 2016.

Vulcão **extinto** é aquele que os vulcanólogos consideram pouco provável que entre em erupção de novo.

Essa classificação é discutível, porque ninguém, a rigor, pode garantir que um vulcão nunca mais entrará em erupção ou que outro, inativo há 5 000 anos, não vá entrar em atividade. A Caldeira de Yellowstone, por exemplo, não entra em erupção há 640 000 anos, mas é considerada um vulcão ativo porque tem atividade sísmica, atividade **geotérmica** e porque o solo, na região, está sendo soerguido em ritmo bastante acelerado. [...]

Glossário

Geotérmico: originado do calor proveniente do interior da Terra.

Pércio de Moraes Branco. *Serviço Geológico do Brasil*, 18 ago. 2014. Disponível em: <www.cprm.gov.br/publique/Redes-Institucionais/Rede-de-Bibliotecas–Rede-Ametista/Canal-Escola/Vulcoes-1108.html>. Acesso em: 26 set. 2018.

1 Pesquisem se existem ou já existiram vulcões no Brasil.

Em caso positivo, reúnam alguns exemplos e verifiquem a situação deles quanto à atividade. Quando foi a última erupção desses vulcões? E quando eles surgiram?

2 Com base no que estudaram sobre as placas tectônicas, como vocês explicam a atual situação dos vulcões no Brasil?

Tsunamis

A palavra **tsunami** quer dizer, em japonês, "onda do porto" (*tsu* = porto, ancoradouro; *nami* = onda, mar).

Tsunami são ondas gigantes formadas nos oceanos, ou grandes lagos, normalmente pela ocorrência de terremotos no fundo oceânico.

Representação simplificada em cores-fantasia e tamanhos sem escala.

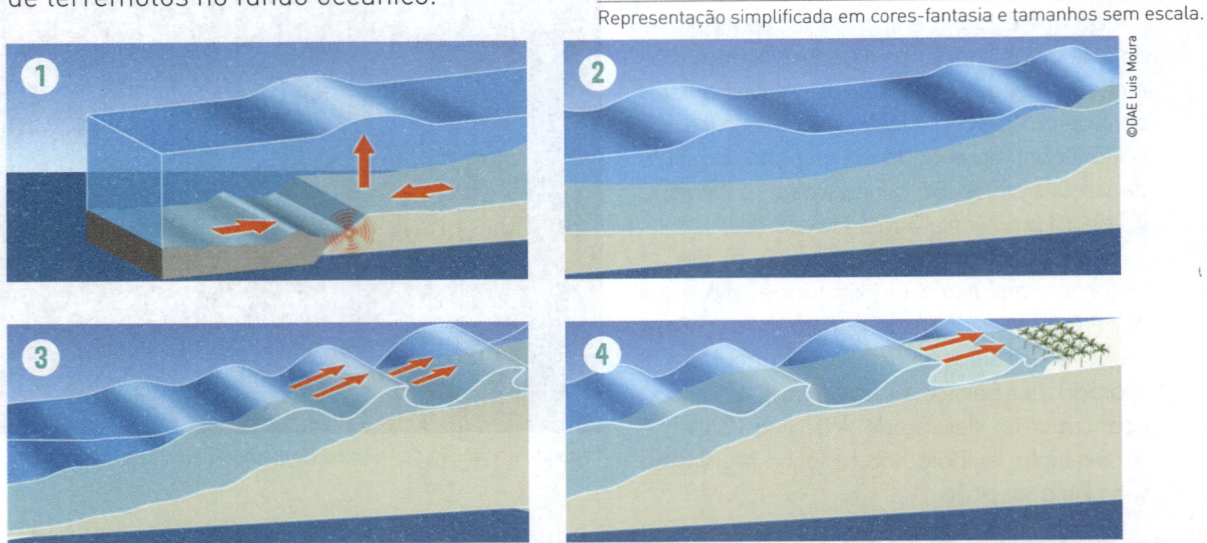

Esquema simplificado da formação de um *tsunami*.

Já vimos que uma zona de encontro entre duas placas tectônicas é uma área geologicamente muito instável, proporcionando o surgimento de eventuais terremotos. Quando isso ocorre no oceano, há um deslocamento vertical das águas oceânicas que, com isso, são capazes de gerar fortíssimas ondas ao chegarem próximo à costa, os *tsunamis*.

Quanto maior a energia envolvida no encontro entre as placas, maior tende a ser a velocidade de propagação e a amplitude das ondas, gerando efeitos catastróficos nas áreas litorâneas atingidas.

A ocorrência desse fenômeno provoca a invasão de áreas litorâneas por ondas gigantes que, rapidamente, destroem tudo o que encontram.

Quando em alto mar, as ondas não costumam apresentar uma amplitude (diferença entre a maior e a menor altura) muito grande. No entanto, ao se aproximar do litoral, com águas mais rasas, as ondas agigantam-se. Geralmente, poucos minutos antes de um *tsunami*, o mar recua da costa, expondo parte do leito marinho. Esse pode ser um indicativo da iminência de um *tsunami*.

Esse fenômeno é mais comum nos oceanos Pacífico e Índico. No entanto, em 1755, ocorreu no Oceano Atlântico um *tsunami* que atingiu e destruiu a cidade de Lisboa. Esse *tsunami* ocorreu após um forte terremoto. O maior *tsunami* da história moderna ocorreu no Alasca, no ano de 1958. Atualmente, vários países têm equipamentos capazes de identificar a formação e propagação de *tsunamis*, podendo realizar com eficiência a retirada da população de áreas de risco.

Os *tsunamis* são provocados também pela atividade de vulcões submarinos, ou ainda pelo deslocamento de grandes massas de terra ou gelo sobre os corpos de água ou pelo impacto de meteoros.

zoom

1. Por que é mais comum a ocorrência de *tsunami* nos oceanos Pacífico e Indico?
2. Pesquise na internet sobre o *tsunami* que ocorreu em Lisboa, em 1755.
   a) Qual foi a sua causa?
   b) Quais foram as consequências?
   c) Apenas a cidade de Lisboa foi afetada?
   d) Busque representações artísticas que retratam esse acidente.

Viver ■■■

A importância da informação

Quando o relógio marcava 1h15 da madrugada do último dia 26 de dezembro no Brasil, 17 minutos depois do abalo sísmico na Indonésia que provocou o *tsunami* (ondas de grande potencial de destruição) responsável por uma das maiores catástrofes recentes da humanidade, a Estação Sismológica da UNESP, localizada próximo ao *campus* de Rio Claro, já detectava os tremores. O terremoto de magnitude 9 na escala Richter, próximo à Ilha de Sumatra na Indonésia, no Oceano Índico, provocou ondas de até 12 metros de altura, com comprimento de até 60 km, o *tsunami*, causando a morte de mais de 160 mil pessoas e deixando milhares de feridos em sete países.

Imagens feitas por satélite mostram áreas na Tailândia antes (esquerda) e depois (direita) de serem atingidas por um *tsunami* em 2004.

[...] "A lição que fica desta calamidade é que os países precisam estar mais preparados para estes fenômenos da natureza", avalia o geólogo João Carlos Dourado, pesquisador responsável pela Estação.

[...] Embora o fato ocorrido em dezembro tenha sido um dos maiores terremotos da história, Dourado lembra que as suas consequências estão muito ligadas ao local, ao nível de informação e ao preparo das comunidades atingidas. Ele lembra o caso da menina inglesa de 12 anos que salvou cerca de 100 pessoas em uma das praias atingidas, depois de verificar que o recuo do mar poderia estar relacionado a um *tsunami*, tema que tinha estudado recentemente na escola. "Esta catástrofe mostra a desigualdade das civilizações e que, se houvesse um esquema de alarme como há em países como EUA e Japão, muitas mortes poderiam ser evitadas", acrescenta. "O que salva é a educação, como acontece no Japão, onde a população aprendeu a lidar com este tipo de catástrofe."

Mesmo que os terremotos e *tsunamis* sejam considerados raros no Brasil, já que está localizado no centro de uma placa tectônica, Dourado defende a ideia de que se deve começar a pensar em um plano de monitoramento e alarme para a costa brasileira, para evitar consequências maiores para as populações, principalmente as costeiras, que chegam a cerca de 36 milhões de pessoas.

O risco de *tsunami* mais provável para o Brasil seria uma possível erupção de um vulcão nas Ilhas Canárias, que poderia atingir a costa norte. Mas há também outros eventos ainda pouco conhecidos pelo homem como, por exemplo, a queda de meteoritos no oceano, que poderia formar ondas gigantes. [...]

Julio Zanella. A onda assassina. Portal Unesp, 19 fev. 2005. Disponível em: <www.unesp.br/aci/jornal/197/tsunami.php>. Acesso em: 26 set. 2018.

Agora faça o que se pede.

1 Pesquise na internet a respeito do episódio de 2004 narrado no texto.

2 O que você entende pela afirmação do geólogo entrevistado de que "o que salva é a educação"?

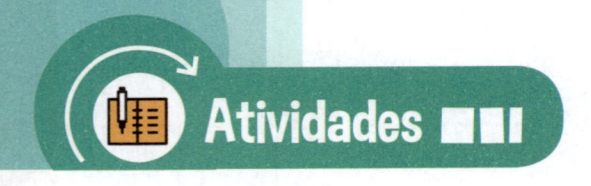 

Atividades ■■■

1. Por que no Brasil não há terremotos de grande intensidade como os que acontecem no Japão, por exemplo?

2. Construa uma frase relacionando os seguintes termos:

> manto – temperatura – núcleo – movimento – placas tectônicas

3. Leia o texto a seguir.

Cientistas perfuram poço e encontram magma incandescente

Pela primeira vez na história, pesquisadores norte-americanos atingiram uma camada de rocha incandescente após terem perfurado experimentalmente a crosta terrestre. O magma é normalmente observado durante as erupções vulcânicas, mas essa é a primeira vez que uma equipe de perfuração atinge a camada magmática. [...]

Apolo11.com, 5 jan. 2009. Disponível em: <www.apolo11.com/vulcoes.php?posic=dat_20090105-081148.inc>. Acesso em: 26 set. 2018.

O magma incandescente, ao atingir a superfície, transforma-se em lava. Qual é a consequência de seu resfriamento?

4. Leia o trecho de notícia a seguir.

Terremoto de magnitude 7,9 atinge Alasca e provoca alerta de *tsunami*

[...] JUNEAU - Um terremoto de magnitude 7,9 atingiu o Golfo do Alasca nas primeiras horas desta terça-feira, provocando um alerta de tsunami para parte do estado americano - inicialmente, a Costa Oeste dos EUA, o Havaí e o Canadá também estavam sob atenção. Não houve relatos de imediato sobre danos ou feridos, mas moradores de diversas cidades receberam ordens de retirada imediata, uma vez que ondas gigantes podiam ser registradas nas próximas horas. [...]

O tremor foi registrado a 256 quilômetros de Chiniak e a 10 quilômetros de profundidade às 7h31 do horário de Brasília. Uma rádio local na ilha de Kodiak, no Alasca, localizada perto do epicentro do tremor, fez um apelo aos moradores para fugirem das áreas litorâneas. [...]

Enquanto isso, o Centro Nacional de Alerta de Tsunami lançara um alerta para a maior parte do litoral sul do Alasca, as ilhas Aleutas e a província canadense de Columbia britânica. Emitira ainda um aviso de vigilância para toda a costa pacífica dos Estados Unidos, da fronteira com o México até a fronteira com o Canadá. Agora, as preocupações já foram descartadas. [...]

O Globo, 23 jan. 2018. Disponível em: <https://oglobo.globo.com/mundo/terremoto-de-magnitude-79-atinge-alasca-provoca-alerta-de-tsunami-22318069>. Acesso em: 26 set. 2018.

a) O que causa um terremoto?

b) Considerando a escala Richter, como pode ser classificado e quais os efeitos possíveis do terremoto descrito no texto?

c) Que relação existe entre terremotos e *tsunamis*?

d) Procure no mapa que mostra os limites das placas tectônicas, em que placa(s) se localizam as regiões mencionadas no texto.

5. Deriva continental é a teoria de Wegener que explicava a movimentação dos continentes pelo planeta. Cite duas evidências encontradas pelo cientista alemão para reforçar a ideia da deriva continental.

6. Embora erupções ofereçam risco, as áreas próximo aos vulcões também têm aspectos positivos. Quais são eles?

7 (UNESP) Analise o mapa a seguir.

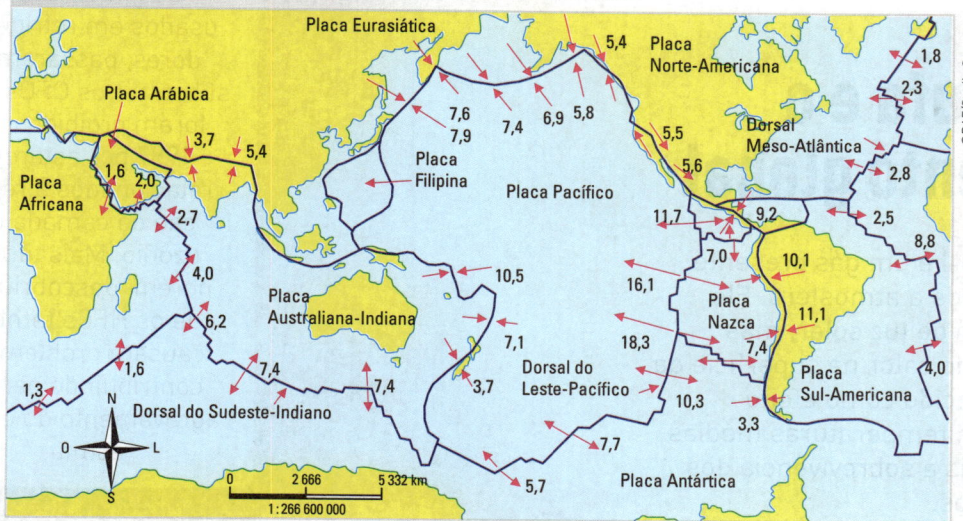

Distribuição geográfica das placas tectônicas da Terra

Fonte: Wilson Teixeira et al. *Decifrando a Terra*. 2. ed. São Paulo: Companhia Editora Nacional, 2009. p. 86.

Os números representam as velocidades em cm/ano com que as placas se aproximam ou se distanciam, e as setas, os sentidos dos movimentos.

Os terremotos que abalaram o Haiti, em janeiro, e o Chile, em fevereiro de 2010, atingiram, respectivamente, 7,0 e 8,8 graus na escala Richter. A explicação para esses terremotos é o fato de que ambos os países:

a) estão posicionados no centro das placas tectônicas.

b) estão localizados em áreas que raramente sofrem abalos sísmicos, o que torna esses eventos catastróficos.

c) estão situados nos limites convergentes entre placas tectônicas.

d) têm todo o território situado em arquipélagos formados por cadeias de montanhas vulcânicas submarinas.

e) estão em áreas de movimento de placas tectônicas divergentes.

8 Leia a notícia a seguir sobre a erupção do vulcão Kilauea, no Havaí, em maio de 2018.

Autoridades informam que 21 casas foram destruídas no Havaí pela lava que flui do vulcão Kilauea, com base em uma vistoria aérea realizada pelo corpo de bombeiros. Neste domingo, novas fendas surgiram das quais saem lava e gases tóxicos que provocaram milhares de evacuações. [...]

Lava cobre uma estrada nos arredores de Pahoa durante as contínuas erupções do vulcão Kilauea, no Havaí (Estados Unidos), 2018.

Jornal Estado de Minas, 6 maio 2018. Disponível em: <www.em.com.br/app/noticia/internacional/2018/05/06/interna_internacional,956709/vulcao-em-erupcao-no-havai-deixa-21-casas-destruidas.shtml>. Acesso em: 26 set. 2018.

a) Como se forma um vulcão?

b) Por que é importante a evacuação da área próximo à erupção?

c) Como é possível saber que um vulcão está prestes a entrar em erupção?

Caleidoscópio

Efeito estufa e o aquecimento global

O gás carbônico (CO_2) é um gás presente naturalmente em toda a atmosfera. Ele permite a passagem de luz solar, mas ajuda a reter parte do calor na superfície da Terra, o que é conhecido como efeito estufa. Isso mantém temperaturas médias no planeta favoráveis à sobrevivência dos diferentes seres vivos.

O problema ocorre quando a quantidade de certos gases na atmosfera (CO_2, metano, N_2O, HFCs, entre outros) atinge níveis muito altos, intensificando o efeito estufa e aumentando a temperatura no planeta. É o que chamamos de aquecimento global.

Emissão de CO_2 na atmosfera

China, EUA e Índia lideram o *ranking* mundial de emissão de CO_2 na atmosfera. O alto nível de industrialização e consumo e o tamanho da população nesses países são fatores que contribuem para esse quadro.

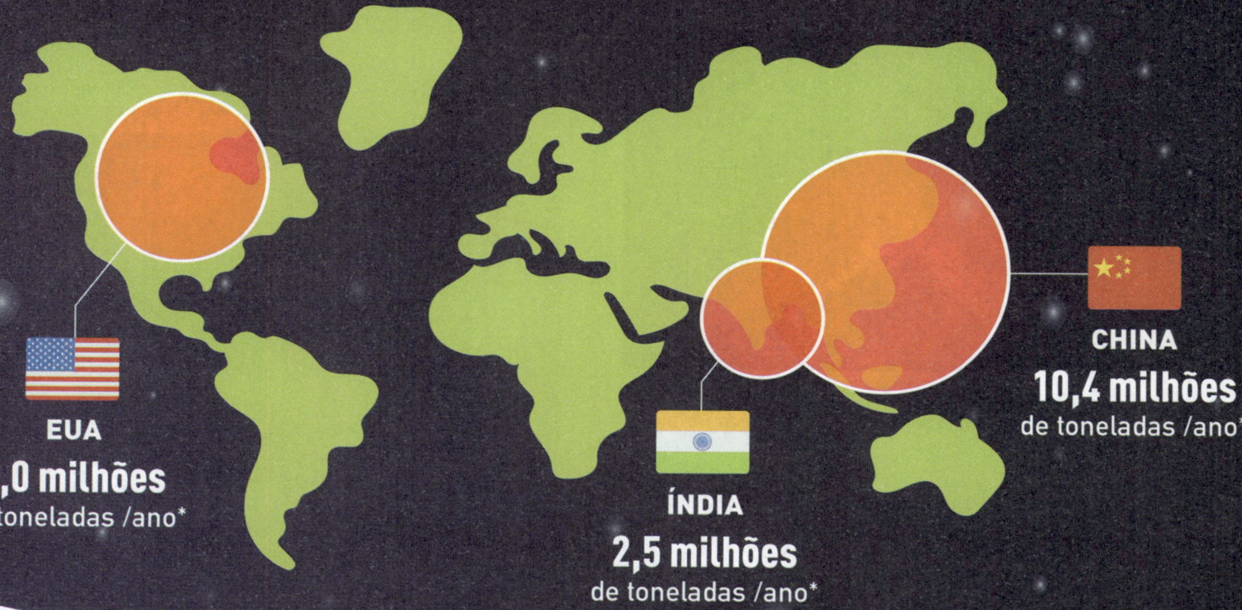

EUA
5,0 milhões
de toneladas /ano*

ÍNDIA
2,5 milhões
de toneladas /ano*

CHINA
10,4 milhões
de toneladas /ano*

ATMOSFERA

CO_2

O_2

A concentração de CO_2 na atmosfera pode ser diminuída por meio da absorção desse gás pelas plantas e algas no processo de fotossíntese. Esse é um dos motivos pelos quais é importante combater o desmatamento e recuperar áreas desmatadas.

Combatendo o aquecimento global

Apesar de ter uma relação direta com a industrialização e o uso de combustíveis fósseis, a emissão de gases estufa na atmosfera também está relacionada com o crescente nível de consumo da sociedade. Diante disso, discuta com os colegas quais atitudes individuais no nosso cotidiano podem contribuir para a diminuição da emissão desses poluentes na atmosfera e para um modo de vida mais sustentável.

* Valores referentes ao ano de 2016 (JRC SCIENCE FOR POLICY REPORT Fossil CO_2 & GHG emissions of all world countries).

Retomar

no caderno

1 Observe a ilustração abaixo e responda às questões.

Na erupção de um vulcão, há liberação de gases, poeira e lava (fluido composto de rochas derretidas) de dentro da Terra. Guatemala, 2018.

a) A lava expelida pelo vulcão tem origem no núcleo terrestre? Explique.

b) Qual a relação entre vulcanismo e placas tectônicas?

c) Após sua solidificação, a lava dá origem a um tipo de rocha. Que tipo de rocha é esse e como ele é aproveitado pelos seres humanos?

2 Em 2012, a Conferência das Nações Unidas sobre Desenvolvimento Sustentável, realizada no Rio de Janeiro, a Rio + 20, marcou os vinte anos de realização da Conferência das Nações Unidas sobre Meio Ambiente e Desenvolvimento (Rio-92) e contribuiu para definir a agenda do desenvolvimento sustentável para as próximas décadas. Entre as novidades apresentadas, destaca-se um ônibus movido a eletricidade e gás hidrogênio, desenvolvido pela Coppe/UFRJ, que não libera poluentes na atmosfera, apenas vapor de água.

Com relação a esses encontros, responda.

a) O efeito estufa, em si, é maléfico ao planeta? Justifique.

b) Por que organizações ambientais costumam fazer campanhas criticando os líderes mundiais?

c) Pesquise e indique a posição que o Brasil tem assumido nesses encontros acerca das mudanças climáticas no planeta. Compartilhe com a turma o resultado de sua pesquisa.

3 Observe com atenção a imagem a seguir.

Representação simplificada em cores--fantasia e tamanhos sem escala.

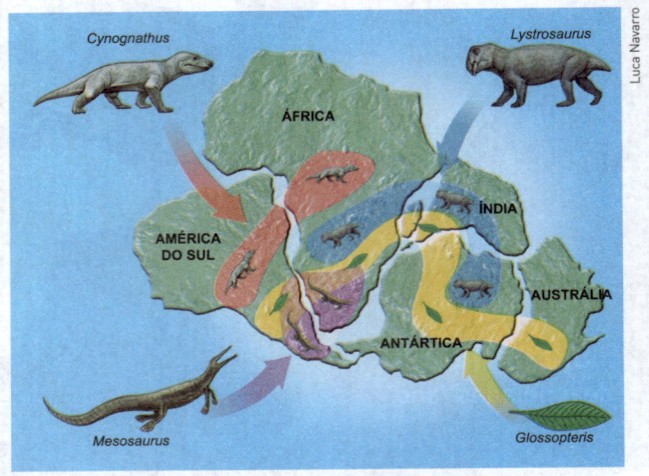

Distribuição de espécies pré-históricas no antigo supercontinente Gondwana, com base nos registros fósseis encontrados.
Fonte: Wilson Teixeira et al. *Decifrando a Terra*. 2. ed. São Paulo: Companhia Editora Nacional, 2009. p. 81.

A presença de fósseis comuns de plantas e animais em diferentes continentes é uma evidência importante de que essas regiões estiveram ligadas no passado. Como você explica esse fato?

4 Leia a notícia a seguir e responda às questões.

Forte terremoto abala cidades do oeste do Japão

Não há vítimas nem risco de tsunami, porém mais de 170 mil casas ficaram sem luz

Tóquio - Um forte terremoto de 5,3 graus de magnitude sacudiu o oeste do Japão às 07h58, do horário local (19h58 horário de Brasília de domingo) na região de Osaka, com epicentro situado a 15,4 quilômetros de profundidade.

Autoridades disseram que não houve vítimas e que não há risco de tsunami. O abalo causou apagões em algumas zonas e provocou a interrupção no tráfego ferroviário em uma hora de forte tráfego, mas não gerou pânico entre a população. [...]

O Globo, 17 jun. 2018. Disponível em: <https://oglobo.globo.com/mundo/forte-terremoto-abala-cidades-do-oeste-do-japao-22792367>. Acesso em: 26 set. 2018.

a) Qual é o tema principal da notícia?

b) De que maneira a localização geográfica do Japão favorece a ocorrência de terremotos e *tsunamis*?

c) Que tipo de consequências podem resultar de um terremoto com essa magnitude?

d) Que relação podemos estabelecer entre *tsunamis* e terremotos?

5 Antes mesmo de se eleger presidente dos Estados Unidos, Donald Trump já causava polêmica com suas opiniões sobre questões ambientais, inclusive nas redes sociais, que utiliza com bastante frequência. Veja, por exemplo, o conteúdo do comentário enviado por ele em 2012:

Tradução: "O conceito de aquecimento global foi criado pelos chineses e para os chineses com o objetivo de tornar a indústria dos EUA menos competitiva".

Os EUA são o segundo maior emissor de gás carbônico, atrás apenas da China. Por isso, suas decisões e posições nos acordos climáticos têm um grande impacto no planeta.

Pesquise sobre encontros e acordos recentes entre nações que tenham incluído nas discussões questões climáticas.

• Como tem sido a participação da China e dos Estados Unidos nesses acordos?

• O que você pensa sobre isso? E sobre o uso de redes sociais? Veja o número de seguidores que "curtiram" o comentário de Trump. O que isso pode representar?

• Pesquise exemplos que demonstrem o uso de redes sociais ou de outros recursos de tecnologias da comunicação e informação de forma positiva, como mo-

bilização e sensibilização para ações com foco no desenvolvimento sustentável.

• Pesquise charges sobre essa questão. Escolha uma e produza um pequeno texto para acompanhá-la.

• Compartilhe com os colegas.

6 Observe a charge a seguir.

Raitan Ohi

a) Que ideia ela transmite?

b) Agora, leia o trecho de notícia a seguir.

Os carros podem ser considerados os grandes vilões da poluição do ar em São Paulo? Para Carlos Lacava, gerente do departamento de desenvolvimento tecnológico e sustentabilidade da Cetesb (Companhia Ambiental do Estado de São Paulo), a resposta é sim. "Não existe carro que não polui, todo carro polui. Em uma frota de cerca de 7 milhões de veículos como temos na região metropolitana de São Paulo, cada um tem a sua contribuição", afirma Lacava. [...]

Silvana Salles. Carros são os grandes vilões da poluição do ar na Grande São Paulo. UOL Notícias, 22 set. 2009. Disponível em: <https://noticias.uol.com.br/ciencia/ultimas-noticias/redacao/2009/09/22/carros-sao-os-viloes-da-poluicao-do-ar-na-grande-sao-paulo.htm>. Acesso em: 26 set. 2018.

Que relação pode ser feita entre a charge, a notícia e o que você estudou a respeito da poluição do ar?

7 O que são *tsunamis*? Como eles são formados?

8 Qual a diferença entre magma e lava?

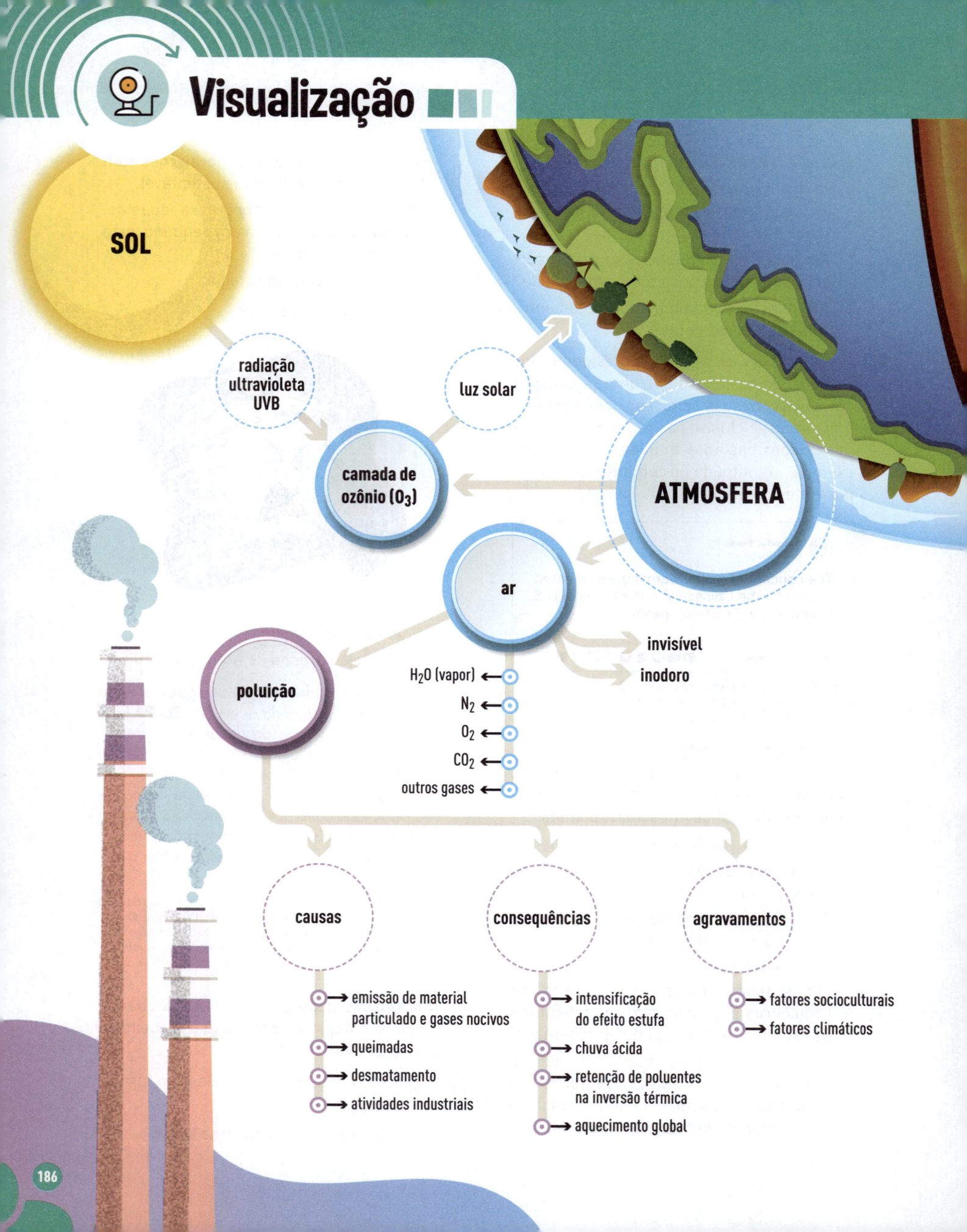

SOL

radiação ultravioleta UVB

luz solar

camada de ozônio (O_3)

ATMOSFERA

ar

invisível

inodoro

H_2O (vapor)

N_2

O_2

CO_2

outros gases

poluição

causas
- emissão de material particulado e gases nocivos
- queimadas
- desmatamento
- atividades industriais

consequências
- intensificação do efeito estufa
- chuva ácida
- retenção de poluentes na inversão térmica
- aquecimento global

agravamentos
- fatores socioculturais
- fatores climáticos

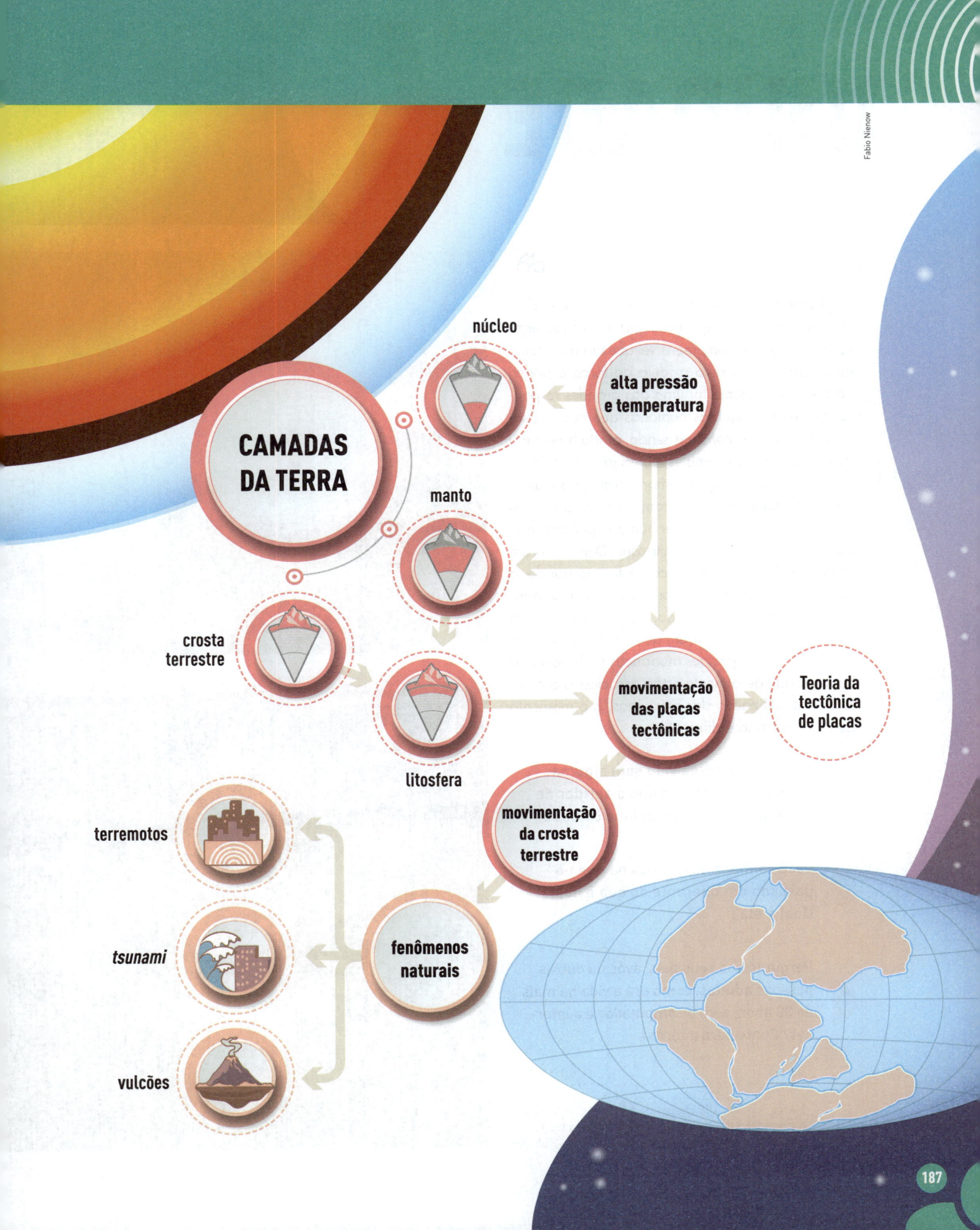

CAMADAS DA TERRA

núcleo

alta pressão e temperatura

manto

crosta terrestre

litosfera

movimentação das placas tectônicas

Teoria da tectônica de placas

movimentação da crosta terrestre

fenômenos naturais

terremotos

tsunami

vulcões

Fabio Nienow

187

UNIDADE 4

Antever

Conta uma lenda que a arma do deus nórdico Thor era um martelo que produzia raios e subjugava os inimigos. É compreensível que um mito como esse associe o martelo à ideia de força e poder, pois essa ferramenta foi uma das grandes responsáveis pelas conquistas humanas que nos trouxeram até aqui. Ela continua sendo, ainda hoje, uma das máquinas mais simples e úteis já inventadas.

As máquinas simples sempre foram importantes para a humanidade. Iniciaram como os primeiros instrumentos criados pelo ser humano para facilitar sua vida e superar suas limitações. Depois, foram se desenvolvendo tecnologicamente e tornando-se mais complexas. Para a construção da maria-fumaça da fotografia ao lado, por exemplo, muita ciência e tecnologia tiveram que ser desenvolvidas.

Períodos de grandes mudanças na história da humanidade geralmente estão associados a revoluções na utilização das máquinas. E o momento que vivemos não é diferente.

1 Como seria nossa vida sem algumas máquinas simples, como o abridor de latas, a tesoura e o carrinho de bebê?

2 Você conhece uma máquina que no passado era diferente do que é hoje? Qual é ela?

3 Pergunte aos seus pais, avós ou outras pessoas adultas, como era a vida há mais de 30 anos, sem o computador e a internet? Conte para a turma.

Maria Fumaça 156 chegando à estação ferroviária do município de Carlos Barbosa – passeio turístico na Serra Gaúcha. Carlos Barbosa (RS), 2018.

As máquinas na vida humana

10 Máquinas simples

Em nosso dia a dia, vivemos cercados de máquinas, desde as simples até as complexas.

Máquinas simples são o alicate, a pinça, a rampa inclinada, a alavanca, o quebra-nozes e vários outros objetos ou instrumentos que facilitam a realização de tarefas do dia a dia.

Assim como existem máquinas simples, existem também as máquinas complexas, que podem ser formadas pela junção de diversas máquinas simples ou contar com dispositivos mais sofisticados em sua composição, como os eletrônicos. Um exemplo de máquina complexa é automóvel; outro, é o computador. É importante saber mais sobre elas, pois nos tornamos cada dia mais dependentes dessas máquinas.

O computador é uma máquina complexa formada por diversos componentes.

As imagens desta página não estão representadas na mesma proporção.

Os automóveis também utilizam recursos eletrônicos e elétricos, mas seu funcionamento se baseia principalmente em peças que se deslocam, que se movem – puxando, empurrando, girando etc. Dizemos que esse tipo de funcionamento pertence ao domínio da mecânica.

Neste capítulo, você estudará algumas máquinas mecânicas simples. Para iniciar, conhecerá algumas máquinas que facilitam a atividade humana simplesmente porque possibilitam realizar uma tarefa com menor esforço físico. Por exemplo, ao levantar um corpo pesado usando uma alavanca, o esforço é muito menor do que o necessário para levantá-lo usando somente as mãos, o que nem sempre é possível.

Assim, **máquinas simples** são as que modificam a força a ser feita, seja em intensidade, direção ou sentido, ou transmitem a ação de uma força para realizar algum movimento.

Exemplos de máquinas simples.

Máquinas simples são aquelas que modificam e transmitem a ação de uma força para realizar um movimento.

Alavancas

As imagens desta página não estão representadas na mesma proporção.

Imagine a seguinte situação: você precisa levantar um saco cheio de mantimentos. A massa total do saco é 120 kg. Poucas pessoas conseguiriam levantar isso e, em geral, somente aquelas que se preparam para tal.

Entretanto, no decorrer da história, as pessoas muitas vezes tiveram de levantar pedras ou objetos sem contar com máquinas para auxiliá-las. Imagine como era levantar coisas pesadas quando se desejava edificar algo ou carregar objetos contando somente com a força humana e de alguns animais. Diz a história que, para ajudar a vencer dificuldades como essas, há mais de 22 séculos, um grego chamado Arquimedes elaborou um artefato simples que resolvia a questão: a alavanca. Conta-se que ele dizia: "Dêem-me uma alavanca, e eu moverei o mundo".

Uma **alavanca** nada mais é do que uma barra rígida que pode girar em torno de um ponto de apoio.

Busto de Arquimedes (287 a.C.-212 a.C.). Roma (Itália), 2017.

Uso de alavanca para levantar um carro pequeno.

Como você poderia, com o auxílio de uma alavanca, levantar um saco de 120 kg fazendo uma força equivalente à que faria para levantar um saco de 20 kg de arroz? Em outras palavras, como levantar uma massa com peso seis vezes maior que outra fazendo a mesma força que faria para erguer esta de menor massa?

Simples! É só **a distância entre o ponto da barra rígida em que você aplica a força e o ponto de apoio** ser seis vezes maior do que a **distância da massa até o ponto de apoio**.

Veja isso na figura:

Representação simplificada em cores-fantasia e tamanhos sem escala.

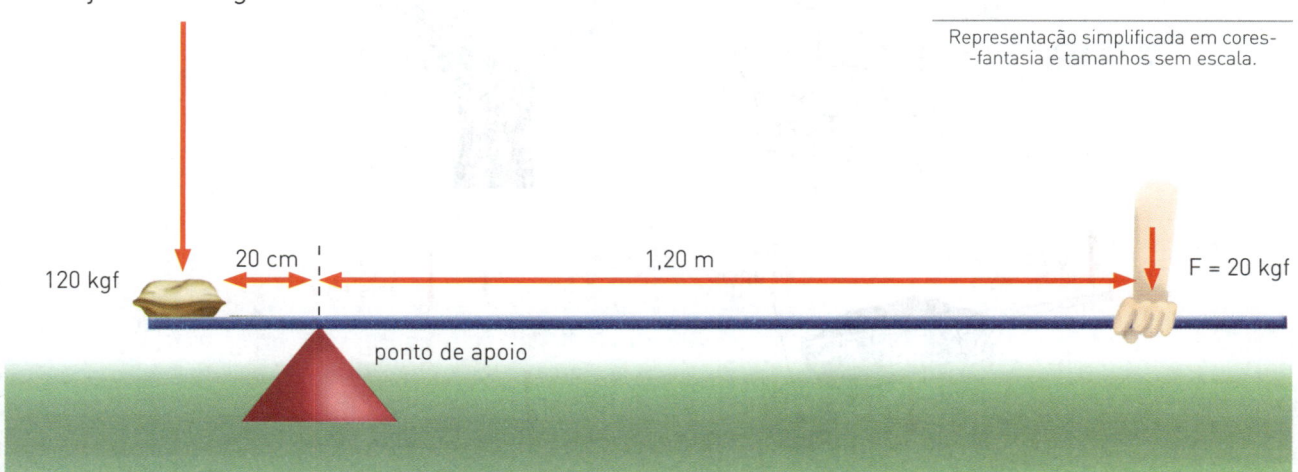

120 kgf   20 cm   1,20 m   F = 20 kgf

ponto de apoio

Tipos de alavancas

Vamos denominar, abaixo, as forças que agem nas alavancas.

Força resistente: é a força que queremos equilibrar. No exemplo anterior, é o peso do saco de mantimentos.

Força potente: é a força que sustentará a resistência. No exemplo, é a força que fazemos.

Considerando a força potente **P**, a força resistente **R** e o ponto de apoio **O**, podemos classificar as alavancas em três tipos, descritos a seguir.

- **Interfixas**: são aquelas em que o ponto de apoio fixo **O** está situado entre a força potente **P** e a força resistente **R**. Essa posição explica o nome dessa alavanca.

Veja exemplos de alavancas interfixas que usamos bastante em nosso dia a dia:

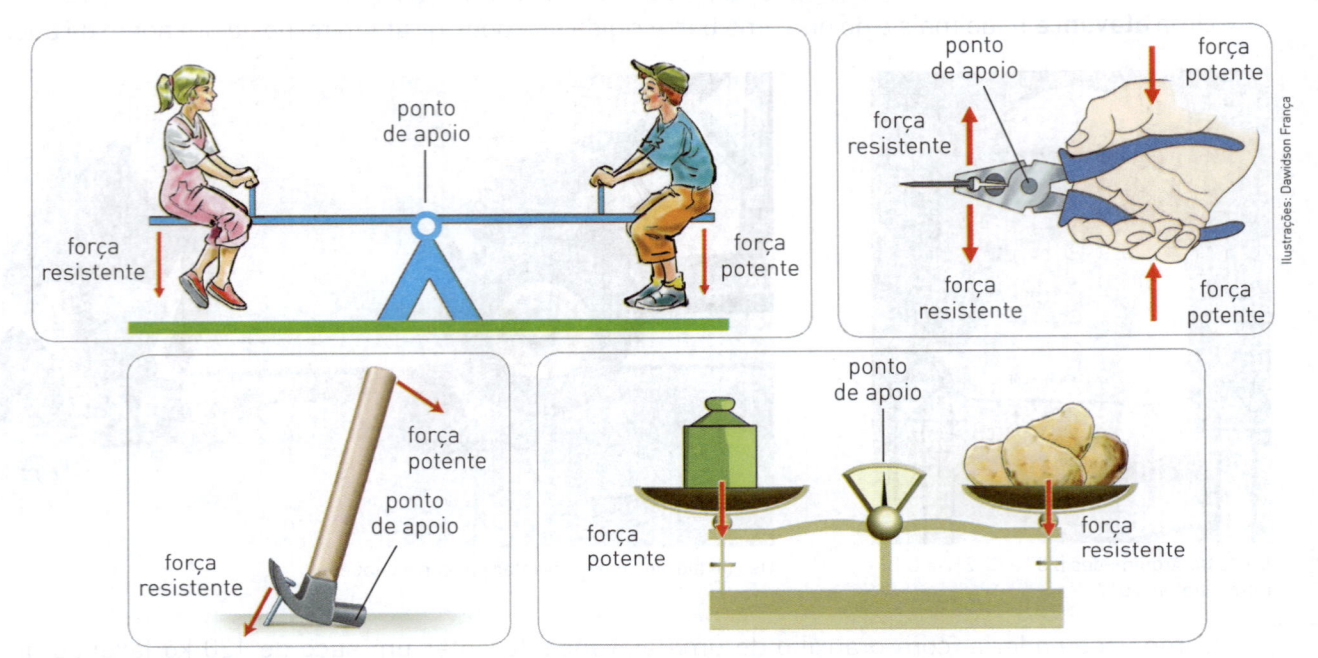

Exemplos de alavancas interfixas.

- **Inter-resistentes**: são aquelas em que a força resistente **R** está situada entre o ponto de apoio **O** e a força potente **P**. Veja exemplos de alavancas inter-resistentes:

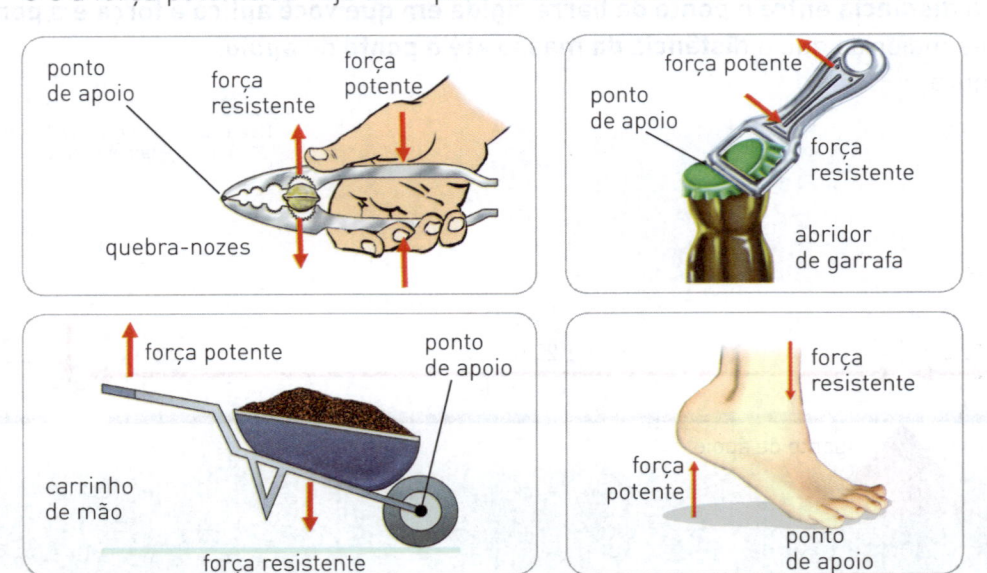

Exemplos de alavancas inter-resistentes.

- **Interpotentes**: são aquelas em que a força potente **P** está situada entre o ponto de apoio **O** e a força resistente **R**. Veja exemplos de alavancas interpotentes:

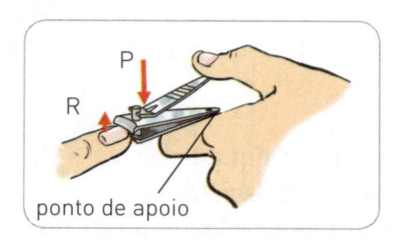

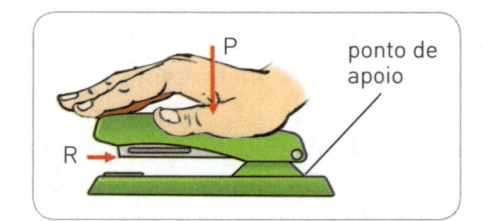

As imagens desta página são representações simplificadas em cores-fantasia e tamanhos sem escala.

força potente

ponto de apoio

força resistente

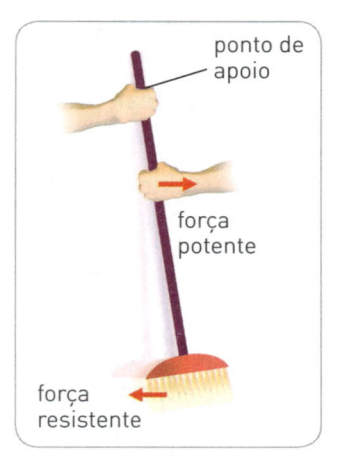

ponto de apoio

força potente

força resistente

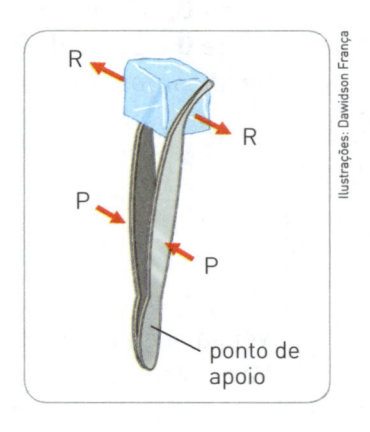

R

R

P

P

ponto de apoio

Ilustrações: Dawidson França

Exemplos de alavancas interpotentes.

 ## Viver

Corpo humano e alavancas

Se quisermos entender as alavancas, não precisamos ir muito longe. Basta olhar para nós mesmos! Veja seu braço, seu pé, seu maxilar. Entre outras partes, são todas alavancas!

Seu pé pode ser considerado uma alavanca inter-resistente.

O apoio é a ponta do pé.

Os músculos da perna sustentam os ossos. Portanto, os músculos exercem a força potente e os ossos, a resistente.

Já o antebraço é uma alavanca interpotente. O apoio é o cotovelo. O braço, por meio do bíceps, exerce a força potente, e a força resistente é o que sustentamos com a mão.

Por isso, o médico ortopedista, o professor de ginástica, o fisioterapeuta, entre outros profissionais, também usam os conhecimentos da Física.

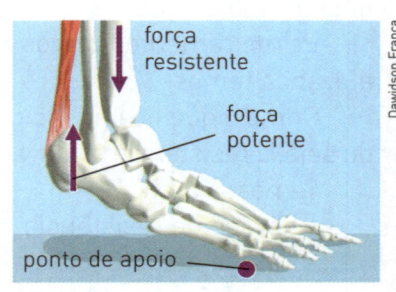

força resistente

força potente

ponto de apoio

Dawidson França

Ação de alavanca do pé.

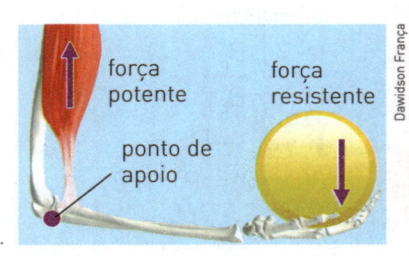

força potente

força resistente

ponto de apoio

Dawidson França

Ação de alavanca do braço.

① Em qual dos esportes que você pratica, as alavancas de seu corpo são mais requisitadas (ou utilizadas)?

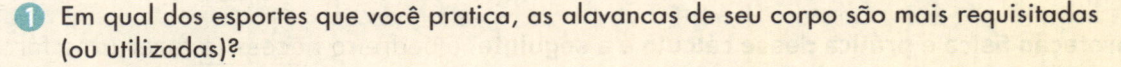 no caderno

② Se você não pratica esportes, indique quais alavancas utiliza em uma atividade de que goste, por exemplo, dançar.

Equação das alavancas

Pediremos ajuda à Matemática para encontrar uma expressão da seguinte situação:

- Como equilibrar uma massa muito grande fazendo uma força bem menor que o peso dessa massa que queremos sustentar?

Vamos denominar:

- de **R** o valor da força resistente – a força que queremos equilibrar;
- de **P** o valor da força potente – a força que sustentará a resistência;
- de B_R o braço de resistência – a distância do centro de gravidade do corpo ao ponto de apoio;
- de B_P o braço de potência – a distância do ponto de aplicação da força ao ponto de apoio;
- de **O** o ponto de apoio.

Verificamos que o equilíbrio será alcançado quando:

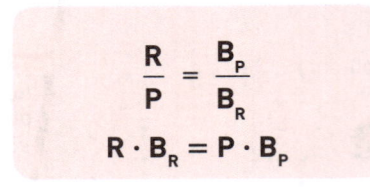

$$\frac{R}{P} = \frac{B_P}{B_R}$$

$$R \cdot B_R = P \cdot B_P$$

Veja a seguir um exemplo de aplicação.

Vamos calcular a força que um pedreiro tem de fazer para carregar 80 kg de terra com a ajuda de um carrinho de mão que tem 1,20 m de comprimento. Sabemos que a distância entre o **centro de gravidade** do volume de terra e o centro da roda do carrinho é 60 cm.

Quando temos a massa, que é expressa em kg, e queremos calcular a força, uma maneira é expressar o valor da massa em kgf (denominado quilograma-força).

Primeiramente, vamos verificar que tipo de alavanca temos.

Como o que fica no meio do carrinho é a terra, ou seja, a resistência, a alavanca é inter-resistente.

Temos:

- braço de resistência = 60 cm = 0,6 m;
- braço de potência = 1,20 m;
- resistência = 80 kgf.

Portanto,

$$\frac{R}{P} = \frac{B_P}{B_R}$$

$$R \cdot B_R = P \cdot B_P$$

$$80 \cdot 60 = P \cdot 120$$

$$P = 80 \cdot \frac{60}{120}$$

$$P = 40 \text{ kgf}$$

Representação simplificada em cores-fantasia e tamanhos sem escala.

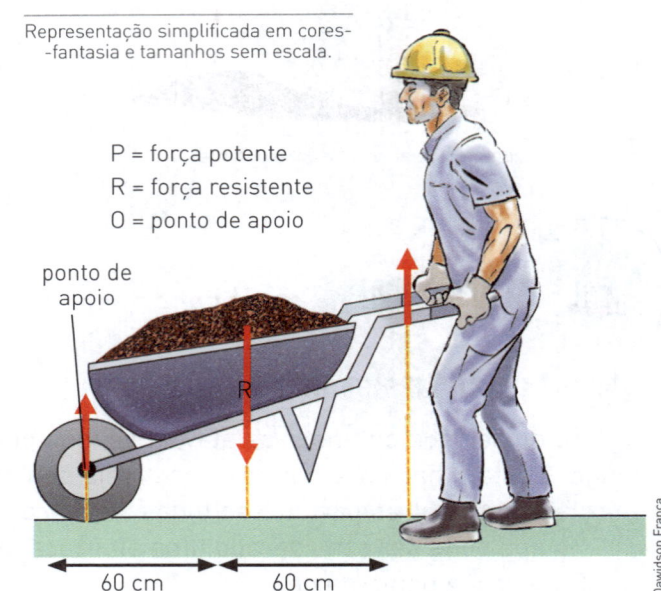

P = força potente
R = força resistente
O = ponto de apoio

ponto de apoio

60 cm   60 cm

O carrinho de mão é uma alavanca inter-resistente.

Dawidson França

A interpretação física e prática desse cálculo é a seguinte: o pedreiro necessita fazer uma força com intensidade de metade do peso do volume de terra para erguer o carrinho e transportar a carga. Você percebeu a grande utilidade de uma máquina tão simples?

Experimentar

Usando alavancas

Porta

Você já observou que a porta de sua casa tem uma estrutura de alavanca?

Material:

- uma porta comum.

Procedimentos

1. Deixe a porta aberta.
2. Tente fechar a porta empurrando-a com apenas um dedo. Primeiro faça isso apoiando o dedo próximo à maçaneta.
3. Abra novamente a porta e tente fechá-la apoiando o dedo perto da dobradiça.

① Explique o que ocorre.

Alavanca

Material:

- régua de 30 cm rígida, que não envergue facilmente;
- borracha;
- estojo escolar cheio (para deixá-lo mais pesado).

Procedimentos

1. Use a régua como alavanca, a borracha como ponto de apoio e o estojo será o peso a ser levantado.
2. Primeiro apoie a régua na borracha, de modo que o ponto de apoio fique próximo do meio da régua.
3. Coloque o estojo sobre uma das extremidades da régua e na outra faça força com um dedo para levantar o estojo.
4. Mude o ponto de apoio (borracha) para mais perto do estojo e faça força na outra extremidade.
5. Mude novamente o ponto de apoio, agora deixando a borracha mais próxima da extremidade em que a força é aplicada.

Junior Rozzo/Rozzo Imagens

① Com qual conformação foi mais fácil levantar o estojo? E com qual foi mais difícil? Explique.

no caderno

Roldanas (ou polias)

Você já observou pessoalmente, em programas esportivos ou em filmes, que nas academias de ginástica os aparelhos de musculação são cheios de discos rígidos em torno dos quais há um fio em que estão presas as cargas? Sabe para que os discos servem?

Esses discos são denominados **roldanas** ou **polias**, neles há um canal por meio do qual passa um fio ou uma corda em que está presa uma carga.

Roldanas fixas

A roldana fixa facilita a realização de esforço porque muda a direção da força necessária. Nesse caso, como observamos na figura abaixo, a força necessária para equilibrar o corpo é igual à força realizada pela pessoa. Entretanto, para levantar a carga, temos de puxar para baixo, o que facilita o trabalho.

A peça em que encaixamos a roldana é denominada mancal. Em uma roldana fixa, o mancal fica preso a uma base.

Alguns aparelhos de musculação utilizam roldanas.

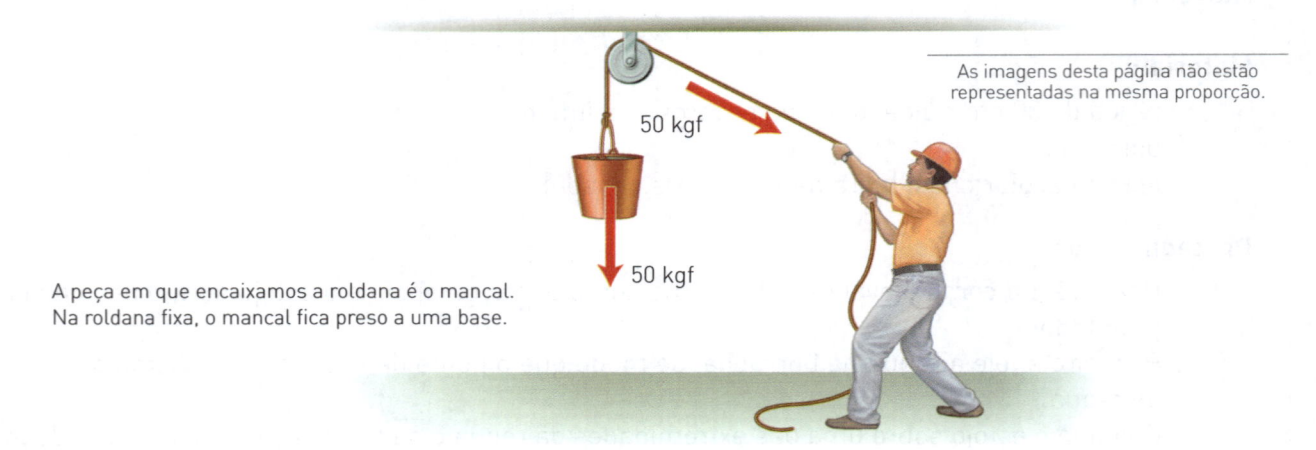

50 kgf

50 kgf

As imagens desta página não estão representadas na mesma proporção.

A peça em que encaixamos a roldana é o mancal. Na roldana fixa, o mancal fica preso a uma base.

Roldanas móveis

As roldanas móveis diminuem a intensidade do esforço necessário para sustentar um corpo, pois parte desse esforço é feito, por exemplo, pelo teto, que sustenta o conjunto.

Observe, no esquema ao lado, que a roldana móvel facilita o trabalho porque a força necessária é reduzida pela metade.

Agora já sabemos a razão de haver tantas polias em uma sala de musculação. Elas viabilizam o esforço que se deseja fazer, em geral mudando a direção da força necessária para levantar os pesos, a fim de trabalhar a musculatura desejada.

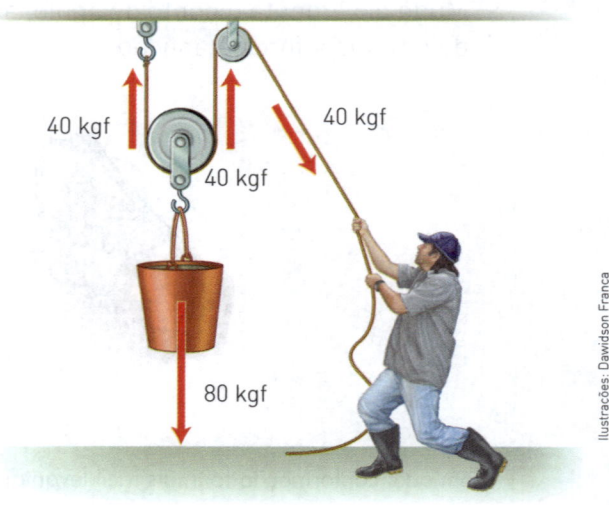

40 kgf

40 kgf

40 kgf

40 kgf

80 kgf

O conjunto apresenta uma roldana móvel associada a uma roldana fixa. A força necessária para levantar a carga é menor do que o peso da carga.

O plano inclinado

As imagens desta página não estão representadas na mesma proporção.

O parafuso é um plano inclinado ao redor de um eixo em forma de cilindro.

O plano inclinado nos telhados facilita o escoamento da água da chuva.

As rampas inclinadas facilitam o deslocamento de objetos pesados.

Para facilitar a subida de montanhas, as estradas são construídas inclinadas. Parque Nacional Vikos-Aoös, Grécia.

Imagine que você está empurrando um carrinho cheio de livros e tem de levá-los para uma sala localizada em um andar acima do que está.

Há duas rampas e você pode optar por uma delas: a primeira é bem inclinada e a outra tem inclinação suave.

Qual rampa você escolhe? Bem, se quiser fazer menos força, deve escolher a mais suave. Planos inclinados facilitam muito o levantamento de pesos, como podemos observar nas imagens acima. Quanto menor a inclinação, menor o esforço.

Essa redução de esforço é também usada na fixação de parafusos nas paredes, no escoamento de água, entre outras finalidades.

Conviver

Acessibilidade

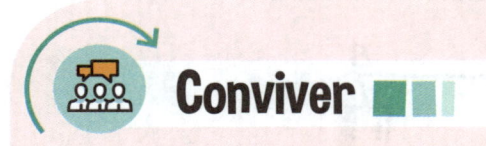

Observem a imagem acima e identifiquem se na sua escola há rampas e se, de fato, elas funcionam como recurso de acessibilidade.

1 Pesquisem e descubram quais são as normas que regulamentam a construção de rampas para a mobilidade de pessoas com deficiência em espaços públicos e em instituições de ensino.

2 Agora percorram os espaços de sua escola. A escola promove a acessibilidade a cadeirantes?

3 Caso a resposta do item 2 seja negativa, proponham as alterações que devem ser feitas no espaço em que estuda para promover acessibilidade a pessoas com mobilidade reduzida.

De olho no legado

Máquinas simples na história

Há vários milênios, as máquinas simples contribuem para uma infinidade de realizações humanas. Afinal, à medida que o ser humano foi encontrando formas de ampliar sua força física ou melhorar as condições de fazer tarefas cotidianas, um conjunto cada vez maior de máquinas contribuiu para a conquista de obras e trabalhos extraordinários.

Essa busca se fez necessária, inicialmente, na luta pela sobrevivência, em que se buscava formas para vencer adversidades, como a construção de moradia ou a procura por alimento.

As primeiras civilizações – sumérios, egípcios, chineses, fenícios, entre outras – usavam a roda, o arado, a cunha, o plano inclinado, a alavanca e roldanas para aprimorar a agricultura, as construções, ou mesmo a forma de guerrear.

Com isso, o ser humano passou a buscar formas de tecnologia cada vez mais avançadas para ampliar sua força e eficiência, e reduzir o esforço físico.

Essas ferramentas simples mudaram para sempre a forma de o ser humano se relacionar com o trabalho e desempenhar atividades cotidianas. Com a roda e os primeiro veículos com tração animal, pôde-se ir mais longe; o uso de polias ampliou a força voltada para o levantamento de pesos. Exemplos de conquistas humanas que jamais seriam possíveis sem essas máquinas são as pirâmides do Egito, entre tantas outras.

Observe nas imagens a seguir a aplicação das máquinas simples em diferentes momentos da história.

1 Que objeto de seu cotidiano é semelhante a esse? Para que ele é usado?  no caderno

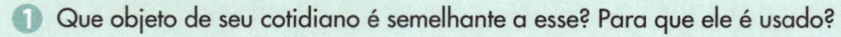

Ilustração de uma alavanca do livro *Mecânica*, atribuído a Aristóteles.

2 O monjolo era usado para moer grãos usando uma queda-d'água. Que máquina simples é essa e como funciona?

Monjolo colonial, construído entre 1913 e 1915. Canela (RS), 2010.

3 Qual é a máquina simples da imagem? Os poços são utilizados nos dias atuais? Como é retirada a água deles atualmente?

Poço italiano da Idade Moderna, em cerca de 1700.

4 Qual é a finalidade das rampas?

Representação de rampas que os egípcios provavelmente usaram na construção das pirâmides. *Construindo a grande pirâmide de Gizé*. Guache sobre papel.

5 A face cortante do arado pode ser uma máquina simples? Qual? Você já viu a imagem de um arado moderno? Quais são as semelhanças e diferenças entre ele e o arado medieval?

Arado usado com tração animal.

6 Considerando a vantagem mecânica obtida quando usamos rodas, planos inclinados, polias e alavancas, quais dessas máquinas compõem o guindaste? Explique.

7 Você considera as máquinas simples instrumentos da sociedade atual ou antiga? Escreva sobre a importância dessas máquinas e de como elas não perderam seu uso ao longo da história da humanidade.

Guindaste do tipo grua.

O conceito de trabalho

Imagine que você levantou um livro, empurrou uma mesa ou um carrinho de bebê. Todas essas atividades são chamadas de trabalho. Você também realiza trabalho quando produz um texto, atende ao telefone ou lava a louça do almoço.

Já em Física diz-se que um **trabalho** foi realizado quando uma força foi usada para deslocar um corpo. Nesse caso, o trabalho é proporcional à força que desloca o corpo e ao deslocamento produzido por ela, ou seja: quanto maior a força usada, maior será o trabalho realizado, e quanto maior o deslocamento do corpo, também maior terá sido o trabalho.

O conceito de trabalho, em Física, destacou-se na Primeira Revolução Industrial, quando a humanidade iniciou a produção de máquinas mais complexas, que possibilitaram o desenvolvimento industrial de algumas nações do planeta.

Portanto, se a força atuar na direção e no sentido do deslocamento, podemos definir matematicamente o conceito de trabalho, cujo símbolo é τ (lê-se: *tau*).

$$\tau = F \cdot d$$

Nessa expressão matemática, **F** é a força e **d**, o deslocamento.

A unidade de trabalho no Sistema Internacional é a mesma da grandeza energia, o joule (J), por serem grandezas de mesma natureza física.

A definição de trabalho dada aqui só é válida quando a força atua na direção do deslocamento e tem valor constante. Por exemplo, ao pressionarmos um corpo contra uma mesa fazemos força, mas essa força não contribui em nada para deslocar o corpo.

Portanto, não realiza trabalho.

As forças que deslocam os corpos realizam trabalho.

> O trabalho de uma força paralela no sentido do deslocamento é o produto da força por esse deslocamento.

Potência

Agora analisemos a seguinte situação: dois atletas, na academia de ginástica, levantam o mesmo peso à mesma altura. Entretanto, para fazer esse levantamento, um atleta demora um segundo, e o outro dois segundos.

Ambos realizaram o mesmo trabalho, ou seja, gastaram a mesma energia, mas o primeiro atleta foi mais rápido que o segundo, concorda? Essa relação da energia com o tempo é denominada potência (P).

$$P = \frac{energia}{tempo}$$

A unidade de potência no Sistema Internacional é o $\frac{J}{s}$ (joule por segundo), que denominamos Watt (**W**).

Elevadores

As máquinas simples causaram diversas mudanças, tanto na vida cotidiana quando no mundo do trabalho. Tarefas simples, como transporte em terreno com declive, movimentação de pedras pesadas ou elevação de objetos a grandes altitudes ficaram muito mais fáceis com o auxílio de rampas, alavancas e roldanas.

Muito mais moderno, mas nem por isso mais importante, o elevador elétrico foi inventado em 1880, construído pelo físico e industrial alemão Ernst Werner von Siemens (1816-1892). Usado tanto para transportar pessoas como para carga, os elevadores são fundamentais em prédios com muitos andares, porque possibilitam o trabalho de deslocamento vertical. Além disso, tornam muitos locais acessíveis para pessoas com dificuldade de deslocamento, como cadeirantes, gestantes, idosos, entre outros.

O infográfico ao lado mostra algumas partes de um tipo de elevador elétrico.

- Cabina: local onde vai a carga ou as pessoas que serão transportadas.
- Contrapeso: são pesos que estão presos na outra extremidade dos cabos que elevam a cabine. Servem para contrabalancear o peso a ser transportado e possibilitam o uso de motores menos potentes, economizando energia.
- Freio de segurança: é acionado em caso de emergência.
- Limitador de velocidade: mecanismo de polias e cabo de aço que controla a velocidade do elevador desligando o motor ou mesmo acionando o freio de segurança quando se excede a velocidade normal.
- Máquina de tração: conjunto de motor elétrico, catracas e polias que faz força para subir e descer o elevador. Também é responsável pela frenagem normal do sistema.

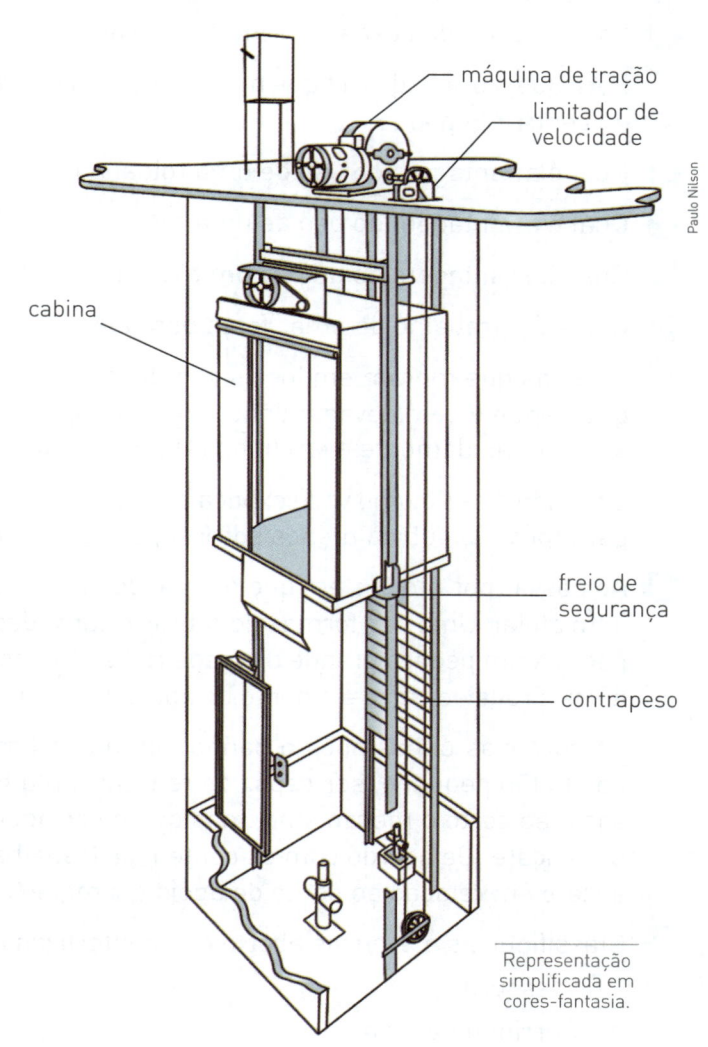

Paulo Nilson

máquina de tração
limitador de velocidade
cabina
freio de segurança
contrapeso

Representação simplificada em cores-fantasia.

Esquema simplificado de um elevador e seus principais componentes.

Após a análise do infográfico e das principais partes do elevador, responda às perguntas a seguir.  no caderno

1 Qual é a função do elevador elétrico? Explique as máquinas simples que fazem parte dele.

2 Quais mudanças econômicas, culturais e sociais o elevador elétrico trouxe para o cotidiano e para o mundo do trabalho?

3 Discuta essas questões com os colegas e o professor e elaborem uma conclusão da turma.

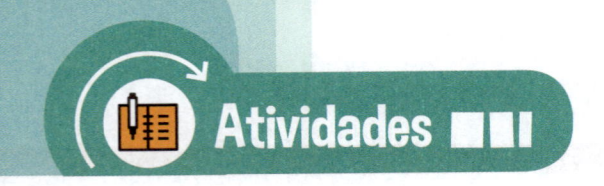

1 O que são máquinas simples? Dê três exemplos.

2 O famoso cientista Arquimedes eternizou a frase: "Dê-me uma alavanca que moverei o mundo".

O que é uma alavanca?

3 Dê três exemplos de alavancas:

a) interfixas;   **b)** interpotentes;   **c)** inter-resistentes.

4 Que tipo de alavanca é o capô de um automóvel?

5 Laura e Davi, de pesos diferentes, brincam em uma gangorra. Davi é mais pesado do que Laura.

Para que a brincadeira fique mais justa para Laura, Davi deve sentar-se mais perto ou mais longe do centro? Explique.

6 Qual é a vantagem do uso de uma roldana fixa?

7 Qual é a vantagem do uso de uma roldana móvel?

8 Qual é a vantagem do uso de um plano inclinado?

9 O que é o trabalho de uma "força paralela e no sentido do deslocamento" de um corpo?

10 Pessoas que moram em locais com ladeiras costumam, quando cansadas, subi-las fazendo zigue-zague e bem devagarzinho. Entretanto, a energia gasta é a mesma que seria despendida se subisse rapidamente e em linha reta, pois o que importa é a altura de fato alcançada.

Sabendo disso, como você explica o costume de subir ladeira em zigue-zague e mais lentamente para tornar a subida menos sofrível para um morador cansado.

11 Ao passar por regiões em que há grande quantidade de areia ou barro, alguns tipos de carros podem atolar. Uma das formas de retirar o carro dessa situação é usar uma alavanca feita com uma pedra e um pedaço grande de madeira bem grossa. De acordo com o que foi estudado, a distância entre a roda do carro e o ponto de apoio deve ser a maior ou a menor possível?

12 Ao cortar as unhas após o banho, um aluno ficou intrigado com o fato de o cortador de unha, objeto tão pequeno, ser capaz de realizar tanta força. Ao questionar sua mãe, ela disse que não sabia ao certo o mecanismo, mas que o cortador de unha é uma máquina simples, assim como um alicate. De acordo com os conteúdos trabalhados no livro, diferencie o cortador de unhas e o alicate em relação ao ponto de apoio e a região onde é aplicada a força resistente.

13 Classifique as alavancas abaixo como interfixas (IF), inter-resistentes (IR) e interpotentes (IP):

a) Vassoura   **h)** Abridor de garrafa

b) Carrinho de mão   **i)** Alicate

c) Gangorra   **j)** Pinça

d) Grampeador   **k)** Martelo

e) Pé humano   **l)** Quebra-nozes

f) Cortador de unha   **m)** Balança de feira

g) Pá

14 Uma força de 10 N, atua descolando por 2 m um corpo na mesma direção e sentido da força. Qual é o valor do trabalho realizado?

15 Observe a ilustração a seguir, que mostra automóveis em uma estrada de montanha. Na posição em que cada um está, trace um esquema e desenhe a flecha que representa a direção e o sentido do peso dos veículos.

Ilustrações: Paulo César Pereira

16 A figura a seguir mostra um quebra-nozes, que pode ser considerado um conjunto de duas alavancas.

Essa alavanca amplia a força ou amplia o deslocamento?

17 A figura ao lado mostra um abridor de garrafas improvisado com um pedaço de madeira e um prego.

Essa alavanca amplia a força ou amplia o deslocamento?

18 Observe a imagem abaixo. Avalie se o exercício fica mais fácil ou mais difícil se aumentarmos a inclinação do banco.

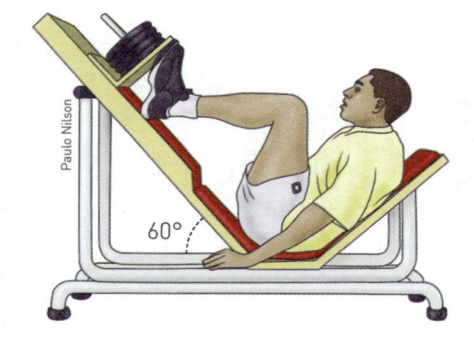

Paulo Nilson

19 Observe a imagem abaixo:

© Mauricio de Sousa Editora Ltda.

Considerando que a gangorra, após o Cascão se pendurar como na imagem, tenha ficado equilibrada, podemos afirmar que o "peso" da Mônica é maior, igual ou menor que a soma dos "pesos" de Magali e Cascão?

Sensação térmica

Muita gente associa o calor a situações como escolher a roupa a ser usada em determinado dia, assar alimentos, regular a temperatura da água do banho, passar roupa, levar bebidas geladas para a praia, tomar Sol, ferver a água para fazer chá ou café etc.

Mas o que será de fato o conceito de calor? A ideia de calor é muito confundida no dia a dia com a ideia de sensação térmica.

O primeiro passo para entendermos os fenômenos térmicos é conhecer a diferença entre calor, temperatura e sensação térmica.

Primeiro vamos entender o que é sensação térmica.

Se você estivesse em alguma região de nosso país e visse um termômetro marcando 42 °C, você não estranharia se ouvisse alguém dizer: "Estou com muito calor!". Porém, como você aprenderá, do ponto de vista da Física essa frase não está correta. O que sentimos, por meio da pele, é que o ambiente está quente demais. Trata-se de uma sensação térmica, que depende de nossos sentidos, por isso podemos nos enganar.

Para entender melhor essa ideia, faça com os colegas o experimento a seguir.

Experimentar

Sensação térmica

Material:

- três bacias;
- água gelada;
- água em temperatura ambiente;
- água morna.

Luis Moura

Procedimentos

1. Separe três bacias.
2. Coloque água bem gelada na primeira; água à temperatura ambiente na bacia do meio; e água morna na terceira. (Cuidado ao esquentar a água – peça a um adulto que o faça.)
3. Mergulhe uma das mãos na bacia com água gelada e a outra na bacia com água morna. Mantenha-as assim por um minuto.
4. Mergulhe, então, ambas as mãos na bacia do meio. Procure calmamente identificar as sensações térmicas que você tem no momento.

❶ Com base neste experimento, responda se podemos ou não confiar em nossos sentidos para conhecermos a temperatura da água da bacia do meio.

no caderno

Temperatura

Se pudéssemos olhar com grande ampliação para os materiais que nos cercam, para ver de que são feitos, encontraríamos algo que poderia ser interpretado como partículas muito pequenas. Em breve, você estudará com mais detalhes a estrutura da matéria. Por enquanto, basta saber que essas partículas, denominadas moléculas, estão em constante estado de agitação, vibrando, girando, deslocando-se o tempo todo.

O movimento das partículas depende do estado físico em que o corpo está. No estado sólido, as moléculas se movimentam menos, limitando-se basicamente à vibração. Nos líquidos e gases, acontece o giro e o deslocamento, fenômeno que é denominado **agitação térmica**, e ocorre porque as moléculas têm energia.

A energia das moléculas que constituem determinado corpo é denominada **energia térmica**. A grandeza usada para medir esse grau de agitação térmica em que se encontram os corpos é a **temperatura**, uma grandeza criada pelo ser humano para ter, no mundo **macroscópico**, informações indiretas sobre o que acontece no mundo **microscópico**.

As moléculas do líquido contido no recipiente com água quente ficam mais agitadas que as moléculas do recipiente com água gelada. Portanto, a temperatura do primeiro recipiente é mais alta. Temperatura é uma medida diretamente proporcional ao grau de agitação térmica das partículas de um corpo. Quanto maior a agitação, maior a temperatura.

Medindo a temperatura

Durante o contato com outros corpos e com o ambiente, temos sensações térmicas que expressamos pelas palavras **frio**, **quente**, **morno**, **gelado** e outras, mas não conseguimos saber qual é a temperatura desses corpos. Para conhecer a temperatura exata, precisamos usar um instrumento próprio para isso: o **termômetro**.

O termômetro é bastante usado para medir a temperatura do corpo humano. Para entender como o termômetro funciona, é preciso compreender o que é **equilíbrio térmico**.

Você sabe que a garrafa térmica serve para preservar a temperatura dos líquidos. Imagine que alguém colocou um pouco de água bem quente e um pouco de água gelada em uma mesma garrafa térmica. O que acontecerá? Nessa situação, as moléculas da água quente estão mais agitadas que as moléculas da água gelada. Quando entram em contato, há transferência de energia térmica das moléculas da água quente para as moléculas da água gelada. Chega um momento em que o grau de agitação das moléculas está bem próximo. Esse estado é denominado **equilíbrio térmico**.

Os termômetros são construídos com base no conceito de equilíbrio térmico. Colocados em contato com o corpo do qual se quer medir a temperatura, aí permanecem até que ocorra o equilíbrio térmico entre eles. Assim, o termômetro, por suas características e pelo material de que é feito, acaba por mostrar a temperatura do corpo.

Existem vários tipos de termômetro. Aquele usado para verificar se você está com febre é o **termômetro clínico**, que pode ser analógico ou digital. O analógico é constituído por um recipiente (bulbo) que contém mercúrio ou outra substância muito sensível ao calor, que responde rapidamente à variação de temperatura. O bulbo está ligado a um tubo bem fino de vidro que tem uma escala graduada. Quando o termômetro entra em contato com o corpo de uma pessoa, o mercúrio que está no bulbo se dilata cada vez mais até alcançar o equilíbrio térmico com o corpo dessa pessoa.

E por que o mercúrio se dilata? A dilatação ocorre porque as moléculas do mercúrio, ao receber calor do corpo, ficam mais agitadas, afastando-se mais umas das outras, o que aumenta o volume total do mercúrio. Por isso, ele se expande pelo tubo até alcançar o equilíbrio térmico.

Se você observar uma ponte ou a linha do trem, verá que entre os blocos ou trilhos, geralmente, há um certo espaço. Por que será?

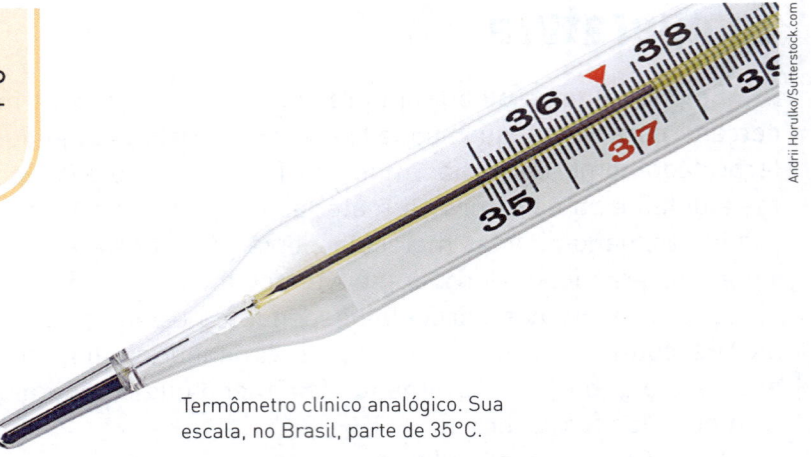

Termômetro clínico analógico. Sua escala, no Brasil, parte de 35 °C.

Quanto mais quente estiver o corpo, mais a coluna de mercúrio se expande. Ao alcançar o equilíbrio, a escala graduada marcada no tubo informa a temperatura da pessoa.

Nesses termômetros há um estreitamento no tubo de vidro a fim de evitar que o mercúrio volte para o bulbo. Então, após usar o termômetro, temos de balançá-lo para forçar essa volta.

Para medir a temperatura ambiente, em geral, o termômetro indicado é o de coluna líquida, que usa uma mistura de álcool com corante. Antes também se utilizava o mercúrio, que acabou sendo proibido devido ao perigo que representa à saúde e ao meio ambiente.

Essas substâncias são usadas por causa de seu alto poder de dilatação.

Quando a temperatura diminui, o líquido se contrai e passa a registrar uma temperatura mais baixa. Quando a temperatura aumenta, o líquido se dilata e o termômetro registra uma temperatura mais alta.

As escalas termométricas

Os termômetros têm uma escala graduada para que possamos de fato medir a temperatura e comparar valores. São várias as escalas usadas nos termômetros.

As mais comuns hoje em dia são as escalas **Celsius**, **Fahrenheit** e **Kelvin**.

A escala Celsius é a mais usada, também no Brasil. Os países de língua inglesa, entretanto, costumam usar a escala Fahrenheit mais frequentemente. A escala Kelvin é a mais usada em trabalhos científicos.

A escala Celsius

Para criar sua escala, o astrônomo sueco Anders Celsius (1701-1744) escolheu dois fenômenos físicos e associou a eles dois valores numéricos. Portanto, o primeiro passo foi definir pontos fixos, que são situações fáceis de reproduzir e que ocorrem, sob determinadas condições, sempre à mesma temperatura.

Celsius escolheu a fusão do gelo (o fenômeno do gelo derreter) e a ebulição da água (o fenômeno da água ferver), ambas ao nível do mar. Ele associou esses dois fenômenos, respectivamente, aos números 0 e 100, batizados de 0 °C e 100 °C (leia-se "graus Celsius").

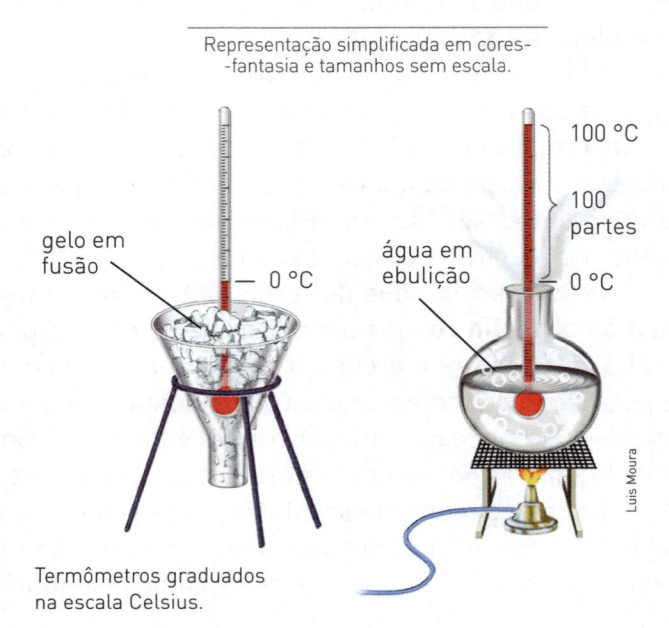

Representação simplificada em cores-fantasia e tamanhos sem escala.

gelo em fusão — 0 °C

água em ebulição — 0 °C

100 °C

100 partes

Termômetros graduados na escala Celsius.

A escala Fahrenheit

O alemão Daniel Gabriel Fahrenheit (1686-1736) usou um processo mais complexo para estabelecer os pontos fixos de sua escala. Descreveremos aqui apenas a correspondência entre as escalas Celsius e Fahrenheit.

Na escala Fahrenheit, atribui-se à fusão do gelo, ao nível do mar, o valor de 32 °F (leia-se "graus Fahrenheit"), e 212 °F à ebulição da água, também ao nível do mar.

A escala Kelvin

O inglês William Thomson (1824-1907), conhecido como Lorde Kelvin, teve uma ideia diferente de todos aqueles que criaram escalas termométricas. Ele procurou descobrir qual temperatura, em Celsius, deveria ser associada ao **menor grau possível de agitação térmica** para a temperatura de um corpo.

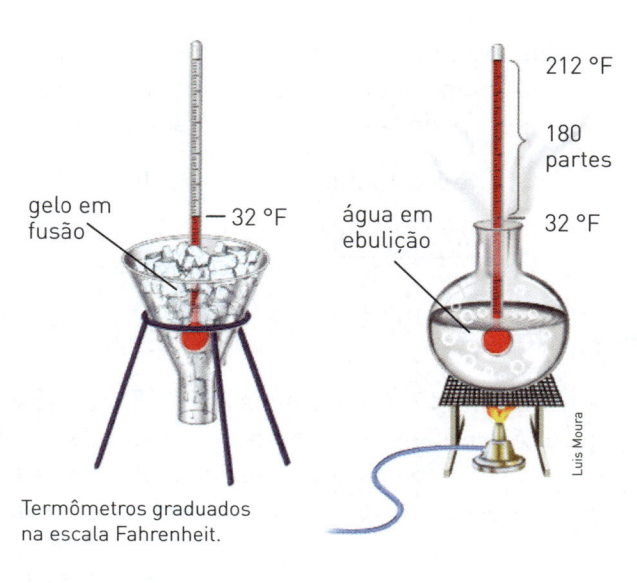

Termômetros graduados na escala Fahrenheit.

Por meio de experimentos, Kelvin concluiu que essa temperatura ficava em torno de –273 °C. Designou, para essa temperatura, o valor de 0 K (lê-se "zero Kelvin", pois na escala Kelvin, não se usa a palavra "grau"). O zero Kelvin é denominado **zero absoluto**.

Kelvin associou para cada aumento de 1 Kelvin a equivalência de 1 grau Celsius. Portanto, se 0 K equivale a –273 °C, aumentando 273 graus na escala teremos que:

- 273 K equivale a 0 °C;
- 373 K equivale a 100 °C.

Conversão entre as escalas Celsius, Fahrenheit e Kelvin

Observe com atenção a figura que relaciona as escalas Celsius, Fahrenheit e Kelvin.

Vamos considerar uma temperatura qualquer e denominar seu valor na escala Celsius de t_C, seu valor na escala Fahrenheit de t_F e seu valor na escala Kelvin de t_K. Ao calcular a proporção entre as alturas nas escalas acima, encontraremos as equações que nos possibilitam converter as temperaturas de uma escala a outra.

Acompanhe:

Equações de conversão

$$\frac{t_C - 0}{100 - 0} = \frac{t_F - 32}{212 - 32} = \frac{t_K - 273}{373 - 273}$$

$$\frac{t_C}{100} = \frac{t_F - 32}{180} = \frac{t_K - 273}{100}$$

$$\frac{t_C}{5} = \frac{t_F - 32}{9} = \frac{t_K - 273}{5}$$

Os tamanhos, as proporções e as cores das ilustrações não são reais. As linhas pontilhadas registram temperaturas equivalentes nos três termômetros, o primeiro graduado em graus Celsius, o segundo em graus Fahrenheit e o terceiro em Kelvin.

Representação simplificada em cores-fantasia e tamanhos sem escala.

Nos exemplos a seguir, faremos algumas conversões.

1. A temperatura de 42 °C é, em geral, extremamente perigosa se alcançada pelo corpo humano, pois pode levar a lesões irreversíveis. Determine esse valor nas escalas Fahrenheit e Kelvin.

Substituindo 42 °C em t_C, temos:

$$\frac{42}{5} = \frac{t_F - 32}{9}$$

$$t_F = 107,6 \ °F$$

Substituindo 42 °C em t_C, temos:

$$\frac{42}{5} = \frac{t_K - 273}{5}$$

$$42 = t_K - 273$$

$$t_K = 315 \ K$$

Portanto, 42 °C equivale a 107,6 °F e a 315 K.

2. Ao verificar a temperatura de um corpo utilizando dois termômetros – um calibrado na escala Celsius e o outro na escala Fahrenheit –, observamos que os dois marcam numericamente a mesma temperatura. Determine esse valor.

$$\frac{x}{5} = \frac{x - 32}{9} \longrightarrow 9x = 5x - 160 \longrightarrow 4x = -160 \longrightarrow x = -40$$

Portanto, a temperatura que pode ser representada pelo mesmo número nas escalas Celsius e Fahrenheit é equivalente a –40 °C e –40 °F.

O calor

Chegou o momento de definirmos o que é calor.

O que acontece quando corpos de temperaturas diferentes entram em contato?

Se respondeu que a energia térmica passa do corpo de mais alta temperatura para o de temperatura mais baixa, você acertou. O **calor** é essa energia térmica que se transfere entre corpos com diferentes temperaturas. Portanto, calor é a energia térmica em trânsito.

> Calor é a energia térmica transferida de um corpo de maior temperatura para outro de menor temperatura.

Unidades de medida de calor

Você já sabe que calor é a energia transferida, por isso, no Sistema Internacional, a quantidade de calor é medida em joule (J). Entretanto, a unidade mais usada para medida do calor é a **caloria**. Uma caloria corresponde à quantidade de calor que 1 g de água necessita para elevar sua temperatura, ao nível do mar, de 14,5 °C para 15,5 °C. **Uma caloria equivale a 4,18 joules**.

No dia a dia, é comum se referir às calorias como unidade de medida do valor energético dos alimentos. Na realidade, na maioria desses casos, trata-se da unidade quilocaloria (kcal) ou "caloria alimentar". Por exemplo, quando ouvimos dizer que uma maçã possui "100 calorias", na verdade se quer dizer "100 kcal". Isso significa que a maçã contém nutrientes que podem, após a digestão e as reações metabólicas, liberar em nossas células uma quantidade energética em torno de 100 kcal ou 418 000 joules.

Rótulo de alimento indicando seu valor energético.

Fernando Favoretto/Criar Imagem

Informação Nutricional
Porção de 200ml (1 copo)

Quantidade por porção		% VD (*)
Valor Energético	124 kcal ou 521 kJ	6
Carboidratos	9,0 g	3
Proteínas	6,2 g	8
Gorduras Totais	7,0 g	13
Gorduras Saturadas	4,3 g	20
Sódio	110 mg	5
Cálcio	248 mg	25

"Não contém quantidade significativa de Gorduras Trans e Fibra Alimentar"

* % Valores Diários de referência com base em uma dieta de 2000 kcal ou 8400 kJ. Seus valores diários podem ser maiores ou menores dependendo de suas necessidades energéticas.

Rótulos de alimentos e calorias: o que diz a lei

A rotulagem é obrigatória desde dezembro de 2003, por meio da resolução da Agência Nacional de Vigilância Sanitária (Anvisa). Na embalagem, os fabricantes são obrigados a indicar informações como a quantidade, o peso e a composição do produto.

A tabela de nutrientes – com carboidratos, proteínas, gorduras, fibras, sódio, entre outros – deve informar a quantidade específica em cada porção e sua equivalência com os valores de referência diários, relativos a uma dieta de 2 000 kcal.

O valor energético é descrito sob a forma de quilocalorias (kcal) ou quilojoules (kJ) e representa a quantidade total de energia do produto que pode ser revertida para o organismo.

Produtos *light* e *diet*

[…] será que as pessoas sabem diferenciar os produtos *light* dos *diet*? Será que podemos acreditar que são sinônimos? Que informações o consumidor deve buscar, nos rótulos de tais produtos, para fazer sua opção de compra?

Foi com esta preocupação que, em 1998, a Agência Nacional de Vigilância Sanitária - Anvisa, publicou uma legislação que conceituava os produtos *light* e *diet*, tendo como referência o *Codex Alimentarius*.

O *Codex Alimentarius* é um fórum internacional de normalização de alimentos, composto por 166 países, com o objetivo de proteger a saúde dos consumidores e assegurar justas práticas no comércio internacional de alimentos.

De acordo com essa legislação, o termo *diet* pode, opcionalmente, ser utilizado em alimentos produzidos para indivíduos com exigências físicas e/ou que sofrem de doenças específicas como, por exemplo, diabetes. Nesses casos podem ser incluídos – alimentos indicados para as dietas com restrição dos nutrientes: carboidrato, gordura, proteínas e sódio – alimentos exclusivamente empregados para controle de peso – alimentos para dieta de ingestão controlada de açúcar.

O termo *light*, por sua vez, pode, opcionalmente, ser utilizado em alimentos produzidos de forma que sua composição reduza em, no mínimo, 25% o valor calórico e os seguintes nutrientes: açúcares, gordura saturada, gorduras totais, colesterol e sódio comparado com o produto tradicional ou similar de marcas diferentes. […]

Inmetro. Disponível em: <www.inmetro.gov.br/consumidor/produtos/prodLigthDiet1.asp>. Acesso em: 21 set. 2018.

Fotografias: Dotta

Muitos alimentos industrializados são classificados como *light* ou *diet*.

1. Você costuma consumir alimentos *light* e *diet*? Em caso afirmativo, escolha três deles e compare o valor nutricional com o dos alimentos equivalentes no formato não *light* e não *diet*.

2. Após fazer essa comparação, é possível afirmar que os alimentos *light* ou *diet* cumprem os objetivos a que se propõem?

no caderno

Tipos de calor

Quando um corpo formado por certa **substância** recebe ou perde calor, duas coisas podem ocorrer: a sua temperatura pode variar para mais ou para menos ou ele pode, ainda, mudar de **estado físico**, isto é, mudar de sólido para líquido (ou vice-versa) ou de líquido para gasoso (ou vice-versa). Também é possível, em algumas circunstâncias, passar direto do estado sólido para o gasoso (ou vice-versa).

Glossário

Substância: toda matéria cuja fusão e ebulição ocorrem a uma temperatura constante (ou seja, não há variação da temperatura durante a mudança de estado físico) é chamada substância pura ou simplesmente substância.

Água em ebulição: mudança do estado líquido para o gasoso.

Gelo derretendo: mudança do estado sólido para líquido.

As mudanças de estado físico sempre ocorrem em uma temperatura específica, isto é, ou a temperatura de um corpo está variando ou o estado físico está mudando.

Um corpo somente muda de estado físico se atingir determinada temperatura, sob certas condições.

Se essa temperatura específica não for alcançada e o corpo estiver recebendo ou perdendo calor, o que acontecerá? Sua temperatura variará, mas sem alteração de estado físico.

Quando a temperatura de mudança do estado físico é atingida, toda a energia que foi recebida ou perdida passa a ser usada para mudar o estado físico do corpo, sem variação de temperatura.

No nível do mar, um gelo derretendo (mudança de estado sólido para líquido) terá a temperatura de 0°C até derreter por completo. A água em ebulição (mudança de estado líquido para gasoso) permanecerá em 100°C até evaporar por completo.

Portanto, para medir a quantidade de calor que o corpo recebe ou perde, temos de analisar dois contextos distintos: se há mudança de estado físico ou se há variação de temperatura. Esses dois fenômenos nunca ocorrerão simultaneamente.

Calor específico

Calor específico é a quantidade de calor que 1 g de certa substância necessita para aumentar sua temperatura em 1 °C.

O calor específico depende da substância que forma o corpo e, em certas condições de temperatura e pressão, pode ser considerado constante. A unidade de calor específico é **cal/g °C** ou **J/kg °C**.

Quanto maior o calor específico de um corpo, maior a quantidade de calor necessária para aumentar ou diminuir sua temperatura. Por isso, corpos formados por material de alto calor específico levam mais tempo para ser aquecidos ou esfriados.

Observe, no quadro ao lado, o valor do calor específico de algumas substâncias.

Substância	Calor específico (em cal/G°C)
água	1,00
álcool	0,58
alumínio	0,22
chumbo	0,03
cobre	0,09
ferro	0,12
ouro	0,03
vidro	0,12

Experimentar

Calor específico

Material:

- panela de alumínio;
- pedaço de pano.

Procedimentos

1. Certifique-se de que os dois objetos estão em temperatura ambiente.
2. Coloque simultaneamente uma mão na panela e a outra no pano.
3. Preste atenção na sensação térmica que você sentiu ao tocar os objetos.

Depois de realizado o experimento, responda às perguntas:

1. Qual sensação térmica que você sentiu? Algum objeto estava mais frio ou mais quente?

2. Por que você sentiu isso?

3. Faça o mesmo experimento com outros objetos e anote os resultados. Depois pesquise o calor específico de cada um deles.

no caderno

Calor sensível

Quando um corpo formado por determinada substância ganha ou perde calor sem mudar de estado físico, essa quantidade de calor é denominada **calor sensível** e determina certa variação na temperatura do corpo.

A quantidade de calor necessária para elevar a temperatura de um corpo depende de sua massa, do material de que é feito e do aumento de temperatura que ele sofrerá.

zoom

Ao cozinharmos os alimentos, faz alguma diferença, após a água ter fervido, manter o cozimento em fogo alto ou baixo?

Calor latente

Se receber ou perder calor, a substância poderá alcançar uma temperatura em que haverá mudança de estado físico. Se ganhar calor, poderá mudar de estado sólido para líquido, ou de líquido para gasoso. Se perder calor, essas mudanças ocorrerão no sentido contrário.

Se colocarmos um termômetro em uma substância que está recebendo calor e mudando de estado – como a água fervendo –, veremos que a **temperatura não varia**. Vimos que se a água fervente, em uma panela aberta, estiver ao nível do mar, o termômetro marcará 100 °C até que toda a água evapore.

O conhecimento da Física nos ajuda a economizar combustível, como o gás de cozinha.

Sandra Fanzeres

A quantidade de calor necessária para mudar o estado físico de 1 g de determinada substância é denominada **calor latente** (L). O calor latente é medido em cal/g ou J/kg. Por exemplo, 1 g de gelo necessita de 80 calorias para derreter.

Temos, então, o valor do calor latente de fusão do gelo:

L_f = 80 cal/g.

Viver

Incêndio no Museu Nacional

Um acontecimento trágico vivenciado pelos brasileiros em 2018 foi o incêndio do Museu Nacional, no Rio de Janeiro (RJ), o mais antigo museu do Brasil. Ele era responsável pelo armazenamento de mais de 20 milhões de itens de extrema importância para áreas como **antropologia**, **paleontologia** e **zoologia** – além de ter uma biblioteca rica em obras raras. A grande maioria desses itens foi destruída no incêndio e não há como substitui-los. São milênios de história que se perderam.

Leia sobre um dos poucos itens que conseguiu resistir ao incêndio a seguir.

Meteorito Bendegó resiste a incêndio no Museu Nacional

Embora a direção do Museu Nacional e o Corpo de Bombeiros tenham cautela para falar sobre itens que podem ter resistido ao incêndio do último domingo, já se sabe que está intacto um dos principais atrativos do acervo: o meteorito Bendegó, o maior do Brasil.

Por ser de ferro maciço, o meteorito pode suportar temperaturas bastante elevadas, de acordo com o geólogo Renato Cabral Ramos.

"Os meteoritos, possivelmente, tenham sido as únicas peças a resistir a essa tragédia. O Bendegó está intacto. Mas as pesquisas realizadas a partir dele, nas últimas décadas, se perderam com a biblioteca", afirmou.

Portal Uol. Disponível em: <https://noticias.uol.com.br/ciencia/ultimas-noticias/redacao/2018/09/03/meteorito-bendego-resiste-ao-incendio-no-museu-nacional.htm>. Acesso em: 11 set. 2018.

Meteorito Bendegó após o incêndio no Museu Nacional, Rio de Janeiro (RJ), 2018.

> ### Glossário
>
> **Antropologia:** ciência que se dedica ao estudo aprofundado do ser humano.
> **Paleontologia:** ciência que estuda a vida no passado da Terra, baseando-se principalmente nos estudos de fósseis.
> **Zoologia:** ramo da biologia que estuda os animais.

Considerando esse episódio, responda às questões abaixo:

no caderno

1. Por que o meteorito Bendegó resistiu ao incêndio no museu? Explique detalhadamente.

2. Quais medidas preventivas contra incêndios devem ser tomadas em prédios públicos e prédios residenciais?

3. Por que a perda do Museu Nacional gerou tanta comoção?

4. Pesquise os rumos que os gestores e pesquisadores do Museu Nacional estão encontrando para dar continuidade à instituição.

5. Houve mais peças importantes recuperadas? Pesquise a respeito.

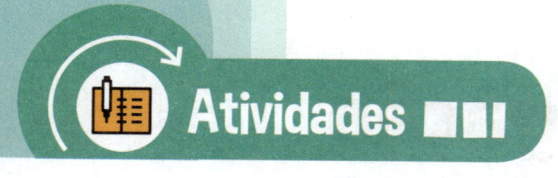 **Atividades** ▪▪▪  no caderno

1 O que você entende por sensação térmica?

2 O que é temperatura?

3 Explique com suas palavras o que é equilíbrio térmico.

4 Quais são as escalas termométricas mais usadas?

5 O que é o zero absoluto?

6 Defina calor.

7 Explique o que é uma caloria.

8 Defina calor específico.

9 Determine o valor da temperatura de 78 K em:

   a) graus Celsius (°C);

   b) graus Fahrenheit (°F).

10 Determine a temperatura cuja indicação na escala Fahrenheit é 5 vezes maior que a da escala Celsius.

11 O gráfico abaixo representa a variação de temperatura da água ao longo tempo. Analise-o e responda às questões a seguir.

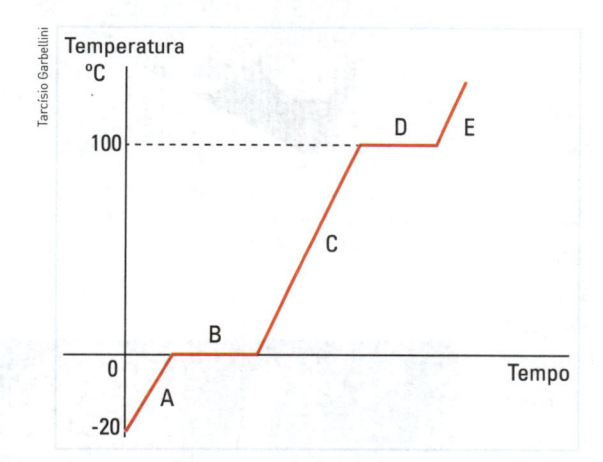

a) Descreva o que acontece em cada uma das regiões do gráfico. Por exemplo, na região A a água está em estado sólido e aquece de –20°C a 0°C.

b) Classifique as cinco regiões em relação ao tipo de calor, latente ou sensível.

Representação simplificada em cores--fantasia e tamanhos sem escala.

12 Observe a tirinha abaixo:

Agora responda: Se o rapaz desejasse falar de forma correta, segundo a Física, como ele deveria se expressar?

CAPÍTULO 12

Propagação de calor

O calor sempre passa do corpo de maior temperatura para o corpo de menor temperatura. Mas como ele é transmitido? Será que sempre deve haver contato entre os corpos envolvidos? Como o calor é transmitido do Sol para a Terra, se não há contato entre esses astros?

A resposta para essas questões está no fato de existirem diferentes formas de transmissão de calor de um ponto a outro: condução, convecção e irradiação.

Condução

As substâncias têm características distintas quando se trata da propagação do calor. Para fazer um mingau, por exemplo, é melhor usar uma colher de pau do que uma colher de metal. A principal razão é que a colher de metal aquece muito rápido, mesmo que o cabo seja comprido, enquanto a colher de pau demora muito a ficar quente.

Isso ocorre porque algumas substâncias são **boas condutoras de calor** e outras são **más condutoras** (ou isolantes térmicos).

Em geral, os metais são bons condutores de calor. Mas a madeira, o poliestireno, a borracha, o papel, a lã e o plástico são isolantes térmicos, ou seja, maus condutores de calor.

Essa má condução térmica pode ser verificada ao colocarmos as mãos em uma panela com cabo de plástico retirada do armário, onde ela e seu cabo estavam submetidos a uma mesma temperatura. Repare que a parte de alumínio parece mais fria que o cabo de plástico.

Isso ocorre porque, ao ser tocada, a parte metálica "rouba" calor mais rapidamente de nossa mão do que o cabo, nos fazendo ter a sensação térmica de que está mais fria.

Se colocarmos uma colher de metal em um copo com um pouco de água fervente, rapidamente vamos sentir o cabo da colher esquentar.

Como o metal é bom condutor, o calor flui rapidamente de um ponto a outro da colher. Esse processo é denominado **condução**, e ocorre sempre que um corpo tem partes em contato com outros corpos com temperaturas diferentes da sua.

Por que a água ou o suco permanecem por mais tempo fresquinhos dentro de um recipiente como o mostrado na imagem?

Representação simplificada em cores-fantasia e tamanhos sem escala.

Esquema simplificado da condução de calor através da colher.

sentido da condução do calor

café quente

Imagine que um corpo **A** entre em contato com um corpo **B** de maior temperatura. Nesse caso, as moléculas de **A** que estão em contato com **B** aumentam seu grau de agitação, e essa agitação é transmitida para as outras partes do corpo **A**. Em geral, a condução ocorre em sólidos, mas também pode ocorrer em líquidos e gases.

Convecção

Por que os congeladores, em geral, são colocados na parte superior das geladeiras?

Para responder a essa pergunta, pensemos no que acontece no tipo mais comum de geladeira, como a da fotografia ao lado.

O ar que está em contato com o congelador, por esse ter menor temperatura, é mais frio. Por isso, suas moléculas ficam mais próximas umas das outras e o ar fica mais concentrado, isto é, mais denso do que o ar da parte de baixo da geladeira. Logo, ele desce e ocupa o lugar do ar mais quente, que sobe. Surgem então as **correntes de convecção**.

Essas correntes fazem com que a temperatura dos alimentos da geladeira seja mais homogeneamente distribuída, pois o ar frio desce, esquenta ao entrar em contato com os produtos que estão dentro da geladeira — que então são resfriados —, e depois torna a subir.

As aves que planam e as pessoas praticantes de voo com asa-delta costumam usar constantemente as correntes de convecção para facilitar seus movimentos. É só encontrar uma corrente de convecção de subida, que lá vão eles para cima; quando querem descer, utilizam correntes de descida. Desse modo, são movidos pela "força" do ar em movimento, ou seja, pelas correntes de convecção!

A convecção ocorre em líquidos e gases.

Por que, no tipo mais comum de geladeira, como o da fotografia, as prateleiras são vazadas?

Sem necessidade de motor, um praticante de asa-delta sobe e desce "ao sabor do vento".

Representação simplificada em cores-fantasia e tamanhos sem escala.

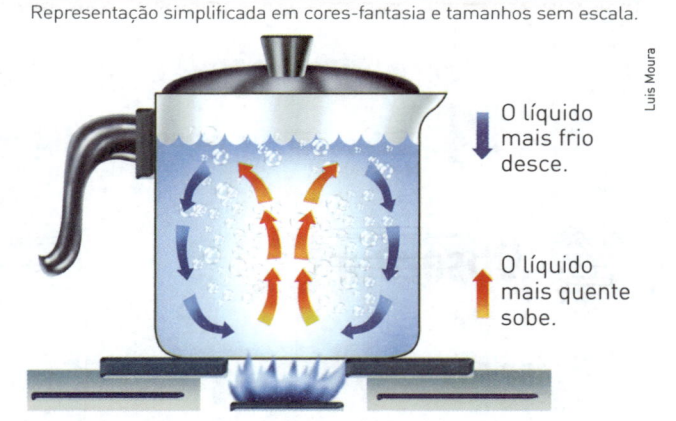

O líquido mais frio desce.

O líquido mais quente sobe.

Correntes de convecção na água fervente.

Irradiação

Nenhum dos tipos de transferência de calor que já estudamos explica a propagação do calor do Sol até a Terra. Como ele pode se propagar na ausência de meio material que é o espaço sideral? Afinal, depois de ser gerado no Sol, o calor percorre uma distância de 150 milhões de quilômetros até atingir a atmosfera terrestre.

A transmissão do calor do Sol até a Terra ocorre por **irradiação**, um tipo de propagação no vácuo. Portanto, independe da existência de meio material. É a principal fonte de calor para a Terra e, assim sendo, para a manutenção da vida.

A irradiação também pode ser verificada ao esquentar as mãos no calor irradiado de uma fogueira, no alimento que é assado pelo calor irradiado da chama do fogão ou no calor que se sente ser irradiado por uma lâmpada.

A propagação de calor pode ocorrer por condução, convecção e irradiação.

A garrafa térmica

O que possibilita um líquido em uma garrafa térmica permanecer quente durante muito tempo?

O fluxo de calor para o ambiente é minimizado, pois as paredes espelhadas fazem com que parte do calor retorne para o interior da garrafa, ou seja, ao líquido novamente.

A quantidade de calor transmitida pelas paredes não encontrará um meio para sair nem por condução nem por convecção. Por isso, as paredes são duplas com vácuo entre elas. A tampa também evita a convecção e, pelo seu material, dificulta a condução.

A única forma de transmissão possível torna-se a irradiação.

Representação simplificada em cores-fantasia e tamanhos sem escala.

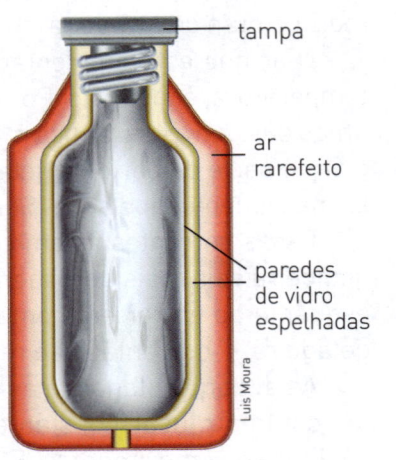

tampa

ar rarefeito

paredes de vidro espelhadas

Luís Moura

Representação esquemática de uma garrafa térmica. Atente-se para o fato de que se deixarmos a tampa levemente aberta, a perda de calor ocorrerá principalmente pela convecção. Por isso, é importante fechar bem a garrafa.

1 Agora, responda: Por que recomenda-se que, antes de colocar líquido quente na garrafa térmica, deve-se escaldar a garrafa?

no caderno

Observar ▮▮▯

Trocas de calor

Vamos analisar objetos comuns em casa. Caso queira saber como ocorre seu funcionamento, peça ajuda para pais ou responsáveis.

Atenção!
Não manipule aparelhos ligados ou em funcionamento.

Material

Escolha um ou mais objetos da lista: luminária; ferro de passar, panela, chuveiro.

Procedimentos

1. Examine o objeto e descreva os materiais de que ele é feito.
2. Relacione as partes do objeto com o tipo de material de que é feito e sua função.

1 Qual é a finalidade do objeto?

no caderno

2 Existe relação entre o objeto e o calor? Qual?

3 E em relação às partes do objeto? Quando ele está funcionando, existem áreas que podem ou não ser tocadas? E seus materiais?

4 Como ocorrem trocas de calor por convecção e irradiação nesse objeto? Por que elas são importantes?

Regulação da temperatura corporal

A regulação da temperatura corporal é um mecanismo bastante complexo, controlado principalmente pelo sistema nervoso central. As reações de nosso metabolismo envolvem substâncias cuja atividade depende da temperatura. O corpo humano, assim como o corpo de outros mamíferos e das aves, é homeotérmico, ou seja, não apresenta variações de temperatura de acordo com o ambiente, mas se ajusta de acordo com as próprias condições internas.

Nos seres humanos, alguns fatores ambientais e pessoais podem mudar a temperatura do corpo sadio (exemplos: ingestão de alimentos quentes ou frios, épocas do ciclo menstrual, exercícios físicos, temperatura ambiente etc.), mas essas mudanças geralmente são muito pequenas e logo ocorre um ajuste às variações fisiológicas do organismo.

A homeotermia apresenta vantagens e desvantagens. Os homeotérmicos podem sobreviver em uma grande variedade de ambientes e ficar ativos no inverno. Eles precisam, porém, ingerir mais alimento que outros animais, pois, para manter a temperatura, necessitam de grande quantidade de energia.

A temperatura se mantém estável graças ao equilíbrio entre a produção e a perda de calor pelo corpo.

A perda de calor pela pele se faz continuamente por meio da eliminação de suor, ou seja, da sudorese.

Jogador Neymar durante uma partida de futebol pela Seleção Brasileira em Genebra, Suíça, 2013.

A produção de calor ocorre principalmente pela ingestão de alimentos (e seu aproveitamento pelo organismo) e pela contração dos músculos esqueléticos. A perda de calor se dá quando a temperatura ambiente está abaixo da temperatura corpórea, e pode ocorrer quando os objetos de diferentes temperaturas não estão em contato ou então por condução, quando a base de troca de calor é feita por contato direto.

A pele participa do processo de troca de calor entre o corpo e o ambiente. Dependendo do fluxo de sangue para a pele, mais ou menos calor do interior do corpo é perdido. Além disso, como a quantidade de pelos no corpo humano é pequena, usamos roupas para complementar a proteção e evitar perdas de calor.

A febre é uma reação do organismo a substâncias liberadas de células sanguíneas como resposta à infecção. Num indivíduo febril, os mecanismos termorreguladores reagem como se tivessem sido reajustados. Febre muito alta pode levar à morte por lesão cerebral.

Na hipotermia (queda de temperatura corporal), os processos metabólicos e fisiológicos ficam retardados.

Há diminuição da frequência cardíaca e respiratória, da pressão arterial e do nível de consciência.

1 Agora, responda: Por que as pessoas magras, com pouca gordura corpórea, suam menos?

no caderno

A lâmina bimetálica

Quando um corpo sofre aumento de temperatura, na grande maioria dos casos, a distância entre as moléculas aumenta, devido ao aumento do grau de agitação delas (fora algumas substâncias que apresentam um comportamento atípico, denominado comportamento anômalo).

Neste experimento, você vai observar uma consequência do aumento de temperatura sobre os materiais.

Material:

- um retângulo de papel comum com 3 cm x 10 cm;
- um retângulo de papel alumínio com 3 cm x 10 cm;
- cola;
- uma vela.

> **Atenção!**
> Faça essa atividade com a ajuda de um adulto e não manipule a vela acesa.

Procedimentos

1. Cole no papel comum o lado não brilhante do papel alumínio e deixe secar bem.
2. Peça a um adulto que aproxime a vela acesa do conjunto.

Fotos: Dotta

Responda às questões a seguir.

1. O que acontece?
2. Qual dos dois materiais sofreu maior dilatação?

Com a palavra, o especialista

Quem é

Luiz Mauricio
Lederman

O que faz

É médico
reumatologista e
clínico geral.

[...] Cerca de um milhão de pessoas sofrem queimaduras no Brasil a cada ano, de acordo com informações do Ministério da Saúde. As maiores vítimas, segundo a pasta, são crianças e pessoas de baixa renda.

O Sistema Único de Saúde (SUS), no período entre 2013 e 2014, registrou mais de 15 mil casos de internações por queimadura em crianças com idade entre 0 e 10 anos. Centros de tratamento especializado para esse tipo de lesão estão espalhados pelo País. [...]

Governo do Brasil. Disponível em: <www.brasil.gov.br/noticias/saude/2017/06/um-milhao-de-brasileiros-sofrem-queimaduras-por-ano>. Acesso em: 27 out. 2018.

Em diversas situações do cotidiano, podem acontecer acidentes que causam queimaduras. Algumas são causadas pelo calor emitido em situações do dia a dia, podendo elevar rapidamente a temperatura da pele a valores acima do suportável, gerando queimaduras que podem ser muito graves.

O dr. Luiz Mauricio Lederman, médico que trabalha na cidade do Rio de Janeiro, nos deu várias informações a esse respeito. Acompanhe a entrevista.

Pergunta: O que é uma queimadura?

Dr. Lederman: É uma lesão em qualquer parte do corpo causada por agentes físicos, como eletricidade, calor etc., ou então agentes químicos, como os ácidos.

Quais são os tipos de queimaduras?

Existem três tipos. As queimaduras térmicas, que são provocadas por fontes de calor como o fogo, líquidos ferventes, vapores, objetos quentes e excesso de exposição ao sol. As queimaduras químicas, provocadas por substância química em contato com a pele ou mesmo através das roupas e as queimaduras por eletricidade, provocadas por descargas elétricas.

Pergunta: Quais são os tipos de queimaduras?

Existem três tipos. As queimaduras térmicas, que são provocadas por fontes de calor como o fogo, líquidos ferventes, vapores, objetos quentes e excesso de exposição ao Sol. As queimaduras químicas, provocadas por substância química em contato com a pele ou mesmo através das roupas e as queimaduras por eletricidade, provocadas por descargas elétricas.

Pergunta: O que significa dizer que existem queimaduras de diferentes graus?

Dr. Lederman: As queimaduras de 1º grau são as mais superficiais. A pele fica avermelhada, inchada e dolorida. As de 2º grau são mais profundas, atingem tecidos da pele como a epiderme e parte da derme. Aparecem bolhas e são muito dolorosas. As de 3º grau atingem não só a pele como os tecidos mais internos. Como há carbonização de tecidos, eles ficam pretos. Devido à destruição das terminações nervosas, apesar de ser uma queimadura mais grave, há relativamente menor dor. É bom lembrar que num acidente pode haver mais de um tipo de queimadura na mesma pessoa, e que mais importante que a profundidade é a extensão da lesão.

Pergunta: O que não devemos fazer em caso de queimaduras?

Dr. Lederman: Não colocar pomadas, cremes, unguentos, manteiga, borra de café, clara de ovo ou pasta de dente nas lesões; não furar bolhas; não colocar gelo; não retirar roupas ou objetos que estejam aderidos (colados) à queimadura.

Pergunta: O que fazer, então?

Dr. Lederman: Lavar com água fria e procurar assistência especializada em hospital, posto de saúde ou o equivalente em sua região.

Campanha do agasalho

Umas das iniciativas mais gratificantes e necessárias, com a chegada do inverno, são as campanhas do agasalho. Nada mais são do que um grupo tomar a iniciativa de coletar casacos e cobertores entre os vizinhos e amigos e distribuir para pessoas que precisam. Procurem promover uma campanha dessa natureza em sua escola.

Se tiverem oportunidade de conversar com pessoas que vivem nas ruas, verificarão que usam vários recursos para se aquecerem. Um deles é dormir sobre jornais, que é um isolante térmico. Procure ajudar as pessoas que vivem em condições vulneráveis na sua região.

Pessoas trabalhando em campanha de doação de roupas em São Paulo (SP), 2018.

Bruno Rocha/Fotoarena

1 Após a realização da campanha, apresentem para turma suas impressões e identifiquem o que observaram sobre os recursos que pessoas em condições de rua utilizam para se protegerem das baixas temperaturas, caso tenham tido oportunidade de verificar isso. Essa vivência pode ser registrada em uma redação.

2 Em países com invernos rigorosos existem diversas maneiras de se proteger do frio. Façam uma pesquisa em livros, revistas ou *blogs*, sobre alguns aspectos como:

- material de que são feitas as casas;
- equipamentos que são utilizados para aquecer;
- materiais usados em roupas e calçados.

Após reunir os resultados da pesquisa, relacione-os aos conceitos estudados nesse capítulo e elaborem *slides* para projeção ou cartazes para apresentar à turma.

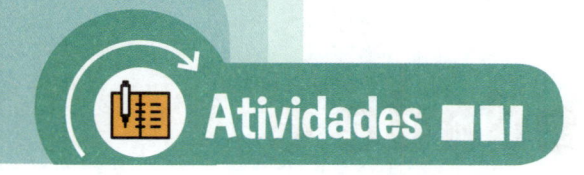 
1 Quais são as formas de propagação de calor?

2 Por que o aparelho de ar-condicionado deve ser instalado na parte mais alta dos cômodos?

3 Analise a tirinha abaixo:

Pelo jeito, Calvin está em um local em que a temperatura está muito baixa! E Haroldo parece que nem responde, de tanto frio. Entre as formas de propagação de calor que você estudou, qual delas você considera que predomina quando Calvin levanta a coberta de Haroldo, fazendo-o sentir frio?

4 Com base no que você estudou, é adequado dizer que "esse casaco esquenta muito"?

5 Por que a parte interna da garrafa térmica é espelhada?

6 Sabemos que a grande maioria dos materiais, ao serem submetidos a um aumento de temperatura, aumentam de tamanho, fenômeno denominado dilatação. Com base nesse fato, por que há vãos entre os trilhos do trem, conforme vemos na imagem?

7 Por que um ventilador de teto, mesmo desligado, mas com uma lâmpada incandescente fixada nele, pode começar a girar lentamente após algum tempo?

8 Para resfriar um líquido, por que é eficaz colocar o recipiente dentro de uma vasilha com gelo? Por que um recipiente de metal é mais adequado que um de vidro?

9 Por que, ao cozinharmos, é muito mais adequado usar uma colher de madeira do que uma de metal?

10 Com base no seus conhecimentos sobre propagação de calor e o comportamento dos materiais nessa situação, explique por que determinados artefatos do cotidiano são feitos pelos materiais citados a seguir:

a) grelhas de churrasco são feitas de metal;

b) tampinhas de plástico envolvendo interruptores;

c) pneus feitos de borracha;

d) cabos de panelas feitos de plástico;

e) panelas feitas de metal.

11 Agora é sua vez! Seguindo o modelo do exercício 10, sugira alguns artefatos do dia a dia feitos de materiais bons ou maus condutores de calor.

A sociedade e suas máquinas

A humanidade sempre esteve atrás de respostas para os mistérios da natureza, procurando explicar o mundo e vencer os desafios da luta pela sobrevivência. A busca pelo conhecimento e os desafios relacionados às necessidades humanas básicas (alimento, moradia, enfrentamento dos inimigos naturais) levaram a um crescente e importante aumento dos recursos tecnológicos.

Nas civilizações ocidentais antigas, esses mistérios eram explicados por meio dos **mitos**. Com o passar dos tempos, algumas civilizações, em especial a grega, começaram a se distanciar das explicações míticas, passando a buscar explicações racionais para os fenômenos naturais. Foi então que as perguntas relacionadas à natureza começaram a ser respondidas por meio do pensamento racional e, assim, nasceu a Filosofia Natural, que mais tarde se tornou a ciência como a concebemos atualmente.

Se a ciência é o retrato da necessidade humana da busca pelo conhecimento, a história da humanidade se confunde com a história da tecnologia. Desde o domínio do fogo até a vida de hoje, marcada pela robótica, informática, internet, automação, precisamos considerar que há menos de 130 anos não existia nem o rádio. Não é tanto tempo assim.

Auguste Rodin. *O Pensador* (1904). Bronze. 189 cm × 98 cm × 140 cm.

Representação simplificada em cores-
-fantasia e tamanhos sem escala.

Artefatos em momentos distintos da história da tecnologia.

Então, precisamos parar um pouco para avaliar como as mudanças tecnológicas impactam cada vez mais na sociedade, na economia, na cultura e influi fortemente no mundo do trabalho e no nosso dia a dia.

Vamos avaliar também como algumas leis da natureza influenciam na vida na Terra, na nossa vida cotidiana, e dá a base para o avanço tecnológico. Escolhemos como exemplo do quanto esse forte papel da tecnologia traz avanços, mas também problemas, vamos avaliar a história dos combustíveis e das máquinas que funcionam através da geração de calor, as denominadas máquinas térmicas.

Termodinâmica e sistemas vivos

O conceito de equilíbrio é um dos mais importantes da ciência.

Já discutimos sobre ele quando tratamos das alavancas, em como equilibramos o peso de uma grande massa, fazendo uma força bem menor que esse peso. Também tratamos do conceito de **equilíbrio térmico**, quando buscamos entender como o termômetro funciona, e vimos que um corpo está em equilíbrio térmico com outro quando as moléculas de ambos possuem graus de agitação os mais próximos possíveis. E ainda quando falamos em regulação da temperatura corporal, quando vimos que a temperatura do nosso corpo se mantém estável graças ao equilíbrio entre a produção e a perda de calor pelo nosso organismo. Esses casos são apenas alguns exemplos de como o conceito de equilíbrio é importante.

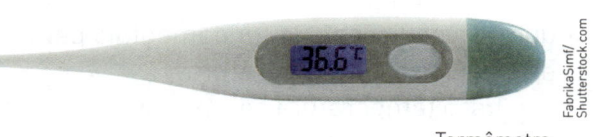

Termômetro.

O suor contribui para a regulação da temperatura corporal.

Outra forma de equilíbrio é o **equilíbrio termodinâmico**. Ele ocorre quando algumas condições de equilíbrio ocorrem, entre elas, o equilíbrio térmico. Quando um sistema tiver alcançado o equilíbrio termodinâmico, ele tende a permanecer sempre nesse estado e as propriedades dele que podemos observar a nível macroscópico não mudam.

Porém, se quisermos aprofundar um pouco o conceito de equilíbrio termodinâmico, precisamos compreender conjuntamente os equilíbrios térmico, o equilíbrio mecânico e o equilíbrio químico.

O **equilíbrio mecânico** ocorre quando o sistema já adquiriu estabilidade quanto a movimentos macroscópicos possíveis. O **equilibrio químico** ocorre quando não há mais risco de ocorrência de nenhuma reação química. Portanto, quando esses três tipos de equilíbrio ocorrem em um sistema, podemos afirmar que o sistema está em equilíbrio termodinâmico. Um exemplo simples de equilíbrio termodinâmico é a mistura de café com leite do nosso dia a dia. Depois que os líquidos se misturam, atingindo a mesma temperatura, não há movimento, não há reação química e nem troca de calor entre o café e o leite.

Sobre o equilíbrio mecânico, temos que, em Mecânica, pode ocorrer em dois cenários possíveis. Temos o equilíbrio mecânico estático, que ocorre quando um corpo está em repouso em relação a um referencial e o equilíbrio mecânico dinâmico, que ocorre quando um corpo se desloca em movimento retilíneo uniforme, também em relação a um referencial. Porém, aqui, podemos simplificar esse equilíbrio mecânico, dizendo que ocorre quando o sistema já adquiriu estabilidade quanto a movimentos macroscópicos possíveis.

Já o equilíbrio químico ocorre quando não há mais risco de ocorrência de nenhuma reação química. Portanto, quando esses três tipos de equilíbrio ocorrem em um sistema, podemos afirmar que o sistema está em equilíbrio termodinâmico. Um exemplo simples de equilíbrio termodinâmico é a mistura de café com leite do nosso dia a dia. Depois que os líquidos se misturam, atingindo a mesma temperatura, a temperatura ambiente, não há movimento, não há reação química e nem troca de calor entre o café e o leite, nem entre os líquidos e o meio.

Enfim, dizemos que o sistema está em equilíbrio termodinâmico quando ele tende a permanecer nesse estado infinitamente, ou seja, não mudará suas propriedades macroscópicas espontaneamente.

Equilíbrio termodinâmico na Terra

Um exemplo de equilíbrio termodinâmico muito importante é o que existe em nosso planeta. Algumas condições são fundamentais para a existência de vida na Terra e uma delas é a manutenção de uma faixa de temperatura.

Essa temperatura só é possível devido à energia emitida pelo Sol. Parte dela é refletida na atmosfera, nas nuvens e no solo, voltando para o espaço. Todavia, grande parte da energia acaba retida em forma de calor, e isso ocorre devido ao efeito estufa.

Representação simplificada em cores-
-fantasia e tamanhos sem escala.

Parte da energia do Sol que chega à Terra fica retida devido aos gases presentes na atmosfera.

O **efeito estufa** é um fenômeno natural e ocorre por causa da camada de gases que recobre a Terra e impede que o calor escape para o espaço. Com a ausência do efeito estufa, estima-se que a temperatura média da Terra seria de 15 °C negativos, o que impediria a existência das formas de vida conhecidas.

Muitos se confundem ao achar que o efeito estufa é negativo. Na verdade, o preocupante é o aumento desse efeito, conhecido como **aquecimento global**. Esse aumento ocorre devido aos gases poluentes emitidos para a atmosfera, que intensificam o efeito estufa.

Por isso, temos de atuar rapidamente contra as situações que geram poluição no planeta, como a queima de combustíveis fósseis, a emissão de gases por alguns tipos de indústria, o desmatamento. Além desse aquecimento global causado por gases poluidores, alguns gases prejudicam a camada de ozônio natural do planeta. Essa camada filtra parte dos raios solares que são prejudiciais à vida.

Assim, segundo vários cientistas, o aumento da temperatura do planeta é fato real, que já está acontecendo e que coloca em risco a vida de todos os seres vivos.

O desmatamento e a queimada das florestas nativas são duas das principais causas do aquecimento global.

Equilíbrio termodinâmico

As máquinas térmicas funcionam com base no equilíbrio termodinâmico, que consiste na transferência do calor das partes mais aquecidas da máquina para as partes menos aquecidas. A busca por esse equilíbrio está presente também em nosso cotidiano. Por exemplo, sabemos que, quando ligamos um aquecedor ou um ar-condicionado em um ambiente, evitamos abrir janelas, pois assim ocorreria troca de calor e o equilíbrio termodinâmico aconteceria.

Da mesma forma, o equilíbrio termodinâmico está presente nos fenômenos naturais. Neste experimento verificaremos essa presença na natureza por meio da montagem de três frascos.

O professor disponibilizará o material e explicará como você e os colegas trabalharão na montagem.

Material:

- três frascos com tampa (como potes de maionese usados);
- areia;
- terra;
- muda de grama ou outra planta.

Procedimentos

1. Nos três frascos, coloque uma camada de areia no fundo e depois uma camada de terra.
2. Em um dos frascos, plante a muda de grama na terra.
3. Vede com a tampa o frasco com grama e um dos frascos só com areia e terra. Deixe o terceiro frasco aberto.
4. Posicione os frascos sob a luz solar ou de uma lâmpada.

Representação simplificada em cores-fantasia e tamanhos sem escala.

Paulo Nilson

Os três frascos montados.

Assim que terminar a montagem, observe os frascos e levante suas hipóteses com base nas questões a seguir.

1 O que acontecerá com a planta no frasco fechado?

no caderno

2 Considerando os dois frascos apenas com areia e terra, o que acontecerá depois que receberem luz solar durante certo período?

3 Após uma semana, em um dia de ensolarado, abra os frascos. Será que as temperaturas serão iguais? O que você imagina?

4 Relacione o experimento ao efeito estufa e ao ciclo da água.

Termodinâmica e máquinas térmicas

A **Termodinâmica** estuda os efeitos das transferências de calor sobre os corpos gerando movimento, entre outros efeitos. Por exemplo, quando fervemos água, você pode reparar que a tampa da chaleira pode começar a se mover, simplesmente sob a ação do ar cada vez mais quente. Enfim, gás aquecido pode gerar movimento! A termodinâmica estuda esses fenômenos.

Outro exemplo da importância do equilíbrio termodinâmico, agora no aspecto tecnológico, é a explicação do funcionamento das **máquinas térmicas**.

O pino da panela se move devido à saída de vapor-d'água. Representação simplificada em cores-fantasia e tamanhos sem escala.

Uma máquina térmica é nada mais do que uma máquina que converte calor em movimento, denominado, nesse caso, de **trabalho**. Esse trabalho é aproveitado para diversos fins, inclusive para gerar energia elétrica. Todas as formas de geração de energia que convertem calor em energia elétrica funcionam como uma máquina térmica: usinas termoelétricas, usinas nucleares, entre outras.

Uma máquina térmica funciona basicamente com duas fontes, em duas temperaturas diferentes: uma fonte quente, por meio da qual a máquina recebe calor, e a fonte fria, para a qual se direciona o calor que foi rejeitado.

Em resumo, o calor é utilizado para aquecer um fluido, como a água. A água entra em ebulição, virando vapor, que realiza trabalho mecânico ao movimentar uma peça específica da máquina (pistão, rotor etc). Uma parte desse calor é dissipado, sendo devolvido ao meio ambiente.

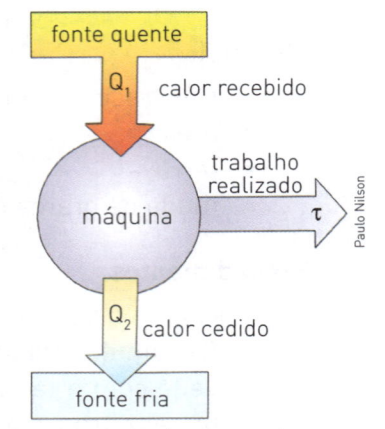

Esquema do funcionamento das máquinas térmicas.

Um aspecto importante é que uma máquina térmica nunca tem um rendimento perfeito, havendo perda de calor não aproveitado. O que os cientistas e engenheiros buscam é, portanto, fazer com que rendam ao máximo. Assim, por conta do **princípio de conservação de energia**, parte do calor recebido em uma máquina térmica é aproveitado em trabalho, e a outra parte vira calor rejeitado. Quanto mais trabalho e menos calor rejeitado, maior o **rendimento de uma máquina térmica**.

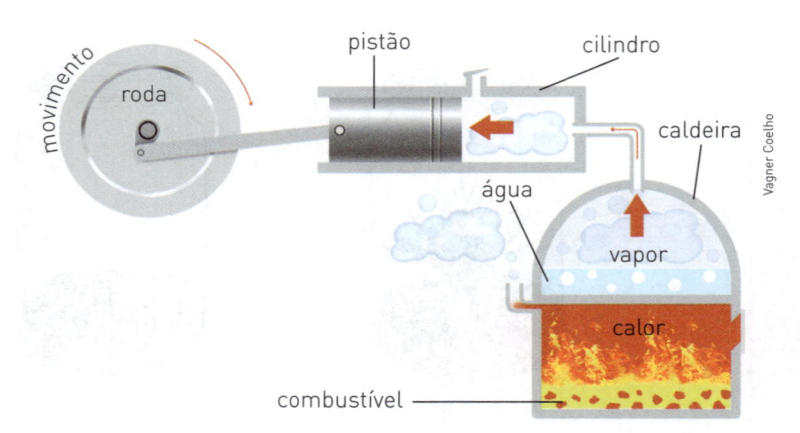

O vapor de água realiza o trabalho de movimentar o pistão da máquina térmica.

Uma máquina térmica funciona por meio de um fluido, como a água e o vapor, que recebe, armazena e cede energia. Esse fluido passa por transformações, mas volta sempre às mesmas características iniciais. Essas caraterísticas se relacionam com base no princípio de **equilíbrio termodinâmico**. Por isso, é possível controlar o funcionamento da máquina.

> **Princípio da conservação da energia:** princípio que se baseia no fato de a energia nunca ser criada nem destruída, mas convertida de uma forma em outra.
> **Rendimento de uma máquina térmica:** relação entre a quantidade de energia convertida em trabalho mecânico e o calor fornecido.

Conviver

Máquinas e outras formas de energia

Antes de a energia térmica ser utilizada para produzir movimento e realizar força, existiam máquinas que utilizavam a força dos ventos, das águas e de outros elementos naturais. Observe as imagens ao lado. Você sabe como funcionam essas máquinas? Levante suas hipóteses e procure explicar.

Nas imagens é possível perceber o uso de animais, do vento e da água para realizar tarefas como cultivar a terra, moer grãos, fazer farinha etc.

É importante percebermos que hoje não temos os mesmos problemas que nossos antepassados. Você já moeu grãos para fazer farinha? Já viu alguém moendo?

Atualmente as farinhas são encontradas prontas, em pacotes, nas prateleiras dos supermercados. Isso porque agora os produtos são industrializados, ou seja, o trigo, milho, a mandioca e outros alimentos passam por máquinas que os transformam em farinha.

O avanço da tecnologia, com o início das indústrias, modificou o modo pelo qual produzimos as coisas, e como consequência mudou os postos de trabalho. Por exemplo, a maioria das pessoas que levava os grãos até o moinho de vento e depois recolhia a farinha hoje teria de procurar outro trabalho.

Monjolo, uma máquina simples movida a força da água e usada principalmente para moagem de grãos.

Arados usam a força animal e o princípio de alavanca para cavar o solo e facilitar o plantio.

Os moinhos de vento, como o próprio nome diz, utilizam a força do vento para, em geral, moer grãos.

As imagens desta página não estão representadas na mesma proporção.

1. Você acha que hoje em dia essas tarefas ainda são realizadas? Pesquise como são os métodos atuais.  em grupo

2. Que outros tipos de atividades, que também foram modificadas ou mesmo extintas com as novas tecnologias, podemos citar?

3. A energia dos ventos e a das águas ainda são utilizadas hoje em dia? Como?

A história das máquinas térmicas

A ciência é feita por seres humanos e está inserida em determinado contexto histórico e social. Por meio de achados arqueológicos, concluiu-se que o *Homo erectus*, possível ancestral do ser humano que viveu entre 1,8 milhão de anos e 300 mil anos atrás, já utilizava o fogo. Esse foi o primeiro passo da humanidade na longa e difícil trajetória de aprender a obter e controlar os fenômenos térmicos. Mas o que tornou possível a primeira "revolução tecnológica" da história foi o tratamento de metais por nossos ancestrais pré-históricos.

A máquina a vapor, importante substituta da força muscular humana e de outros animais, foi outro grande marco na história da relação do conhecimento científico com a tecnologia. A primeira máquina a vapor de que se tem notícia teria sido construída no século I por Heron de Alexandria, um matemático grego. Era constituída por uma esfera metálica oca, com pequenos canos de saída de vapor. Ao ser preenchida com água e aquecida, a esfera girava em torno de um eixo, devido à força do vapor que escapava pelos canos.

Representação simplificada em cores-fantasia e tamanhos sem escala.

Dawidson França

Heron de Alexandria e sua máquina a vapor.

Ao longo dos tempos, outros projetos foram realizados. Por exemplo, em 1690 o físico francês Denis Papin (1647-1712) criou um protótipo de máquina a vapor. Mas somente no século XVIII a máquina foi construída de modo que atendesse às necessidades econômicas de sua época.

Por volta do século XVII, o uso do carvão como fonte de energia para aquecer as casas, alimentar fornos etc. começou a aumentar, impulsionando a demanda desse **combustível**. Isso exigia mais eficiência na retirada de carvão das minas, que cada vez ficavam mais profundas.

No processo de escavação, muitas vezes os mineiros encontravam locais com água subterrânea, e as minas eram inundadas. Para combater essa situação, após muitas tentativas, o mecânico inglês Thomas Newcomen (1664-1729) inventou uma bomba de água a vapor, capaz de retirar o excesso de água das minas.

> **Glossário**
>
> **Combustível:** material que se queima e produz energia térmica, como carvão, madeira, gasolina, ou que libera energia por meio de processos que ocorrem no núcleo do átomo, como urânio, plutônio, entre outros.

James Watt (1736-1819), um engenheiro britânico, contando com os conhecimentos científicos a sua disposição, aperfeiçoou a máquina de Newcomen, tornando possível sua aplicação em processos variados.

Watt construiu o primeiro motor a vapor que pode ter diversas aplicações: em maquinário de indústrias, locomotivas, navios etc. (o carvão continuava sendo o combustível básico para os engenhos a vapor).

Durante os séculos XVII e XVIII, enquanto técnicos e engenheiros criavam e aperfeiçoavam as máquinas, os cientistas procuravam compreender a natureza dos fenômenos térmicos. A união desses esforços foi fundamental para a Revolução Industrial – iniciada no século XVIII –, quando as indústrias se modernizaram e aumentaram muito a produção graças principalmente às máquinas a vapor.

Como vimos, nas máquinas térmicas, a busca por equilíbrio termodinâmico leva à conversão do calor recebido por uma máquina em uma parte para gerar deslocamentos de um corpo movido por forças (trabalho), para, então, gerar movimentos diversos, como vemos em um automóvel, por exemplo. Outra parte do calor recebido sempre é dissipada em forma de calor para o ambiente. Aumentar o rendimento de uma máquina é realizar mais movimentos com pouca perda de calor para o ambiente.

Aos poucos, as máquinas térmicas foram substituídas por máquinas elétricas na história industrial de nossa civilização.

Viver ■ ■ ■

Revolução Industrial

Na passagem do século XVIII para o XIX, a Inglaterra começou a utilizar máquinas térmicas movidas a combustíveis para substituir a tração dos animais, dos ventos e das águas.

A Revolução Industrial foi desenvolvida especificamente na Inglaterra, ou seja, por mais que tenha sido um acontecimento histórico que influenciou o mundo todo, ela não aconteceu em todos os países ao mesmo tempo e até hoje há grandes desigualdades na industrialização ao redor do planeta. Sobre isso, observe as imagens a seguir.

Viagem pitoresca e histórica ao Brasil. Coleção particular.

Jean-Baptiste Debret, *Engenho manual que faz caldo de cana*, 1822. Aquarela sobre papel, 17,6 cm × 24,5 cm.

Universal History Archive/UIG/Fotoarena

Mulheres trabalham em tecelagens na Inglaterra. Desenhada por T. Allan e gravada por J. Tingle, na década de 1830.

Analise as imagens e responda:

no caderno

1. As imagens mostram uma mesma época? Em quais locais? Pesquise sobre Debret para responder.

2. O que cada uma retrata? Qual é a origem da energia produtiva nelas? O que está sendo produzido em cada uma?

3. Escreva sobre as diferenças encontradas nas imagens no que se refere à tecnologia e às relações de trabalho.

4. Pesquise atualmente como funcionam as leis do trabalho no Brasil e na Inglaterra. Faça uma comparação e reflita se atualmente os trabalhadores são tratados da mesma forma pelos dois países. Por fim, elabore um material para divulgar, na comunidade, a importância das leis do trabalho. Esse material pode ser um painel, um panfleto ou um material digital, como vídeos ou áudios.

A história dos combustíveis

Fogão a lenha, Rio Sono (TO), 2012.

Exploração de carvão mineral em Minas do Leão (RS), 2008.

O primeiro combustível de que se tem conhecimento é a madeira. A lenha é usada desde os tempos da Pré-História para aquecer as moradias e preparar alimentos, entre outros fins. Já o carvão mineral, como vimos, foi indispensável para o funcionamento das primeiras máquinas a vapor durante o período da Revolução Industrial.

Com a criação dos automóveis, aumentou a demanda por derivados do petróleo, como gasolina, *diesel*, entre outros. As sucessivas crises no setor petrolífero voltaram a valorizar um pouco mais o carvão.

Outro avanço científico importante foi o uso de energia nuclear na produção de energia elétrica.

Uma forma bem atual usada como alternativa à gasolina é o álcool obtido da cana-de-açúcar. A importância desse combustível no Brasil pode ser vista pela quantidade significativa de veículos bi-combustíveis (usam tanto gasolina como álcool) rodando hoje no país.

Petróleo jorrando de poço no Kuwait.

Plantação de cana-de-açúcar no Brasil, 2013.

Todos esses materiais geradores de energia têm vantagens e desvantagens. O uso da madeira pode ser danoso à natureza, caso seja extraída ilegalmente de florestas nativas. Carvão mineral e petróleo, além de muito poluentes, são finitos, ou seja, um dia acabarão. O álcool obtido da cana-de--açúcar precisa de grandes áreas para as plantações, ocupando regiões que eram florestas nativas. Por isso, é tão importante adotarmos fontes de energia renováveis e limpas.

Tecnologia: o que é a 4ª revolução industrial?

O que é a 4ª revolução industrial - e como ela deve afetar nossas vidas

No final do século 17 foi a máquina a vapor. Desta vez, serão os robôs integrados em sistemas ciberfísicos os responsáveis por uma transformação radical. E os economistas têm um nome para isso: a quarta revolução industrial, marcada pela convergência de tecnologias digitais, físicas e biológicas. [...]

Também chamada de 4.0, a revolução acontece após três processos históricos transformadores. A primeira marcou o ritmo da produção manual à mecanizada, entre 1760 e 1830. A segunda, por volta de 1850, trouxe a eletricidade e permitiu a manufatura em massa. E a terceira aconteceu em meados do século 20, com a chegada da eletrônica, da tecnologia da informação e das telecomunicações.

Agora, a quarta mudança traz consigo uma tendência à automatização total das fábricas [...].

Os sistemas ciberfísicos, que combinam máquinas com processos digitais, são capazes de tomar decisões descentralizadas e de cooperar – entre eles e com humanos – mediante a internet das coisas.

O que vem por aí, dizem os teóricos, é uma "fábrica inteligente". Verdadeiramente inteligente. O princípio básico é que as empresas poderão criar redes inteligentes que poderão controlar a si mesmas.

BBC Brasil. Disponível em <www.bbc.com/portuguese/geral-37658309>. Acesso em: 16 set. 2018.

Representação simplificada em cores-fantasia e tamanhos sem escala.

Revolução Industrial

1784 1870 1969 HOJE

elenabsl/Shutterstock.com

① Explique com suas palavras cada uma das tecnologias citada no texto. Depois, reflita e discuta com os colegas como as tecnologias da atual Revolução Industrial podem mudar o nosso dia a dia e modificar as profissões.

no caderno

Automação na agricultura: avanços tecnológicos e suas consequências para o mercado de trabalho

O desenvolvimento de máquinas agrícolas para automatizar colheitas trouxe muitas vantagens para a sociedade, pois dessa forma foi possível aumentar a produção de alimentos e combustíveis para uma população mundial que se multiplica mais do que a produção de alimentos seria capaz de dar conta. No entanto, como consequência, tivemos também uma diminuição bastante significativa do número de trabalhadores rurais.

Como avaliar, portanto, os impactos que o desenvolvimento da tecnologia de máquinas para executar trabalhos gerou para a sociedade? Vejamos a seguir dois pontos de vista diferentes sobre essa questão.

Mecanização no campo muda as relações de trabalho

[...]

A mecanização no campo está modificando as relações de trabalho no agronegócio brasileiro. O trabalhador rural, antes contratado para fazer o plantio e colheita manual de culturas como a cana-de-açúcar, café e algodão, agora está controlando máquinas. O antigo **boia-fria** troca também o campo pelo trabalho na cidade, em setores como a construção civil. Para especialistas, o crescimento econômico que amplia a produção tem compensado os impactos da tecnologia no emprego, em que uma única máquina pode substituir 100 ou mais trabalhadores.

[...]

> **Glossário** 🔖
>
> **Boia-fria:** trabalhador rural sem vínculo empregatício, que migra de uma região agrícola para outra para realizar trabalhos temporários.

Vista de drone de colheita mecanizada de cana-de-açúcar. Leme (SP), 2018.

Nesta safra, o agricultor Jonada Ma, um dos proprietários da empresa de agronegócio MA Shou Tao, vai colher em Uberaba, no Triângulo Mineiro, 150 mil toneladas de cana-de-açúcar e 3 mil toneladas de grãos (soja e milho). A lavoura de grãos é 100% mecanizada há mais de três décadas, assim como a cana-de-açúcar, onde as máquinas chegaram há pouco mais de cinco anos. Na colheita da cana, Jonada já empregou 150 homens, mas explica que hoje esses trabalhadores foram absorvidos em outras funções que exigem mais conhecimento e também pelos centros urbanos. "Muitos deles são agora tratoristas. Treinamos também o pessoal para ser operadores de máquinas, trabalhando em uma situação melhor, inclusive com ar-condicionado.

[...]

Jornal *Estado de Minas*. Disponível em: <www.em.com.br/app/noticia/economia/2013/01/14/internas_economia,343131/mecanizacao-no-campo-muda-as-relacoes-de-trabalho.shtml>. Acesso em: 16 set. 2018.

'Fomos trocados por máquinas', diz trabalhador sobre usinas em MS

[...]

O desemprego causado pela mecanização nas usinas de cana-de-açúcar de Mato Grosso do Sul já preocupa entidades representativas dos trabalhadores do setor. De acordo com a Federação dos Trabalhadores na Agricultura de Mato Grosso do Sul (Fetagri/MS), cerca de cinco mil cortadores de cana já foram demitidos neste ano.

"Os trabalhadores foram substituídos por máquinas que fazem o mesmo trabalho nas lavouras. Por isso eles estão sendo desempregados aos montes nas usinas do estado", afirmou Geraldo Teixeira, presidente da federação.

Em contrapartida, o setor produtivo afirma que a mecanização nas usinas é imposta por leis federais, estaduais e até municipais que proíbem a queimada da palha da cana por conta dos impactos ambientais.

Em Mato Grosso do Sul, a lei estadual nº 3.404 determina que até 2016 a queima de palha de cana-de-açúcar deve ser totalmente eliminada nas áreas em que a topografia permitir a colheita mecanizada.

Segundo dados da Associação dos Produtores de Bioenergia de Mato Grosso do Sul (Biosul), 82% dos 461 mil hectares de cana produzidos nesta safra para a produção de açúcar e etanol já possuem colheita mecanizada. O último levantamento da Companhia Nacional de Abastecimento (Conab) apontou o estado como o 5º maior produtor de cana-de-açúcar do país com 21 usinas em funcionamento. [...]"

Portal *G1*. Disponível em: <http://g1.globo.com/mato-grosso-do-sul/noticia/2011/08/fomos-trocados-por-maquinas-diz-trabalhador-sobre-usinas-em-ms.html>. Acesso em: 16 set. 2018.

A colheita mecanizada só é possível em terrenos planos e com preparação específica para receber as máquinas. Vista de drone de canavial. Comendador Gomes (MG), 2018.

1 Apesar da possibilidade do trabalhador rural operar as máquinas que estão sendo introduzidas na agricultura, ou migrar para outros postos de trabalho como a construção civil, vimos, na segunda reportagem, que o desemprego do trabalhador rural tem crescido. Como você explica esse fenômeno?

2 Analise as duas reportagens apresentadas e discuta com seus colegas quais vantagens e desvantagens a automação na agricultura trouxe para a sociedade. Para isso, considere os seguintes aspectos: sociais, econômicos e ambientais.

O impacto dos novos materiais e da tecnologia na vida cotidiana contemporânea

Você já sabe o enorme papel que a ciência e a tecnologia exercem na vida contemporânea. Ouvimos com frequência "Isso tem comprovação científica", para referir-se a algo que tem credibilidade, é real e verdadeiro. A ciência é uma construção humana em que as teorias e explicações sobre a natureza e o mundo são revistas constantemente e é bastante influenciada pela sociedade, por isso está sempre em evolução.

Se os rumos da sociedade interferem no desenvolvimento da ciência, esta, por sua vez, influencia a vida das pessoas. São muitos os exemplos do dia a dia que confirmam melhoras na vida das pessoas por causa de desenvolvimentos científicos e tecnológicos.

Mas nem sempre essa influência é benéfica para tudo. Registros históricos mostram situações em que a ciência foi empregada em guerras ou visando apenas o lucro e benefício de determinados grupos sociais.

Cada vez mais o dia a dia de grande parte da humanidade está vinculado aos recursos tecnológicos.

Como afetam a vida de todos, as decisões sobre questões científicas e tecnológicas não devem se restringir apenas aos cientistas ou governantes. Ao cidadão do século XXI cabe opinar, influenciar e se posicionar a respeito.

Atualmente são produzidos computadores cada vez mais rápidos e menores, robôs que executam funções diversas, próteses humanas quase perfeitas, carros elétricos, entre muitos outros exemplos de aplicação da tecnologia na vida das pessoas.

A ciência e a tecnologia devem ser sempre acompanhadas de uma análise contínua dos impactos que causam na sociedade, para que sempre beneficie a humanidade e melhore a vida das pessoas, não o contrário.

Há muita discussão a respeito da robotização, automação e dos programas de inteligência artificial que substituem o trabalho humano. A automação aumenta a produção e a qualidade, mas postos de trabalho se extinguem.

Por outro lado, novas formas de trabalho são criadas. Alguns alegam que postos de trabalho braçal,

Alguns historiadores afirmam que o fato de Santos Dumont ver seu invento, o avião, empregado em operações militares na guerra, o fez cair em profunda depressão que o levou ao suicídio, em 1932.

As imagens desta página não estão representadas na mesma proporção.

Robôs em uma fábrica automobilística japonesa aceleram o processo de produção de veículos.

ao serem substituídos por sistema automatizados, "liberaram" o ser humano para atividades em que se emprega mais o intelecto e promovem qualidade de vida.

O fato é que a informatização causa grandes mudanças econômicas, sociais e culturais. Vamos fazer uma reflexão sobre o tema. Lembre-se de que na época da infância de seus avós — que não faz tanto tempo assim — o que havia de mais avançado em termos de comunicação eram o rádio ou as primeiras TVs em preto e branco. Já nos dias atuais, muitos mal assistem à TV, a maioria vê vídeos no *smartphone* e usa aplicativos de mensagem para se comunicar. E você, como pensa que será nosso futuro?

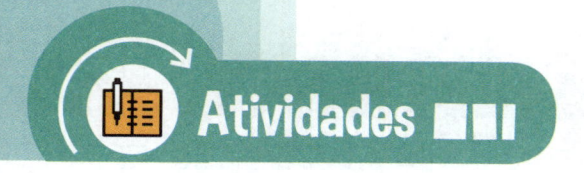

1. Hoje podemos considerar que a Ciência é imune às influências da sociedade?

2. São muitos os exemplos em nosso dia a dia que confirmam a presença da Ciência e da Tecnologia trabalhando para melhorar a vida das pessoas. Entretanto, nem sempre essa influência é benéfica para todos.

   a) Cite dois exemplos de situações em que a Ciência tem melhorado a vida das pessoas.

   b) Cite agora uma situação na qual a Ciência foi prejudicial à humanidade.

3. Dê um exemplo de por que o equilíbrio termodinâmico é importante para a vida na Terra.

4. O efeito estufa é algo benéfico ou nocivo para o planeta? Por que se fala tanto dele atualmente?

5. O que é uma máquina térmica?

6. Como funciona uma máquina térmica?

7. Dê exemplos de como foram usadas as máquinas térmicas a vapor no início.

8. Faça um resumo da história dos combustíveis.

9. Por que a automação do trabalho é acompanhada de controvérsia?

10. Interprete a imagem abaixo. Por que o urso está com saudade de correr no gelo?

AQUECIMENTO GLOBAL

ESTOU COM SAUDADE DE CORRER NO GELO!

Arionauro

11. Observe o gráfico ao lado. Ele mostra a matriz energética mundial em 2015, ou seja, os combustíveis utilizados durante esse ano no planeta.

    Por que, se quisermos lançar menos gases poluentes na atmosfera, teríamos que mudar muito mais do que a queima de gasolina e diesel?

Fonte: <www.epe.gov.br/pt/abcde nergia/matriz-energetica-e-eletrica>. Acesso em: 16 out. 2018.

Matriz energética mundial 2015

- Hidráulica 2,5%
- Outros 1,5%
- Biomassa 9,7%
- Nuclear 4,9%
- Carvão 28,1%
- Gás Natural 21,6%
- Petróleo e derivados 31,7%

EPE/Ministério de Minas e Energia - Disponível em: http://www.epe.gov. br/pt/abcdenergia/matriz-energetica-e-eletrica - Acesso em 02/08/2018

Retomar

no caderno

As imagens desta página não estão
representadas na mesma proporção.

1. O barco a remo que vemos na imagem é um meio de transporte muito antigo e muito popular, que usa o princípio das alavancas, que explica o funcionamento do remo. Dentre as alternativas abaixo, aquela que espelha o tipo de alavanca que é o remo e onde está o ponto de apoio dessa alavanca é:

Artur Bogacki/Shutterstock.com

   a) interfixa – na água

   b) inter-resistente – na água

   c) interfixa – no barco

   d) inter-resistente – no barco

   e) interpotente – no barco

2. Dentre as alternativas abaixo, aquela que apresenta, respectivamente, uma alavanca interfixa e uma inter-resistente é:

   a) tesoura e quebra-nozes.

   b) espremedor de alho e cortador de unha.

   c) carrinho de mão e pegador de gelo.

   d) alicate e pinça.

3. Um físico experimental, realizando medições em um laboratório de física, verificou que a leitura da temperatura de um sistema, foi de -450. Ele sabe que o instrumento está graduado em uma das escalas mais conhecidas, ou seja, Celsius, Fahrenheit ou Kelvin. Dentre essas três escalas, pode-se garantir que o termômetro não estaria graduado:

   a) exclusivamente na escala Kelvin.

   b) exclusivamente na escala Celsius.

   c) exclusivamente na escala Fahrenheit.

   d) nas escalas Fahrenheit e Kelvin.

   e) nas escalas Celsius e Kelvin.

4. Nos postos de gasolina, compramos combustível por volume, principalmente na unidade litro. Porém, o que importa para o funcionamento dos veículos é a massa de gasolina utilizada. Porém, sabemos que os corpos se dilatam com o aumento da temperatura ambiente sendo, por esse motivo, que a construção dos tanques para estoque é feita de forma que sejam subterrâneos. Se assim não fosse, teríamos maior ou menor vantagem em colocar gasolina em um dia bem quente?

5. As prateleiras das geladeiras são feitas com diversos furos ou em forma de grades. Qual é a razão física para se optar por esse *design*?

6 A garrafa térmica é um dos sistemas de conservação da energia térmica de substâncias líquidas mais utilizados, por ter baixo custo. Suponha que uma garrafa térmica seja construída substituindo as paredes espelhadas e o vácuo entre elas por uma parede maciça de cerâmica. Essa garrafa térmica mantém a temperatura do líquido por mais ou menos tempo do que a garrafa tradicional? Que troca (ou trocas) de calor ocorre nesse modelo hipotético?

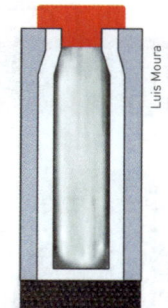

7 Dois pedreiros trabalham para preencher uma laje de concreto. Um deles está na calçada da residência, fazendo a mistura de concreto e colocando-o em baldes. O outro está no segundo andar da residência, esperando para espalhar o conteúdo dos baldes na laje. Para levar o concreto até a laje, o primeiro pedreiro pega o balde do chão, sobe uma escada e entrega-o ao segundo, que puxa o balde para cima. Depois de algum tempo, esse processo mostrou-se muito trabalhoso. Com base no que foi visto, há alguma máquina simples capaz de ajudá-los nessa situação? Qual?

8 Em um dia qualquer, uma família resolve fazer uma faxina na sala da casa. A fim de limpar embaixo da estante, a mãe pede ao pai ajuda para arrastar o móvel e trocá-lo de lugar. O pai começa a empurrar a estante e, após percorrer metade do caminho, percebe que a força necessária é muito grande. O filho, ótimo estudante de Ciências, diz ao pai que se ele colocar um tapete de pano entre o chão e o móvel facilitará muito o trabalho. Ao seguir a sugestão do filho, o pai realiza mais ou menos trabalho do que sem o uso do tapete? Justifique.

9 Quais medidas podem ser adotadas, em larga ou pequena escala, para reduzir a poluição e combater o aquecimento global?

10 Uma bebida muito comum nas padarias em algumas regiões do país é o pingado, uma mistura de café com leite. Um cliente pede um pingado com leite em temperatura ambiente, ou seja, aproximadamente 23 °C. Se a temperatura do café era de 70 °C, como ocorreu a troca de calor?

11 Duas máquinas térmicas foram testadas para ver qual tinha melhor rendimento. A máquina A recebe 100 unidades de calor e usa 60 unidades para realizar suas atividades. A máquina B também recebe as mesmas 100 unidades de calor, mas usa 40 unidades para o trabalho. Qual das máquinas tem maior rendimento? Justifique.

12 Com o desenvolvimento das máquinas térmicas, algumas profissões deixaram de existir enquanto outras eram criadas. Um exemplo de profissão criada após a Revolução Industrial foi a de foguista ou fogueiro. Esse profissional era responsável por alimentar e limpar as caldeiras das máquinas térmicas ou de parte delas.

Pesquise na internet, em *sites* confiáveis, outras profissões que surgiram ou que desapareceram após a Revolução Industrial e escreva um pequeno texto explicando-as.

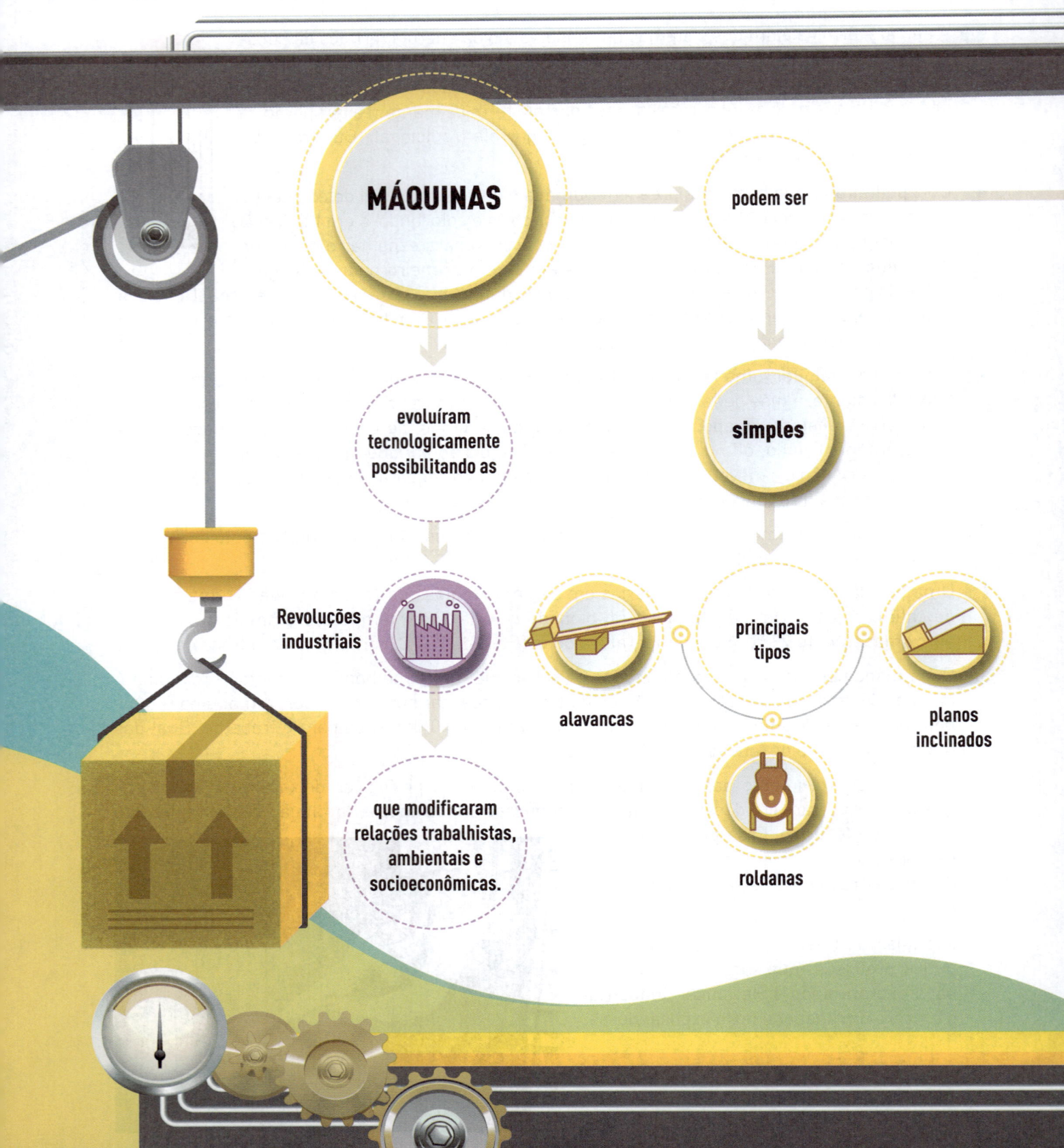

MÁQUINAS

podem ser

evoluíram tecnologicamente possibilitando as

simples

Revoluções industriais

que modificaram relações trabalhistas, ambientais e socioeconômicas.

alavancas

principais tipos

planos inclinados

roldanas

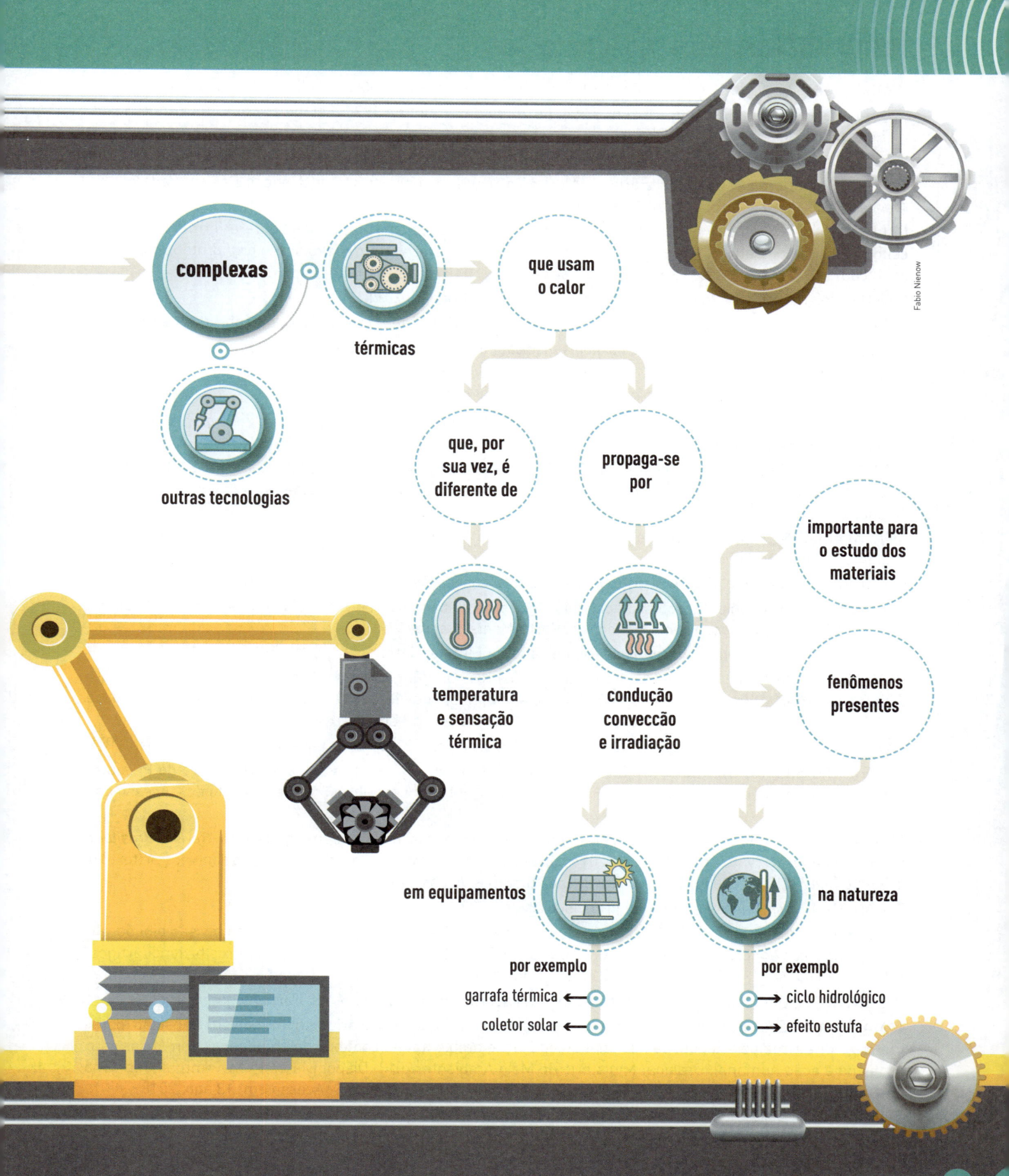

complexas

térmicas

outras tecnologias

que usam o calor

que, por sua vez, é diferente de

propaga-se por

temperatura e sensação térmica

condução convecção e irradiação

importante para o estudo dos materiais

fenômenos presentes

em equipamentos

na natureza

por exemplo

garrafa térmica

coletor solar

por exemplo

ciclo hidrológico

efeito estufa

Fabio Nienow

Referências

BRASIL. Lei nº 8.069, de 13 de julho de 1990. *Estatuto da Criança e do Adolescente* (ECA), Brasília, DF.

_____. Presidência da República. Lei nº 9.394, de 20 de dezembro de 1996. Estabelece as Diretrizes e Bases da Educação Nacional. Brasília, DF.

_____. Ministério da Educação. *Base Nacional Comum Curricular*. 3. versão. Brasília: MEC, 2017.

_____. Ministério da Saúde. Secretaria de Atenção à Saúde. Departamento de Atenção Básica. *Cadernos de Atenção Básica* (Saúde sexual e saúde reprodutiva), n. 26, 2010.

CALDEIRA, Ana Maria de Andrade (Org.). *Ensino de Ciências e Matemática*: temas sobre a formação de conceitos. São Paulo: Cultura Acadêmica, 2009. v. II. Disponível em: <http://books.scielo.org/id/htnbt/pdf/caldeira-9788579830419.pdf>. Acesso em: 13 ago. 2018.

CURTIS, Helena. *Biologia*. 2. ed. Rio de Janeiro: Guanabara Koogan, 2011.

GLEISER, Marcelo. *A dança do Universo*: dos mitos de criação ao Big-Bang. São Paulo: Companhia das Letras, 1997.

GUYTON, A. C.; HALL, J. E. *Tratado de fisiologia médica*. Filadélfia: Elsevier Saunders, 2006.

HAWKING, Stephen. *Uma breve história do tempo*. Rio de Janeiro: Intrínseca, 2015.

HEWITT, Paul G. *Física conceitual*. Porto Alegre: Bookman, 2007.

HICKMAN JR., Cleveland P.; ROBERTS, Larry S.; LARSON, Allan. *Princípios integrados de Zoologia*. 11. ed. Rio de Janeiro: Guanabara Koogan, 2004.

INSTITUTO BRASILEIRO DE GEOGRAFIA E ESTATÍSTICA. *Atlas de saneamento 2011*. Brasília: IBGE, 2011. Disponível em: <https://biblioteca.ibge.gov.br/index.php/biblioteca-catalogo?view=detalhes&id=253096>. Acesso em: 13 ago. 2018.

LEVY, Matthew N.; KOEPPEN, Bruce M.; STANTON, Bruce A. *Fundamentos de fisiologia*: Berne e Levy. 4. ed. Rio de Janeiro: Elsevier, 2006.

LONGHINI, Marcos Daniel. *Ensino de astronomia na escola*: concepções, ideias e práticas. Campinas: Átomo, 2014.

MOREIRA, Marco Antônio. O professor-pesquisador como instrumento de melhoria do ensino de Ciências. In: _____; AXT, R. *Tópicos em ensino de Ciências*. Porto Alegre: Sagra, 1991.

NETTER, F. H. *Atlas de anatomia humana*. Rio de Janeiro: Elsevier, 2011.

PAIVA, Denise de Assis; CARVALHO, Keityelle dos Santos; OLIVEIR, Cristina Almada de. Experimentar para demonstrar. *Revista Brasileira de Educação Básica*, ano 2, n. 6, nov.-dez. 2017. Disponível em: <https://rbeducacaobasica.com.br/experimentar-para-demonstrar/>. Acesso em: 13 ago. 2018.

RAVEN, Peter H.; EICHHORN, Susan E.; EVERT, Ray F. *Biologia vegetal*. 8. ed. Rio de Janeiro: Guanabara Koogan, 2014.

REVISTA BRASILEIRA DE PESQUISA EM EDUCAÇÃO EM CIÊNCIAS. [S.L.]: Associação Brasileira de Pesquisa em Educação em Ciências (Abrapec), 2018. Disponível em: <https://seer.ufmg.br/index.php/rbpec>. Acesso em: 13 ago. 2018.

RIBEIRO, Jair Lúcio P. Uma atividade experimental sobre sombras inspirada em um cartum. *Revista Brasileira de Ensino de Física*, v. 37, n. 3, jul.-set. 2015. Disponível em: <www.scielo.br/scielo.php?script=sci_arttext&pid=S1806-11172015000300507&lng=en&nrm=iso&tlng=pt>. Acesso em: 13 ago. 2018.

SAGAN, Carl. *Cosmos*. Rio de Janeiro: Francisco Alves, 1983.

SASSERON, Lúcia Helena; CARVALHO, Anna Maria Pessoa de. Alfabetização científica: uma revisão bibliográfica. *Investigações em Ensino de Ciências*, v. 6, n. 1, p. 59-77, 2011. Disponível em: <www.if.ufrgs.br/ienci/artigos/Artigo_ID254/v16_n1_a2011.pdf>. Acesso em: 13 ago. 2018.

SILVERTHORN, Dee Unglaub. *Fisiologia humana*: uma abordagem integrada. 7. ed. Porto Alegre: Artmed, 2017.

TAMAIO, Irineu. *Educação ambiental & mudanças climáticas*: diálogo necessário num mundo em transição (parâmetros e diretrizes para a política nacional de educação ambiental no contexto das mudanças climáticas causadas pela ação humana). Brasília: Ministério do Meio Ambiente, 2013. Disponível em: <www.mma.gov.br/images/arquivo/80062/Livro%20EA%20e%20Mudancas%20Climaticas_WEB.pdf>. Acesso em: 13 ago. 2018.

TORTORA, G. J. *Corpo humano*: fundamentos de anatomia e fisiologia. Porto Alegre: Editora Artmed, 2010.

YNOUE, Rita Yuri et al. *Meteorologia*: noções básicas. São Paulo: Oficina de Textos, 2017.